科学教育译丛

主编　王恩科　主审　钟南山

21 世纪教育：STEM、创造力与批判性思维

Education in the 21st Century: STEM, Creativity and Critical Thinking

〔澳〕阿曼达·贝里（Amanda Berry）

〔新西兰〕凯茜·邦廷（Cathy Buntting）

〔澳〕德博拉·科里根（Deborah Corrigan）　　主编

〔澳〕理查德·冈斯通（Richard Gunstone）

〔新西兰〕阿利斯特·琼斯（Alister Jones）

柯清超　鲍婷婷　译

科 学 出 版 社

北 京

图字：01-2023-5135

内 容 简 介

本书阐述了 STEM 教育与科学教育的关系，认为科学教育是 STEM 教育的重要组成部分，为 STEM 教育提供了科学知识和实验方法等基础，STEM 教育更加强调学科之间的综合性和实践性，并在问题解决过程中激发学生全面理解和应用科学知识，两者都可以作为培养创造力和批判性思维的有力手段；本书进一步探索了如何在 STEM 教育中培养学生的创造力与批判性思维，并呈现了不同学段的 STEM 教育实践案例。

本书适合从事科学教育与 STEM 跨学科教育研究与实践的教师、研究生、教育研究人员阅读。

First published in English under the title

Education in the 21st Century: STEM，Creativity and Critical Thinking

edited by Amanda Berry，Cathy Buntting，Deborah Corrigan，Richard Gunstone and Alister Jones，2021

This edition has been translated and published under licence from

Springer Nature Switzerland AG.

图书在版编目（CIP）数据

21 世纪教育：STEM、创造力与批判性思维 / （澳）阿曼达·贝里（Amanda Berry）等主编；柯清超，鲍婷婷译. —北京：科学出版社，2024.3

（科学教育译丛 / 王恩科主编）

书名原文：Education in the 21st Century：STEM，Creativity and Critical Thinking

ISBN 978-7-03-077087-5

Ⅰ. ①2… Ⅱ. ①阿… ②柯… ③鲍… Ⅲ. ①科学教育学-研究 Ⅳ. ①G40-05

中国国家版本馆 CIP 数据核字（2023）第 219011 号

责任编辑：郭勇斌 杨路诗 / 责任校对：张亚丹
责任印制：徐晓晨 / 封面设计：义和文创

科 学 出 版 社 出版

北京东黄城根北街 16 号
邮政编码：100717
http://www.sciencep.com

北京科印技术咨询服务有限公司数码印刷分部印刷
科学出版社发行 各地新华书店经销

*

2024 年 3 月第 一 版 开本：720×1000 1/16
2025 年 6 月第三次印刷 印张：12
字数：242 000

定价：108.00 元
（如有印装质量问题，我社负责调换）

编者与贡献者

关于编者

阿曼达·贝里（Amanda Berry）是莫纳什大学教育学院的 STEM 教育教授。阿曼达的研究和教学聚焦于 STEM 教师的知识发展，以及在教师准备、开始教学和在职学习中形成与表达这些知识的方式。她在科学教师教育和科学教师教学内容知识（PCK）领域拥有强大的国际知名度，并参与了多项专注于创新的研究项目，这些创新旨在解决教师专业学习的质量问题及加强中小学校和大学的科学教学。

凯茜·邦廷（Cathy Buntting）是新西兰怀卡托大学威尔夫马尔科姆教育研究所所长，拥有生物化学硕士学位和科学教育博士学位，研究方向涵盖科学教育、技术教育和 STEM 教育，她对数字技术支持这些学科学习的方式非常感兴趣。她还是新西兰科学学习中心的主任，该中心是一个将 STEM 从业者与学校师生联系起来的庞大在线资源库。

莫里斯·M. W. 郑（Maurice M. W. Cheng）是新西兰怀卡托大学教育系副教授。他对 STEM 教育以及科学和化学教育很感兴趣，主要研究方向包括视觉表征在科学学习中的作用以及绘画如何作为学习和研究的工具。他还从事国际比较研究，如 TIMSS（Trends in International Mathematics and Science Study，提供可靠和及时的趋势数据显示美国学生与其他国家/地区学生相比的数学和科学成绩）和 PISA（Programme for International Student Assessment，是一项国际学生评估项目，每 3 年对 15 岁学生的阅读、数学和科学素养进行一次评估）。

德博拉·科里根（Deborah Corrigan）是莫纳什大学教育学院的科学教育教授。自担任化学和生物教师以来，她长期在莫纳什大学从事化学和科学教育工作，尤其是教师准备方面。她的研究领域包括工业和技术链接、科学教育、课程设计、科学和 STEM 教育政策以及加强科学教育的价值观，但她的主要研究方向仍然是提高化学和科学教育的质量，使其与学生息息相关。

布朗温·考伊（Bronwen Cowie）是新西兰怀卡托大学教育系研究副主任，研究方向包括学习评估、学生意见、课程开发与实施，以及科学和技术教育中的文化响应教学法和评估。她完成了多项大型国家研究项目以及与教师和学生合作的深度课堂研究。

彼得·埃勒顿（Peter Ellerton）是昆士兰大学批判性思维项目的课程主任及历史与哲学探究学院的高级讲师。他拥有理学硕士学位和哲学博士学位，并在高中任教多年，研究领域包括公共推理、科学传播、论证和教育批判性思维。他热衷于与教育工作者合作，在各年级和各学科领域实现以思维为中心的教学。

理查德·冈斯通（Richard Gunstone）是莫纳什大学科学与技术教育名誉教授。他发表的研究涉及各学段教育的学习、教学与教师发展、课程与评估等领域，前期工作包括编辑科学教育百科全书（Springer, 2015）。他目前对 21 世纪科学与技术学科性质的变化，以及这些变化对学校 STEM 教育，尤其是科学的影响感兴趣。2014 年，他获得了美国科学教学研究协会颁发的杰出研究贡献奖。

阿利斯特·琼斯（Alister Jones）是新西兰怀卡托大学的研究教授和高级副校长。他在开发新西兰的技术教育课程方面发挥了主导作用，曾为澳大利亚、英国、美国、中国、智利及泰国的教育发展提供咨询，并且是多家教育公司的董事。他是世界教育论坛的创始董事会成员之一。

罗伯特·凯利（Robert Kelly）是加拿大卡尔加里大学文学院的副教授，也是该大学韦克伦德教育学院协作创造力促进社会创新和以人为本设计研究生课程的学术协调员。他通过所在院校的课程和项目设计，以及作为加拿大众多高等教育机构的特邀访问学者，在教师教育创新的协作创造力、创意发展和设计思维等领域进行了开创性的研究。

梁淑贞（Jessica S. C. Leung）是香港大学教育学院的助理教授。她的研究主要聚焦于社会性科学议题的批判性参与以及学生对科学本质的理解。她为职前教师和香港大学所有院系的学生讲授以社会性科学议题为重点的课程。

珍妮弗·曼斯菲尔德（Jennifer Mansfield）是莫纳什大学教育学院的中小学科学/生物教育讲师。珍妮弗曾是一名科学家和中学科学教师，这使她对提高科学教育的质量产生了浓厚的兴趣。她的研究包括探索如何阐明教师专业知识发展的复杂性，如何支持教师思考科学实践工作的有效性，以及如何将科学作为一种提升科学素养、科学兴趣、科学学习的人类努力的方式进行教授。

葆拉·米尔登霍尔（Paula Mildenhall）是西澳大利亚州珀斯市埃迪斯科文大学教育学院的副教授兼教学副院长。在过去的 25 年里，葆拉在澳大利亚和国际上的小学和大学教育部门担任过教学和领导职务。她的研究重点是小学数学和 STEM 教育，以及职前教师如何在高等教育环境中有效学习。

德布拉·帕尼宗（Debra Panizzon）是莫纳什大学教育学院的兼职副教授，也是南澳大利亚州教师注册委员会的研究分析师。她曾在南澳大利亚大学、弗林德斯大学和新南威尔士州阿米代尔的新英格兰大学担任重要职务，研究方向包括 STEM 政策、科学和数学教育的评估、认知以及批判性和创造性思维。她的大部分工作涉及与澳大利亚和国际上的主要教育利益相关者合作研究，为科学和 STEM 教育政策提供信息。

莱奥妮·J. 伦妮（Léonie J. Rennie）是科廷大学科学与技术教育名誉教授和莫纳什大学兼职教授。她的研究重点是科学和技术学习，尤其是校外学习。2009 年，她获得了美国科学教学研究协会颁发的科学教育杰出研究贡献奖。

凯西·史密斯（Kathy Smith）是莫纳什大学教育学院的高级讲师，专攻小学科学教育和教师专业学习，同时是莫纳什大学 STEM 教育研究生证书课程的负责人。凯西的职业生涯始于小学任课教师，在过去的 30 年里一直以各种角色参与科学教育。她的研究方向包括进一步了解促进优质教师专业学习的条件、小学科学教育、STEM 教育，以及教师思维与教学法之间的关系。

迈克尔·塔恩（Michael Tan）是新加坡南洋理工大学国家教育学院的讲师（研究科学家），研究兴趣是课程研究和教师发展，尤其侧重于科学教育。近年来，他持续研究 STEM 在创客空间的实施，旨在培养学生的批判性视角、创造力和智慧。

斯特凡·樊尚-朗克兰（Stéphan Vincent-Lancrin）是经济合作与发展组织（OECD）教育与技能理事会的高级分析师兼副主任，负责教育创新和创新教育方面的工作。他致力于教育数字化，并编辑了 OECD 的《2021 年数字教育展望：利用人工智能、区块链和机器人推动前沿发展》。他还对非技术创新感兴趣，例如，教师如何培养和评估学生的创造力和批判性思维，以及对宏观层面的创新友好型生态系统教育的决定因素感兴趣。

贡献者

阿曼达·贝里（Amanda Berry），澳大利亚维多利亚州克莱顿，莫纳什大学教育学院
凯茜·邦廷（Cathy Buntting），新西兰汉密尔顿，怀卡托大学
莫里斯·M. W. 郑（Maurice M. W. Cheng），新西兰汉密尔顿，怀卡托大学教育学院
德博拉·科里根（Deborah Corrigan），澳大利亚维多利亚州克莱顿，莫纳什大学教育学院
布朗温·考伊（Bronwen Cowie），新西兰汉密尔顿，怀卡托大学教育学院

彼得·埃勒顿（Peter Ellerton），澳大利亚昆士兰州布里斯班，昆士兰大学人文社会科学学院

理查德·冈斯通（Richard Gunstone），澳大利亚维多利亚州克莱顿，莫纳什大学教育学院

阿利斯特·琼斯（Alister Jones），新西兰汉密尔顿，怀卡托大学

罗伯特·凯利（Robert Kelly），加拿大卡尔加里，卡尔加里大学文学院

梁淑贞（Jessica S. C. Leung），中国香港薄扶林，香港大学教育学院

珍妮弗·曼斯菲尔德（Jennifer Mansfield），澳大利亚维多利亚州克莱顿，莫纳什大学教育学院

葆拉·米尔登霍尔（Paula Mildenhall），西澳大利亚珀斯，埃迪斯科文大学教育学院

德布拉·帕尼宗（Debra Panizzon），澳大利亚维多利亚州克莱顿，莫纳什大学教育学院

莱奥妮·J. 伦妮（Léonie J. Rennie），西澳大利亚珀斯，科廷大学教育学院

凯西·史密斯（Kathy Smith），澳大利亚维多利亚州克莱顿，莫纳什大学教育学院

迈克尔·塔恩（Michael Tan），新加坡，南洋理工大学国家教育学院

斯特凡·樊尚-朗克兰（Stéphan Vincent-Lancrin），法国巴黎，经济合作与发展组织教育与技能理事会

科学教育：大学的使命与担当
（丛 书 序）

我少年时代就读于华南师范大学附中前身的岭南大学附属中学，也因此和华南师范大学结下深厚的渊源。2023 年 7 月，"全国科学教育暑期学校"中小学教师培训（广州会场）在华南师范大学开班，学校邀请我去作报告。我很认真地做了准备，去跟老师们讲我所理解的科学教育以及如何培养科学素质。在我看来，中小学老师会影响孩子一辈子，科学素质的培养必须从小抓起。

科学教育是提升国家科技竞争力、培养创新人才、提高全民科学素质的重要基础。2023 年 5 月，教育部等十八部门联合印发了《关于加强新时代中小学科学教育工作的意见》，对如何在推进教育"双减"的同时做好科学教育加法作出系统性的部署。这么多部门联合发布文件，一方面足见国家对科学教育的重视，要求集聚社会资源，加强部门联动；另一方面也是希望更多组织和相关人士能积极参与，担负起科学教育的使命。

作为广东教师教育的排头兵，华南师范大学一直很重视科学教育。除了这两年连续承办"全国科学教育暑期学校"，据了解，学校多年来还做了一系列示范性、前瞻性的工作。学校 2004 年开始招收科学教育专业本科生，2020 年开始招收科学与技术教育专业硕士，不仅招生规模居全国前列，而且形成了具有中国特色的"大科学教育"理念。2023 年我去作报告时，王恩科同志跟我介绍，学校又在全国率先成立科学教育工作委员会，组建了华南师范大学粤港澳大湾区科技创新与科学教育研究中心等平台，开展国内外小学科学课程标准的比较研究等。这些都说明，学校在科学教育上是有远见卓识的，也真正想为推动中国的科学教育发展做一些实事。

最近又很高兴地看到，华南师范大学集聚了一批专家学者完成了"科学教育译丛"的翻译工作。这套译丛以美国的科学教育研究与实践为主，内容包括社会性科学议题教学、天赋科学教育、科学教育的表征能力框架、STEM 教育、跨学科学习、批判性思维、科学教育理论与实践策略等。这些都是国外科学教育领域密切关注的重要主题和前沿性成果，对于国内科学教育的深入开展很有启发性和借鉴意义。从中可以看出，以美国为主的西方发达国家，对科学教育已经进行了长期的、广泛的、扎实而细致的专业研究与基础性工作。特别是，美国之所以在科技领域能够处于绝对领先地位，与它们在科学教育上的发展水平有着密不可分的关系。美国中学科学教育开始于 1821 年，是世界上最早在中学开设科学课程的国家之一。20 世纪 80 年代，美国启动"2061 计划"，开始实施课程改革，在数学、科学和技术教育方面提出了培养学生科学素养的新目标，要使科学素养成为公民的一种内在品质。随即，美国推出了一系列引领世界科学教育发展的标志性文件，包括《国家科学教育标准》《科学素养的基准》《面向全体美国人的科学》等。自 1993 年起，美国国家科学基金会每两年发布一次《科学与工程指标》，其中首当其冲关注的是美国的中小学科学教育。2013 年，美国国家科学技术委员会向国会提交了《联邦政府关于科学、技术、工程和数学（STEM）教育战略规划（2013—2018 年）》，这是时任美国总统奥巴马主导的一项 STEM 教育发展战略，意在加强 STEM 领域人才储备，保证美国在科技创新人才领域的优势地位。

近些年来，我国开始借鉴美国 STEM 教育的经验，开展了许多相关的实践和研究。但在学习这些具体经验的同时，我们更要认识到，正所谓"冰冻三尺，非一日之寒"，美国科学教育的发达有着多方面的深刻原因，我们要更多地学习它们的策略、理念与方法。科学教育在美国被置于国家战略的重要地位，并从教育目标、课程标准、战略部署、全民素养、监测评价等方面进行了系统性的谋划，基于国家科技发展形成了有特色的科学教育体系。从华南师范大学推出的这套"科学教育译丛"也可以看出，在美国有一批高等院校和科技工作者致力于科学教育的深入研究，形成了大量的面向基础教育的中小学科学教育应用性成果。

应该说，当前我国已经越来越意识到科学教育的重要性，从党的二十大报告中关于教育强国、科技强国、人才强国战略的提出，到教育部等十八部门加强新时代中小学科学教育的工作部署，都体现了党和国家对于科学教育空前的重视。对比世界先进国家，我们在科学教育的师资队伍、教育理念、课程标准、课程体系以及专业研究等方面都还存在着很多短板，因此也迫切需要更多的师范大学、科研院所、科学场馆、高科技企业以及相关的大学教授、科学家、工程师、科学教育研究者等关注、支持和参与到中小学科学教育中来，真正从源头入手做好拔尖创新人才的早期培养。除了虚心学习引进国外的既有教育研究成果，我们更需要一大批的大科学家、大学者、大专家能够不辞其小，躬下身去面向中小学老师和学生做一些科普性、基础性的教育工作，这项工作的价值丝毫不低于那些高精尖的科技研究。

同时更重要的是，正如我在"全国科学教育暑期学校"的报告中提出的，我们要加强中国科学教育的"顶层设计"，构建具有中国特色的科学教育体系。要认识到，无论是美国的 STEM 教育还是英国的 STS（科学、技术、社会）教育，都是基于各自的国家战略和科技发展需求而制定的，也都并非完美无缺，我们可以适当借鉴，但不能照搬照抄。从我们的国情、教情和文化基础来说，我个人认为，中国的科学教育应倡导的是 IMH 教育，即创新能力（Innovation）、使命感（sense of Mission）、人文精神（Humanity）。在科学教育中，我们要从这三方面做好中小学生的科学素质培养，三者缺一不可。

首先，科学素质的核心是创新能力的培养。具体来说，创新能力应包括开拓精神、尊重事实、执着追求、协作精神等内涵。同时，创新还意味着要学以致用，只有发明和发现还不够，要能够应用于实践，产生社会效益和经济效益。为此，老师要从小培养学生善于发现问题、善于设计解决方案的能力，引导他们利用学到的知识去解决实际问题，将书本所学和生活实践联系起来。

其次，科学教育必须注重使命感的培养。我们常说，科学没有国界，但科学家是有祖国的。在中国进行科学研究，开展科学教育，一定要有使命感。当前，部分西方国家在科学技术上到处卡我们的脖子，我们要进行科学创新，必须敢于担当，把国家和民族的发展放在心中。我们要注重培养学生对科学的好奇心和兴趣爱好，但更重要的是培养学生的使命感。

最后，科学素质的教育要倡导人文精神。这一点尤为重要。国家发展也好，大学教育也好，科技与人文一定是不可偏废的两翼。科技发展是为了让人的生活更美好，让人的发展更健全。没有人文精神做基础，只强调科技发展，不仅是片面的，也是危险的。我们既要注重科学教育，更要提倡德智体美劳全面发展；既要注重科学的发展，更要注重尊重人，学会宽容和公正，善于发现他人的优点和长处。

说到底，这些精神和素养也是青少年时代，母校教给我的令我受益一生的东西。2023 年是华南师范大学建校 90 周年，我也再次受邀回学校出席建校 90 周年发展大会。我在致词中讲到，华南师范大学附属中学培养了我，为我打下好的基础，给我提供的良好教育让我能够为国家作贡献，同时让我自豪的是，华南师范大学在科技强国、民族复兴的征程上也能够勇担使命，体现了大学应有的精神品格。

从这套"科学教育译丛"中，我再次看到一所高水平大学应有的使命担当与精神品格。我也很愿意和华南师范大学一起，为推动科学教育的发展，为培养更多具有创新能力、使命感和人文精神的高素养人才尽一份力。

是为序。

2024 年 2 月

译 者 序

当今世界，第四次工业革命如火如荼，科学技术的飞速发展正在重塑人类社会，人才成为决定国家竞争力、经济科技发展水平的最重要因素，各国均把人才竞争提升至国家战略高度，其中，又以科学、技术、工程、数学（STEM）人才的竞争最为关键，各国纷纷将 STEM 教育作为人才战略的必选项目。2022 年 2 月 5 日，美国国会众议院通过了《2022 年美国竞争法案》，推出了一系列"突破性"新政争夺全球 STEM 人才，试图进一步强化美国在科技创新领域的人才储备，世界范围内新一轮全球 STEM 人才争夺战已经打响。当前，我国众多科技领域正处于由跟跑、并跑向领跑转型的重要发展阶段，急需教育、科技、人才"三位一体"的紧密配合，正如党的二十大报告中所指出的，"教育、科技、人才是全面建设社会主义现代化国家的基础性、战略性支撑。必须坚持科技是第一生产力、人才是第一资源、创新是第一动力"。2023 年 5 月，教育部等十八部门联合印发《关于加强新时代中小学科学教育工作的意见》，系统部署在教育"双减"中做好科学教育加法，支撑服务一体化推进教育、科技、人才高质量发展。同月，联合国教科文组织决定在上海设立 STEM 教育一类机构，标志着中国全面接轨国际 STEM 教育的新起点。新科技革命与我国科教兴国战略形成历史性交汇，对 STEM 教育发展提出了更高要求。

《21 世纪教育：STEM、创造力与批判性思维》一书从 STEM 教育跨学科视角揭示了科学教育与 STEM 教育双向促进的内在关系。首先，总的来说，科学教育是 STEM 教育的重要组成部分，为 STEM 教育提供了科学知识和实验方法等基础，同时 STEM 教育强调学科之间的综合性和实践性，并在问题解决过程中激发学生更加全面地理解和应用科学知识，且科学教育和 STEM 教育都可以作为培养创造力和批判性思维的有力手段。其次，本书所强调的 STEM 教育超越了单纯以就业或经济发展为目标的价值取向，而更加关注 STEM 对个体发展及社会福祉的深远意义。STEM 教育不是简单地将科学、技术、工程和数学四门学科结合起来，而是要根据不同的情境和目标，灵活地调整教学内容和方法。此外，学校 STEM 教育应建立横向贯通基础教育、高等教育等多学段，纵向联通校内、校外多主体的新格局。最后，本书提出了当前 STEM 教育实践需要重点关注的议题：如何实现 STEM 教育的公平准入、教师教学能力、教学设计、评价标准、课外实践、失败的作用等，为我国 STEM 教育高质量发展提供了一定的借鉴意义与方向引领。

本书强调了科学教育对人文目标关注的必要性与迫切性。传统强调经济逻辑的 STEM 教育忽略了科学技术可能对社会造成的负面影响，教育工作者应该认清科学技术的简化论、外源化、自动化过度取向的潜在风险，赋予 STEM 教育更深远的人文价值，反思当前发展方向可能会对人类长期福祉造成的危害，进而思考如何定位我们希望技术实现的目标，助力学校成为孩子发现并创造自己未来愿景以及学习如何应对冒险的问题的场所。

本书探索了在 STEM 教育中培养创造力与批判性思维的方式。系统性探讨了 STEM 与创造力、批判性思维的内在关联，阐释了创造力与批判性思维的内涵与评价标准，并重点从教师角色、教学方法、支持条件、实践案例等多维度论述了如何更好地在 STEM 教育中培养创造力与批判性思维。

本书呈现了不同学段的 STEM 教育实践案例。汇聚小学、中学、大学阶段多个真实课堂的 STEM 教育实践案例，生动地展示了不同学段 STEM 案例的主题设计、教学组织、评价方式、成果展示等内容，有助于客观认识不同学段 STEM 教育的典型特征，也为特定学段 STEM 教学设计提供参考意义。

本书的翻译由柯清超和鲍婷婷共同完成，鲍婷婷负责第 3 章至第 8 章，柯清超负责第 1 章、第 2 章、第 9 章至第 11 章，最后由柯清超对全书进行统稿。书稿翻译过程中，两位译者进行了多次的自校和互校，力求做到"信达雅"的要求，但限于译者的学识，可能疏漏难免，敬请读者原谅，并欢迎批评指正。

本书在翻译过程中得到研究生房静仪、胡敏萍、曾成林等同学的大力支持，他们为本书翻译稿的试读、文字修订等做了大量细致的校对工作，在此表示衷心的感谢！同时也感谢华南师范大学科学教育工作委员会的王丰主任，以及出版社的工作人员为此书出版付出的辛勤劳动！本书的出版离不开他们的鼎力相助！

译者

2023 年 7 月

前　言

    本书是由莫纳什大学–伦敦国王学院国际科学与数学课程研究中心（Monash University-King's College London International Centre for the Study of Science and Mathematics Curriculum）和怀卡托大学（University of Waikato）联合出版的系列丛书的第七本。该中心于 2002 年成立，最初得到莫纳什大学新领域研究基金（Monash University New Fields Research Fund）的支持。莫纳什大学科学、数学和技术教育中心（Monash University Centre for Science，Mathematics and Technology Education）和怀卡托大学的技术、环境、数学和科学教育研究中心（University of Waikato Centre for Technology，Environmental，Mathematics and Science Education Research）自 2003 年起签署了正式的合作协议，并在多个领域展开了合作。

    该系列丛书的第一本书《科学教育价值的再现》[*The Re-emergence of Values in Science Education*. D. Corrigan，J. Dillon and R. Gunstone（Eds.），2007，Rotterdam：Sense] 从价值观的角度审视了 21 世纪科学教育的现状。该书提出了一个"大局观"，即如果价值观再次成为科学教育的核心，那么科学教育可能会是什么样子。当时，科学与科学教育中根本内在价值观被弱化，科学与科学教育（尤其是学校科学教育）之间的发展进程也存在着差距。

    第二本书《科学教学的专业知识基础》[*The Professional Knowledge Base of Science Teaching*. D. Corrigan，J. Dillon and R. Gunstone（Eds.），2011，Dordrecht：Springer]探讨了专家的科学教育知识和实践在当时逐渐崛起的价值"大局观"中可能呈现出的样貌，我们认为这是第一本书中对价值观探索的一个逻辑延续。我们在该书的前言中指出，该书旨在"探讨专家的科学教育知识和实践在价值'大局观'中可能呈现出的样貌"。

    第三本书《重视科学教育评估：教学法、课程、政策》[*Valuing Assessment in Science Education*：*Pedagogy*，*Curriculum*，*Policy*. D. Corrigan，R. Gunstone and A.

Jones（Eds.），2013，Dordrecht：Springer]，我们从我们的价值观出发迈出了我们认为合乎逻辑的下一步：评估。教育的现实是，评估几乎总是影响教师发展和行为、课程实施、学生学习方式等的最强大力量。因此，第三本书从战略和政策层面到课堂层面，系统考察了科学教育评估的“大局观”。尽管书中提供了一些课堂案例研究，但它们更多关注的是教师而不是学生，因此更多考虑的是教师的计划和行为，而不是评估对学生的影响。

第四本书《学习科学的未来：对学习者有什么好处？》[*The Future of Learning Science：What's in it for the Learner? * D. Corrigan，C. Buntting，J. Dillon，A. Jones and R. Gunstone（Eds.），2015，Dordrecht：Springer]，探讨了当代教育中的科学学习：代表 21 世纪科学本质的科学形式、我们学习学校科学的目的、更好的学习形式以及这种学习是如何发生的。我们特别关注如何提高学生对学校科学的兴趣和参与度，并且如何在一个更加明智和批判性的环境中利用新兴的数字技术。此外，我们试图将学习者视角作为一个重要的总主题来呈现。

第五本书《引领正式和非正式科学学习的样态变革》[*Navigating the Changing Landscape of Formal and Informal Science Learning Opportunities*. D. Corrigan，C. Buntting，A. Jones and J. Loughran（Eds.），2018，Cham：Springer]倡导研究将重点放在连接正式和非正式科学教育部门上，为科学学习者提供学习机会。我们使用“景观”的隐喻来强调更大视野的科学教育场景。这种场景应用包括正式的、非正式的和可供自由选择的科学教育机会，它们都是科学教育的重要组成部分。与此相反，过往正式教育部门的假设是，非正式教育部门应该以某种方式为正式教育部门服务，而那些可供自由选择的科学教育机会根本不是教育的一部分。我们认为这种假设是有问题的，因为它忽略了科学教育的多样性和复杂性。此外，该书依据非正式和可供自由选择的科学教育的观点和成就，进一步探讨学校开展正式科学教育的有效路径。

在本系列第一本著作出版十多年后，第六本书《科学教育中的价值观：流沙》[*Values in Science Education：The Shifting Sands*. D. Corrigan，C. Buntting，A. Fitzgerald and A. Jones（Eds.），2020，Cham：Springer]再次明确关注价值观。在第一本书中，不同文化在学校科学课程中的价值观地位方面具有不同的传统，且这些传统正面临着挑战。在第六本书中，作者反思了价值观如何与科学及其教学密切相关，以及影响科学教育的广泛因素，其中包括社会文化、哲学和心理影响，课程，科学的本质，正式和非正式教育环境，科学、技术、社会和环境之间的关系，教学实践，评估和评价，教师教育，课堂氛围。正如书名后半部分所暗示的那样，该书试图捕捉那些在科学教育样态上有强大影响、持续但脆弱的性质。

在这第七本书中，我们关注两个日益全球化的趋势，它们直接影响科学和数学、工程和技术课程。毫无疑问，第一个趋势是"STEM"。今天，似乎所有关心正式教育的群体——从课堂教师到国家政治家——都在不断使用这个代表科学、技术、工程、数学的首字母缩写。人们很容易忘记，STEM 的普遍应用直到21 世纪才真正开始，也容易忽视 STEM 具有多种用途，我们在本书中关注的是与STEM 教育相关的问题。第二个趋势是学校课程特别需要拥抱跨学科培养目标（"竞争力"或"能力"），学校通常打算将其融入传统的单一学科科目中。"创造力"和"批判性思维"经常被视为科学或数学课程的特定部分，这两者与STEM 教育一起，就是本书各章的主题。

我们使用与前六本著作相同的方法来创作第七本书。为了使文献更具凝聚力，同时使作者能够毫无保留地表达自己的声音，我们再次举办了一个为期 3 天的研讨会，邀请了所有作者，以构建一个更具互动性和形成性的写作过程。在研讨会之前分发了所有章节的初稿，以便对各个章节进行深入讨论、向作者提供反馈并探讨书稿的整体结构和连贯性。然后，作者根据小组的反馈重新撰写他们的内容。与之前的著作一样，研讨会安排在博洛尼亚的欧洲科学教育研究协会（ESERA）会议前后，在普拉托（意大利）的莫纳什大学中心举行。

本书的写作借鉴了另外两本书的成功经验，在编写过程中让编辑也广泛参与进来。这两本书是《科学内容：一种建构主义的教与学方法》［*The Content of Science: A Constructivist Approach to Its Teaching and Learning.* P. Fensham，R. Gunstone and R. White （Eds.），1994］和《改进科学教育：研究的贡献》［*Improving Science Education: The Contribution of Research.* R. Millar，J. Leach and J. Osborne（Eds.），2000］。最近这种写作方式也被其他科学教育研究者采用。我们坚信，这种方式能够显著提高作品的质量，并为学术研究人员提供了一种难得的专业发展机会——由同行对自己的工作进行完全开放、高度合作的建设性讨论。

我们衷心感谢莫纳什大学和怀卡托大学对这次研讨会的资助，感谢所有参与者在研讨会中的承诺、开放和分享。

澳大利亚 维多利亚州 克莱顿   阿曼达·贝里

新西兰 汉密尔顿   凯茜·邦廷

澳大利亚 维多利亚州 克莱顿   德博拉·科里根

澳大利亚 维多利亚州 克莱顿   理查德·冈斯通

新西兰 汉密尔顿   阿利斯特·琼斯

2020年10月

目　　录

第1章 STEM 教育的重要性

凯茜·邦廷　理查德·冈斯通　阿曼达·贝里

德博拉·科里根　阿利斯特·琼斯[①]

1.1　2020 年新冠疫情

2020 年下半年，在我们撰写本章之际，新型冠状病毒感染（COVID-19，简称新冠）正以惊人的力量重塑和改变着世界各个层面。全球病毒大流行让人们重新审视人类面临的诸多挑战，这些挑战并非前所未有，但却以前所未见的方式暴露出来：我们作为一个物种既相互依存又相互伤害，既有同情心又有自私心，既存在跨国界的不平等也存在国内的不平等，而最终我们都要靠自身的适应力去生存。在世界舞台上，我们目睹了各种各样场景的上演——大多数是即兴的、无脚本预设的，并且随着形势的变化而不断调整。来自科学、技术、工程和数学（STEM）学科的证据支撑了个人、社区和国家的应对措施，但方式各异。虽然一些司法管辖区采取了严格的防控策略，但其他司法管辖区则依赖于"群体免疫"和疫苗研发，并且在某些地方，政治因素干扰了对 STEM 领域有关新冠疫情以及如何最佳应对的证据的认知。在大多数情况下，疫情前就已经贫困的人们更加没有选择的余地。而在其他情况下，故意的无知会招致惨重的代价。在这个翻天覆地的变革时代，本书的中心主题——当代教育、STEM、批判性和创造力——显得尤为重要。虽然"科学"在探索新型 SARS-CoV-2 病毒及其变种方面领先一步，但流行病学建模是基于数学、计算和科学数据、过程和解释的综合运用。创新——从新

① 凯茜·邦廷，阿利斯特·琼斯
新西兰汉密尔顿，怀卡托大学
邮箱：cathy.buntting@waikato.ac.nz；alister.jones@waikato.ac.nz

理查德·冈斯通，阿曼达·贝里，德博拉·科里根
澳大利亚维多利亚州克莱顿，莫纳什大学教育学院
邮箱：richard.gunstone@monash.edu；amanda.berry@monash.edu；debbie.corrigan@monash.edu

冠检测、疫苗研发及其大规模生产和分发，到支持接触者追踪和建立隔离协议与设施的数字机制——都依赖于整合所有 STEM 认识论的系统方法，包括知识开发与部署的关键和创造性方法。STEM、批判性和创造力仍然是社会和经济向前发展亟待恢复和重建的关键。

作为教育工作者和教育研究人员，我们对无数正式和非正式教育背景下的教师以及各个年龄段的学习者所展现出的惊人创新和坚定承诺感到振奋。然而，不平等现象也日益严重——一些儿童和家庭更易受到地区和国家"封锁"的负面经济和社会影响。在某些情况下，儿童因为过早地被迫就业而无法接受教育；在学校关闭的情况下，那些没有获得"在家学习"倡议所需的数字资源的儿童基本上被边缘化；没有资源支持教师有效提供在线学习机会的学区和司法管辖区受到了极大的打击。

教育研究如何在这样的环境中发挥作用？虽然在 2018 年我们开始编写这本书时，并没有料到会遇到新冠疫情这样的事情，但可持续经济发展、气候变化和疾病管理等全球性问题是许多 STEM 教育举措关注的重点。许多国家长期以来都意识到，传统的学校结构需要改革，以便更好地培养年轻人成为知识经济和 21 世纪社会的公民和贡献者。我们希望将这群特殊的学者聚集在一起写作、讨论和改写，以便能够确定有助于推动国际 STEM 教育发展的关键主题。

1.2　STEM 缩写的力量

STEM（科学、技术、工程和数学）①的迅速普及，始于 2001 年美国国家科学基金会（National Science Foundation，NSF）的工作人员在华盛顿的国会委员会上使用了这一缩写。

然而，"STEM"这一缩写早在 20 世纪 90 年代就已出现，并且经常用于"STEM 教育"的语境中。例如，1998 年，美国国家科学基金会资助了一项为期五年、价值数百万美元的项目，名为"科学、技术、工程和数学教师教育协作项目（Science，Technology，Engineering，and Mathematics Teacher Education Collaborative，STEMTEC）"，由马萨诸塞大学阿默斯特分校的"STEM 教育研究所"管理，该研究所至今仍在运作。

在过去的 20 年里，人们一直关注着两个与 STEM 密切相关的广泛含义：职业领域和综合课程。这两者虽然有很大差异，但有时也会与第三种含义混淆，即

---

① 美国国家科学基金会以前使用首字母缩略词 SMET 来指代这些学科的职业领域或整合了这些领域的知识与技能的课程。但在 2001 年，时任美国国家科学基金会教育和人力资源部助理主任的美国生物学家朱迪丝·拉玛利（Judith Ramaley）重新排列了这些单词，形成了 STEM 的首字母缩略词（Hallinen，2015；重点补充）。

科学、数学、工程和技术等独立学科的总称。为什么 STEM 在政治言论、公众讨论和教育政策中如此流行，而早期"科学和技术"等运动却不甚引人注目，这可能是由于该标签的简洁易记及其出现的时代背景（例如，技术在日常生活中越来越重要，同时也越来越复杂）。不管是什么原因，STEM 教育已经成为全球关注的一个教育现象。

虽然政治和政策领域常常强调 STEM 教育对经济增长至关重要，但我们并不赞同以此作为学校 STEM 教育的主要或有利动因。相反，我们更看重学校 STEM 教育给学习者未来带来的"社会归属感"，而非试图预测具体的 STEM 就业机会。总而言之，在大多数未来工作都难以想象的情况下，坚持学校 STEM 教育应该为未来就业做好具体准备的观点显得不合时宜。此外，那些以经济/就业为由批评学校 STEM 教育的人士也忽略了一个事实，即大量数据表明，不同性别、种族、文化和社会种族群体在 STEM 职业道路和 STEM 相关就业方面的多样性仍然很低，这一现象一直没有得到有效改善（例如，Allen-Ramdial & Campbell，2014；Estrada-Hollenbeck et al.，2011；Leigh et al.，2020；Pew Research Centre，2018；UNESCO，2017）。

我们坚持认为学校教育应该着眼于 STEM 的综合课程意义，而非职业/就业意义，这一点在本书的各个章节都有所展现。具体来说，我们认为综合 STEM 教育的目标是打破科学、技术、工程和数学四个学科领域之间的界限，同时保持其学科知识和技能的价值。我们的出发点是，如果我们的社区要有效应对多方面的经济、社会和环境挑战，如新冠疫情和气候变化所带来的危机，那么每个人都需要具备 STEM 素养（Corrigan，2020）。

1.3　跨学科能力：21 世纪课程的主要趋势

我们在 2018 年决定撰写一本探讨当代 STEM 教育问题的书籍时，发现全球范围内的课程思维和规划正在发生变化。这包括倡导跨学科"能力"或信息时代的"通用能力"，这些能力通常被统称为"21 世纪技能"。它们涉及课程中的所有学科领域，并且对学习者的发展至关重要。如今，许多系统课程都把这种跨学科能力作为其课程要求，也有许多多国项目以此为核心主题来推动课程思维 [例如，"学习者成功所需的能力"（Fadel et al.，2015）和《2030 年教育和技能的未来》（OECD，n. d.）]。在这些课程规定的能力中，有两种能力与 STEM 教育有着密切的关系——批判性思维和创造力。当前的 STEM 教育运动和跨学科能力的趋势都重新强调了创造力和批判性思维在 STEM 单一学科和 STEM 综合教育中的重要性。因此，我们在邀请本书的特约作者时，特别强调了我们对这两种能力的兴趣（本书前言中有更多关于邀请介绍和研讨会的信息）。

1.4 本书章节内容

本章开头我们已经指出，新冠疫情暴发时，本书已经开始筹划并撰写各章草稿。然而，令人惊讶的是，这场疫情为科学、数学和技术进步提供了一个戏剧性、全球性和决定性的案例。无论是医学、社会政策还是大众和社交媒体对科学、数学、工程和技术的报道，都认为创造力和批判性思维发挥了核心作用。当公认的规范不再适用、可用或被鼓励时，如全球普遍实施大流行性自我隔离措施时，寻求新的生活和学习方式就显得非常重要。新冠疫情也让我们看到了不同学科（包括 STEM 学科）专业人员之间合作（而非竞争）的重要意义。

本书各个章节都着重探讨了创造力和批判性思维在当代和未来 STEM 教育中的角色。因此，第 2 章直接聚焦于创造和批判性思维——它们是什么，有什么特征。作者之一罗伯特·凯利在研究创造力和教授创造力的本质及发展方面有着丰富的经验；另一位作者彼得·埃勒顿在批判性思维方面也有着深厚的造诣。两人合作撰写了这一章，他们认为：

> 将创造力和批判性思维的概念应用到 STEM 学科的教育实践中(也)需要一种综合方法，因为这两个概念在实践的诸多方面都密切相关，是相互依赖的概念。

第 2 章首先由罗伯特·凯利介绍创造力的定义和特征，他认为创造力是一种在社会背景下产生新颖适应性成果的思想和行动。然而，他也强调，仅仅给出定义是不够的。对于从事 STEM 或其他领域教育的人来说，重要的是要能够参与创造，并且能够在创造性实践中培养他人——也就是说，要能够促进创造力。他提出了一种创造性发展模式，涉及教育工作者需要考虑的各个方面，包括群体在创造性过程中协作和沟通能力的发展，以及在设计和制作新颖和有用的解决方案或人工制品时的构思和原型设计。参与创造还需要个人自我发展，这是由内在动机驱动的，需要对所从事学科的复杂性有更深入的理解，以及对自己必须为这一过程贡献专业知识有强烈的意识。

紧接着，彼得·埃勒顿阐述批判性思维的本质和特征。他指出，批判性思维虽然没有一个明确而独特的学科归属，但它在哲学中有一个逻辑上的学术归属，因为哲学"为理解批判性思维提供了一个严格的规范框架"。批判性思维通常被认为涉及技能（如论证、评估、沟通）、探究价值（与探究过程相关的价值观，如准确性、可重复性、一致性）和探究美德（个体批判性思维者所具有的特征，而非批判性思维本身，如思想开放、包容、诚实、仁爱）。凯利和埃勒顿认为，在相互依赖的情况下，创造力和批判性思维都是在包含怀疑、协作探究和共同承诺完成发展任务或目标等条件下发展起来的。本书关注的核心内容——STEM 教育、创造力和批判性思维——都不是孤立存在的。它们是相互交织的，了解它们如何交织在一起，在什么背景下，以及创造力和批判性思维如何成为 STEM 教育的核心，是本书后续章节的共同焦点。

第 3 章斯特凡·樊尚-朗克兰以学校科学教育为例，说明了创造力和批判性思维在具体情境中的表现，以及如何在学生中培养这些能力。他介绍了一个 OECD 多国项目并展示了该项目的成果，该项目旨在为创造力和批判性思维制定通用领域和特定科学领域的概念规则。他还通过两个不同的科学课程单元，演示了如何运用科学特定的规则，并总结了与创造力和批判性思维发展规律相符的教学和学习策略。同时使用通用领域和特定领域的规则的一个优势是，它们为讨论创造力和批判性思维提供了一种共同的语言。樊尚-朗克兰进一步以科学为例，说明了这些规则如何在特定学科中通过共同语言促进创造力和批判性思维的发展。他也邀请读者推广这些见解，并在 STEM 的单一学科和综合 STEM 教育方法中思考这些规则对概念发展的影响。

第 4 章虽然仍然关注创造力和批判性思维，但更强调社会正义、公平和同理心在真实的 STEM 环境中激发学习者兴趣和参与度的作用（包括对可能采取行动的认真考量）。考伊和米尔登霍尔通过三个例子，生动地说明了如果学生要真诚、尊重地考虑让其他利益相关者参与到潜在的后续行动中以应对真正的 STEM 问题，就必须设身处地为他人着想。他们从 STEM 小学课堂中选取了三个不同场景，展示了学习者采取同理心行动的不同方式。他们还指出，仅仅拥有知识、愿意并能够采取建设性行动是不够的。只有发展和运用同理心，以及批判性和创造性思维，才能促进这种行动。

第 5 章和第 6 章继续以小学课堂的案例研究为例，探讨 STEM 教育、创造力和批判性思维方面的重要问题。首先，邦廷和琼斯带我们进入了一个高级小学的 STEM 教室，在那里，一位经验丰富、负责任且明显是 STEM 专家的老师正在指导他的班级制作简单的液压机。在这个详尽的案例研究中，邦廷和琼斯展示了学生在这个特殊的综合 STEM 环境中学习的特点，特别是教师和学生之间的密切对话对于支持学生创造性和批判性思维发展的重要性。本章强调了专家教师所拥有和运用的多种知识对于促进学生在课堂上高质量学习的重要影响。

在第 6 章中，德博拉·科里根、德布拉·帕尼宗和凯西·史密斯提供了两个关于教师个人发展的案例研究，展示了如何在 STEM 教学中重视创造力和批判性思维。科里根、帕尼宗和史密斯首先介绍了他们对 STEM、创造力和批判性思维的理解，然后举例说明了两位教师在参加了相关的专业拓展学习计划后，如何在他们的课堂上实施以培养创造力和批判性思维为目标的 STEM 教学。该章分析了一些影响参与教师在实施过程中采用的策略、实践和方法的因素。

第 7 章由莱奥妮·J. 伦妮带我们走出课堂，探索在综合课程中加入校外内容的效果，激发学生在真实的现实环境中运用学校学科知识来提高他们的 STEM 理解和技能。她通过三个不同的例子，展示了学生对当地社区重要问题进行研究的过程，讨论了与社会价值观和多样性相关的问题，这些问题涉及为学生提供机会培养他们的社会和生态正义感（另见第 4 章）。她还根据 OECD 制定的创造力和批判性思维维度——探究、想象、实践和反思——分析学生的 STEM 学习，从而明确地与樊尚-朗克兰的工作（第 3 章）联系起来。

第 8 章由莫里斯·M. W. 郑和梁淑贞将学习的重点转移到高等教育，介绍了一个关于本科生将肥胖作为社会性科学议题（socioscientific issue，SSI）的案例研究。该章分析了通过 STEM 和通过 SSI 进行学科整合之间的异同——虽然两者都可以被描述为通过特定的背景、问题或议题进行整合，但 SSI 整合更强调社会背景的中心地位。因此，该章从不同的角度展示了 STEM 之外（但与之相关）的跨学科学习的可能性。整个单元都明确关注批判性思维，以及与科学等学科相关的特定思维方式和感知思维方式的普遍性和学生的遵守情况。当该单元的重点放在挑战这些思维方式上时，就会显示出对特定方式的遵守和普遍性方面的一些转变。作者对技术统治论维度和思维解放维度进行了比较。

第 9 章和第 10 章不再以课堂实例为背景，而是用非常不同的方式思考了 STEM、创造力和批判性思维的各个方面。在第 9 章中，珍妮弗·曼斯菲尔德和理查德·冈斯通探讨了"失败"在 STEM 所涵盖的不同学科中是如何表现的。该章描述了失败在每个学科的新知识发展中的作用和性质，以及每个学科如何正式表示失败在知识发展中的作用，也简要分析了失败对每个 STEM 学科的学校学习的影响或意义，不出所料，失败在不同学科新知识发展中的作用本质上是完全不同的。

迈克尔·塔恩在第 10 章中探索了一些与众不同的东西。他指出，目前教育工作（包括 STEM 教育内部和外部）都普遍地将 STEM 教育与引人入胜的课程联系起来，在这些课程中，学生的学习是由构建和/或使用有趣的设备来激发的。他认为，STEM 教育的突出地位带来的应该远不止这些；这是一个重新考虑教育基本目标的机会。他的核心论点是通过讨论 STEM 教育的当前性质、当代科学技术教育方法的问题以及教育的人文目标而展开的。该章将这三个问题结合起来，对

"STEM 教育中有哪些人文机会"这一问题进行了总结讨论。

　　在最后一章中，阿曼达·贝里对本书的整体贡献进行了反思，赞同了本书贡献者所持的观点，即 STEM 教育不应只是一项提供未来劳动力的教育改革行动。贝里认为 STEM 教育为教师作为教育创新的推动者提供了重要的机会，阐述了如何利用 STEM 教育推动教师在自己的教育环境下实现教学变革，并丰富教师的实践专业知识。她在总结本书各章节内容的基础上，提出了一些潜在的途径来推动未来 STEM 教育行动的发展，这些行动既包含上述目标，又强调创造力和批判性思维在这一努力中的关键作用。

参 考 文 献

Allen-Ramdial, S.-A., & Campbell, A. (2014). Reimagining the pipeline: Advancing STEM diversity, persistence, and success. *Bioscience, 64*, 612-618.

Corrigan, D. (2020). *Education futures spotlight report 2. Implementing an integrated STEM education in schools: Five key questions answered.* Monash Education Futures: Monash University. Retrieved from https: //cog-live.s3-ap-southeast-2.amazonaws.com/n/1271/2020/Aug/11/FJpR1YB8c0JO4Y9mLLht.pdf.

Estrada-Hollenbeck, M., Woodcock, A., Hernandez, P. R., & Schultz, P. W. (2011). Toward a model of social influence that explains minority student integration into the scientific community. *Journal of Educational Psychology, 103*, 206-222.

Fadel, C., Bialek, M., & Trilling, B. (2015). *Four-dimensional education*: *The competencies learners need to succeed.* Boston, MA: The Center for Curriculum Redesign.

Hallinen, J. (2015). STEM. In *Encyclopedia Britannica online*. Retrieved from https: //www.britannica.com/topic/STEM-education.

Leigh, K., Hellsing, A., Smith, P., Josifovski, N., Johnston, N., & Leggett, P. (2020, July). *Australia's STEM workforce.* Canberra: Office of the Chief Scientist. Retrieved from https: //www.chiefscientist.gov.au/news-and-media/2020-australias-stem-workforce-report.

OECD. (n.d.) *OECD future of education and skills 2030 project.* Retrieved from https://www.oecd.org/education/2030-project/about/.

Pew Research Centre. (2018, January). *Women and men in STEM often at odds over workplace equity.* Retrieved from https: //www.pewsocialtrends.org/2018/01/09/diversity-in-the-stem-workforce-varies- widely-across-jobs/.

UNESCO. (2017). Cracking the code: Girls' and women's education in science, technology, engineering and mathematics(STEM). Paris: UNESCO.

第 2 章　创造力和批判性思维

彼得·埃勒顿　罗伯特·凯利

摘要： 21 世纪，课程改革的步伐迅速加快，跨学科能力的培养成为各个领域的核心课题。在这种背景下，STEM 教育也不例外，它需要将"创造力"和"批判性思维"这两种关键能力融入各个学科中。而要培养学生的创造力和批判性思维，不仅要考虑学生的个人发展水平，还需借鉴教师的专业经验，从而使每个概念所涉及的技能和知识能够随着时间的推移而逐渐深化和完善。本章通过对这两个概念、概念间的相互作用及其相关教育实践的影响的全面分析，从一个新的角度来审视如何在复杂多样的 STEM 学科及其综合形式中有效地运用创造力和批判性思维。

关键词： 创造力，批判性思维，STEM，学习者，课程，教学法

2.1　简　　介

在定义和描述 21 世纪教育实践中的能力时，越来越多的人将各种形式的创造力、批判性思维、协作和沟通视为"核心课程能力"，即这些能力的发展在所有学科领域的课程中都具有重要意义。2018 年 OECD 提出的《在教育中教授、评估与学习创造性和批判性思维技能》（OECD，2018a）和《在高等教育中培养和评估学生的批判性和创造性思维技能》（OECD，2018b）是主要的范例，反映了将创造力和批判性思维特别纳入教育实践环境的全球趋势。"21 世纪学习伙伴关系"（Partnership for 21st Century Learning，P21）（2018）在美国及其 21 个合作州开展，致力于实施"21 世纪学习框架"，该框架包含四个 C，即创造力（creativity）、批判性思维（critical thinking）、协作（collaboration）和沟通（communication）。

无论是作为跨学科发展的一部分，还是由于 STEM 自身的性质，将创造力和批判性思维融入整个 STEM 学科的教育实践在当代教育中越来越重要。有许多新

兴的区域、国家和国际课程倡议将这些概念视为教育实践的必要条件，部分内容在本书其他章节有所提及。STEM 学科具有多样性和复杂性，需要采用综合的教育方法，以促进交叉学科（interdisciplinarity）和跨学科（transdisciplinarity）的有机衔接；这反过来又促进了复杂的创造性问题的解决以及由此产生的创新研究和生产。将创造力和批判性思维的概念应用到 STEM 学科的教育实践中也需要一种综合方法，因为这两个概念在实践的诸多方面都密切相关，是相互依赖的概念。批判性思维可以渗透到创造性实践和创造性发展的各个方面。创造性实践在技能、性格、习惯、价值观和美德的获得与发展中起着催化作用，而这些技能、性格和美德是批判性思维复杂性增长的核心。创造力和批判性思维概念在教育实践中的结合为综合 STEM 教育实践提供了一条非常有效的途径。

学习者成长与发展是理解教育实践中的创造力和批判性思维的最佳视角，在这种视角下，每个概念的具体属性都随着时间的推移变得越来越复杂。本章提供了一个基于全面分析这两个概念、概念间的相互作用及其相关教育实践的影响的视角，以观察如何在复杂多样的 STEM 学科及其综合形式中有效应用创造力和批判性思维。

2.2　STEM 教育中的创造力

几十年来，传统的教育理念主要强调知识传授和对学习者知识掌握的相应评估，而 STEM 的独立学科正是这种强调的范例。当在 STEM 学科中应用创造力的概念时，教育的核心挑战变成了在传统教育理念的背景下，如何在教育实践中培养创造力。这些传统教育理念通常具有消费密集型、风险规避型和一般被动型的特点（Waks，2014）。与之形成鲜明对比的是，创造性的教育文化需要一种具有低风险的高交互、体验式文化，这有助于在任何学科背景下，特别是在 STEM 学科背景下，长期开展协作构思和原型设计。STEM 教育中的创造力有可能成为跨越 STEM 学科多样性和复杂性的高度整合的教育动力。由此产生的具有创造性美德的教育工作者和学习者更有利于在综合 STEM 学科中开展原创性研究和行动，例如，这对于应对联合国可持续发展目标（United Nations，2019）和其他尚未出现的复杂的区域和全球问题至关重要。

以 STEM 教育中的创造力为重点的教育理念，首先要对相关概念进行研究和澄清，包括与"创造力"这一术语相关的词汇。

2.2.1 创造力：定义、词汇和相关概念

创造力一词在日常生活中经常与原创性、创新、发散性思维和创意生成等概念混用。然而，尽管这些术语与创造力有着密切的联系，但它们并不等同于创造力。"创造力"一词源于拉丁语 *creare*，意为物理上的制造或生产（Gotz，1981；Piirto，2004）。这意味着，一项被认为具有创造力的活动，必须有可观察的物理产物。皮尔托（Piirto，2004，p.6）进一步指出："有创造力就是要有原创精神，而原创意味着创造新事物。因此，要有创造力，就要做出新颖或独特的东西。"这里暗含了一个过程，即创造力涉及从思想到形式的转化。吕巴尔（Lubart，2000，p.295）将创造力定义为"产生新的适应性产物的一系列思想和行动的组合"，为创造力概念提供了一个反映其核心特征的基本定义。在教育背景下使用和应用创造力概念时，要注意这一定义的三个特征，以免与其他相关术语混淆（Kelly，2020）。这三个可辨识的特征是：

①思想的组合——导致行动的想象和构思。

②行动的组合——在创造性生产发生的学科或领域的媒介或形式中制造出可观察的物理产物。

③新的适应性产物——创造性成果展现出新颖或独特的特性。

当在教育实践中讨论和应用创造力和创造性过程这两个术语时，这些属性特征有助于我们区分和理解相关的概念和词汇。

沃拉斯（Wallas，1926）在其著作《思想的艺术》中提出了创造性过程的最早模型。在这个模型中，创造性过程被分为准备、孵化、启发和验证四个阶段，反映了从思想到有形形式的基本过程。这一先驱性的阶段模型为后来创造性过程阶段理论的发展奠定了基础。随着时间的推移，对创造性过程的观点发生了转变，从被视为主要发生在潜意识层面转变为一种可以通过诸如奥斯本（Osborn，1963）后来提出的构思等行动有意促进这一过程的观点。国际设计公司 IDEO（2012）与斯坦福大学的"d.school"共同阐述的设计过程，与经典的创造力阶段理论有着密切的联系，包括发现、解释、构思、实验（原型设计）和迭代五个阶段。在这种背景下，设计过程可以在某层面上被视为创造性过程的一种跨学科应用，以解决不同情境中的创造性问题。

美国心理学家吉尔福德（Guilford，1959）对创造性个体特征的开创性研究丰富了这一领域的词汇，其中许多与创造力概念紧密相关的术语有时被误用为创造力的同义词。吉尔福德认为具有创造力的人具备以下特点：

①思维的流畅性——能够顺畅地思考，尤其是在构思方面。

②思维的灵活性——能够轻松地改变旧观念并接纳新观念。

③原创性——提出与先前概念截然不同的独特想法的能力。

④重新定义——放弃对概念或对象的旧理解并用新理解替代的能力。

⑤细化——在总体方案中补充细节或完善细节的能力。

⑥对歧义的容忍度——愿意面对一些不确定性，避免思维固化。

⑦收敛性思维——通过筛选可能的替代方案来思考解决方案或问题解决方法。

⑧发散性思维——开放式思维和产生众多潜在的解决问题的替代方案。

所有这些术语（流畅性、原创性等）都与创造力的概念紧密相关，但都不是创造力的同义词。"发散性思维"和"原创性"两个术语经常被误用为"创造性"一词，然而，尽管它们具体指代创造性过程的特定部分或特征，但两者都不能完全涵盖"创造力"一词。发散性思维是指产生潜在的问题解决方案，它只是从思想到形式的纵向过程中的一个环节，虽然是一个重要组成部分，但不是整个过程。原创性是指创造性成果与先前成果相比所呈现出的新颖程度属性。

普勒克等（Plucker et al.，2004，p.90）回应了上述吕巴尔（Lubart，2000）对创造力定义的核心特征，并强调了产品实用性和新颖性的社会背景的重要性："个人或群体通过能力、过程和环境之间的相互作用，创造出一种在社会背景下既新颖又有用的可感知产品。"社会背景的考虑说明了当一个人参与了一系列思想和行动后，其最终的产品是如何被评判为创造性或非创造性的。在 STEM 教育实践中运用创造力的概念时，教育者和学习者必须明白为什么某些东西是（或不是）创造性成果。

2.2.2　个人主义和社会文化背景的定义

索耶（Sawyer，2012）针对创造力概念提出了两种定义，一种基于个人主义方法，另一种基于社会文化方法。个人主义的定义方法指新作品是相对于个人以前的作品而言的，不管这一作品对世界来说是否是新的。对于参与 STEM 教育项目的年轻学习者来说，这可能意味着为该学习者或学习者群体创造一些新颖或独特的东西，这些东西在 STEM 领域可能已经存在，但相对于学习者之前的创造性 STEM 作品来说是新颖或独特的。社会/文化的定义方法指新作品对知识渊博的社会群体所关注的领域或范畴而言是有用的和有价值的。随着 STEM 学习者的创造性产物变得越来越复杂和成熟，其与特定领域或范畴的关联性也越来越强。一个很好的例子是来自爱尔兰西科克的 18 岁学生菲恩·费雷拉（Fionn Ferreira），他发明了一种从水中去除微塑料的方法（Bowers，2019）。费雷拉使用油和磁铁矿粉末的混合物在含有微塑料的水中形成铁磁流体，继而微塑料与铁磁流体结合形成了一种产物，费雷拉使用磁铁将该产物去除，从而只留下水。这项工作在该领域具有原创性，足以让他在由谷歌赞助的 13 至 18 岁青少年比赛中获得一项重要奖项。作为一名年轻的学习者，他之前的 STEM 工作显示了他从个人主义角度创作原创作品向原创作品日益成熟和复杂并具有社会/文化关联性的转变。

2.3　创造性发展

创造性发展（creative development，图 2.1）指的是从人类直觉/适应性创造力的自然天赋发展到具有越来越复杂、持续的创造性实践的能力，其特征是进行更具社会文化相关性和重要性的原创性研究与生产。持续的原创性研究与生产以富有想象力的愿景为特点，随着时间推移不断促使创意产生、原型设计和改进的反复迭代。创造性能力（creative capability）指的是一个人在某个时间点从事创造性实践的复杂程度，而创造性发展指的是个人或组织的创造性能力随时间的推移而提升（Kelly，2012，2016，2020）。设计思维和设计实践被视为情境化的创造性问题解决方法，其中创造性过程被应用于跨学科情境中的问题解决。

了解教育实践中创造性发展的动态，对于评估和促进 STEM 教育或其他教育背景下的创造性成长和发展是必要的。

创造性发展的特点是个人或群体通过四个主要发展组别中九个同时存在的、相互关联的发展视角来提升创造性能力。这一结构与阿马比尔（Amabile，2012）、阿马比尔和普拉特（Amabile & Pratt，2017）提出的创造力组成理论有密切关系，他们描述了任何创造性反应所必需的四个组成部分：领域相关技能（domain-relevant skills）、创造力相关过程（creativity-relevant processes）、内在任务动机（intrinsic task motivation）和个人工作的社会环境（social environment in which the individual is working）。创造性发展包括以下内容：

基础发展阶段——协作发展和交流发展被视为创造性发展的共同基础。这些方面代表了从以自我为中心到以群体为中心的倾向转变，有利于通过建立协同创新网络来产生想法和制作原型。这些发展基础对于 STEM 学科综合框架中的创造性成长和发展至关重要。在 STEM 学科的复杂性中，创造性生产（creative production）需要高水平的交流和协作互动，这对个人和群体背景下的创造性发展具有教育意义。

协作可以通过以下与协作小组相关的属性来描述：

①该小组的存在是为了进行新颖的、适应性的创造性生产。

②利用小组成员的多样性促进共同的创造性生产。

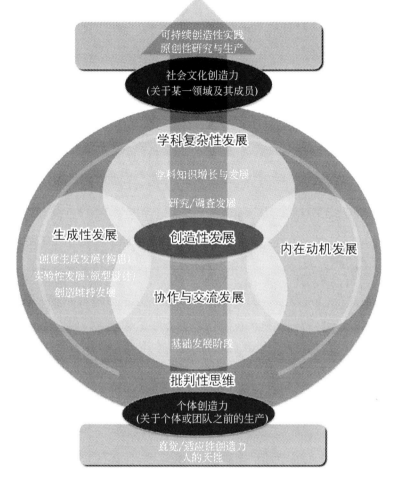

图 2.1　创造性发展（Kelly，2016，p. 11）

③群体成员中的个体从以自我为中心到以群体为中心的倾向转变，对于充分发挥群体的创造潜力至关重要。

④创造力需要高互动性的沟通，其特点是开放的思想、同理心、灵活性、积极和深入的倾听、尊重和诚实。

⑤协作小组的潜在创造性成果无论如何也不可能来自个人。

（1）交流发展与协作发展相互促进，因为高互动性是实现协作发展的理想条件。基础的协作和交流发展对于建立一种有利于通过后续发展阶段提升创造性能力的教育文化来说是必要的。更高的互动性有助于更高、更快速的构思和原型开发，从而激发更大的创造性成果的可能性。格洛尔（Gloor，2017）通过对创新组织中员工之间有利于协作创造力的沟通进行综合分析，证实了这一观点。

（2）内在动机的发展代表着创造性的成长和发展从外在动机的驱动转变为内在动机的驱动，在这种转变中，创造性的发展将最终导致学习者主动地创新和发明。阿马比尔和普拉特（Amabile & Pratt，2017）通过其创造力动态组成模型（dynamic componential model of creativity），阐述了内在动机发展对激发更高创新潜力的积极促进作用。这意味着需要从根本上改变 STEM 学科几乎只关注学科内容的传递以及对学习者知识掌握的相应评估和奖励的传统教育理念。这反过来表明，有必要为各学段各学科的学习者提供并管理研究、设计、发明创造教育空间，这远远超出了对学科数据的消化和记忆。

（3）生成性发展（创意生成发展、实验/原型开发和"创意维持"发展）是指核心创造性过程的成长和发展，包括构思、实验、原型设计和持续改进的创意解决方案。随着学习者创造性能力的发展，他们能够参与越来越长期、越来越复杂的构思和原型迭代，从而获得更强的"创意维持"。复杂的创造性活动可能涉及与区域和全球协作创新网络的创造性互动。随着学习者创造性能力的提高，他们能够参与持续数月甚至数年、越来越复杂的创造性活动。

（4）学科复杂性发展是指针对创造性工作学科领域，实现更加复杂的知识和过程的能力的增长与发展。这包括研究/探究性发展，代表着从完全被动的研究倾向转变为主动的、体验的、互动的、探究的倾向。内在动机倾向的转变增强了探究性素养，同时为学科内容的习得提供了更有意义的学习环境。

这些发展链并不应该从线性的角度来看待，而是作为同时存在的、相互关联的发展组成部分，根据一个人在纵向的、创造性活动中所处的位置，彼此之间起伏变化。它们代表了一种教育/生态系统的观点，即发展链之间的相互关系是实现整个学科范围内协作创造力文化所必需的，有助于创造性发展的学习体验设计和评估设计，并促进了从过分注重学科内容的传递和相应的评估制度的教育文化重心转向使教育者和学习者能够进行日益复杂的协作和创造性生产的教育理念。

批判性思维和创造性发展

批判性思维贯穿于创造性实践和创造性发展的各个方面。批判性思维包括有效地整合和分析所有收集和生成的信息及替代方案，从而在整个创造性过程中为问题解决提供决策依据。

对信息和想法的持续评估和论证对于促进创造性生产及培养学习者创造性能力至关重要。图 2.1 展示了批判性思维如何渗透到创造性发展的教育生态系统中。一致地看待创造力和批判性思维很重要，有助于充分理解两者在 STEM 教育中的相互关系及其在教育生态系统中最大化实现教育潜力的方式。下文是在这种教育背景下对批判性思维概念的探讨。

2.4　理解批判性思维

批判性思维不是任何特定学科的专属，也没有最佳的培养方式。然而，它确实在哲学中找到了学术基础。原因很简单：什么是一个好的理由，为什么这些问题的答案会迫使我们接受这样的理由，甚至理性的本质本身都是哲学问题。换言之，哲学为理解批判性思维提供了一个严格的规范性框架。这并不意味着批判性思维只能在哲学中发展，而是对批判性思维的全面研究必须包括哲学分析。

2.4.1　什么是批判性思维？

虽然批判性思维的定义各有不同，但人们普遍认为，批判性思维所涉及的核心技能包括论证和评估（以及在这些技能中使用类比和概括）、协作推理技能和沟通技能（包括有效地将良好的思维和写作结合起来）。除了这些技能，批判性思维还涉及探究价值，也可以理解为认知价值，即我们在探究过程中所重视的东西，具体包括准确性、细致性、简洁性、可重复性、一致性、相关性和其他一系列有助于探究的价值。

有效运用这些价值的能力对于批判性和实证性的探究以及批判性思维至关重要。探究美德（采取亚里士多德的美德观）被理解为个体批判性思维者的特质，而不是探究过程的特征。探究美德包括思想开放、对其他观点的包容、对知识的诚实和谦逊，以及正直和仁爱的原则。而发展这些特质的当务之急是寻求新的可能性、重新解释旧问题并质疑基本假设。

鉴于这些令人钦佩的特质，"批判性思维"一词在教育中被频繁使用和熟悉是理所当然的。它存在于关于学生成绩的期望中，也存在于涉及一定程度认知复杂性的许多任务描述中。一项特定的任务或课程包含批判性思维的要素是一个简单而常见的主张，但这并不意味着对批判性思维是什么或如何识别、指导、计划或评估批判性思维有共同的理解。

批判性思维的各种定义共同构成了一系列陈述，每一个陈述都与其他陈述相当一致，但不足以使我们联想到典型的批判性思维者认知能力的全部方面。例如，西格尔（Siegel, 1989）谈到批判性思维者"恰当地被理由所说服"，而马尼克斯（Mulnix, 2010）则表示他们能够识别并建立推理联系。保罗和埃尔德（Paul & Elder, 2008）认为，批判性思维指引导一个人的思维，并有意使其符合评估标准。

威林厄姆（Willingham，2008，p.21）认为批判性思维包括"看到问题的两面性，对否定你想法的新证据持开放态度，冷静地推理，（并）要求有证据支持其主张……"。文献中引用最多的定义之一是 APA 德尔菲报告（1990）的定义："产生解释、分析、评估和推断的有目的的、自我调节的判断，以及对判断所依据的证据、概念、方法、标准或背景因素的解释。"（Facione，1990，p. 3）这些必要属性的定义或陈述似乎没有一个与其他定义或陈述相矛盾，但它们自身又都不完整或至少不是完全描述性的。

在某些观念中，批判性思维与专业知识和学科领域知识密切相关，以至于没有这些知识的批判性思维似乎是不可能的（例如，见 Willingham，2019）。但正如一些人（Mulnix，2010；Scriven & Paul，2011；Van Gelder et al.，2004）所指出的以及一系列与思维技能的可转移性和连贯性相关的实证研究（例如，Topping & Trickey，2007）所表明的，这是一个很难说服人的论点。美国高等院校协会（Association of American Colleges and Universities，2013）发现，93%的雇主认为"求职者表现出的批判性思考、清晰地表达和解决复杂问题的能力比他们的本科专业更重要"（p.1，原文强调）。这种说法与仅在学科知识中发展和使用批判性思维的观点是不一致的。有一些关于良好思维的东西是可以转移的，但如何实现呢？

2.4.2 技能、性格、思维习惯和探究美德

首先，批判性思维必须超越简单地理解任何特定领域中问题解决的复杂性，否则，任何超越单纯回忆的思维在逻辑上都可以被称为"批判性"。虽然这对某些人来说也许是一个可以接受的定义，但它在某种意义上过于宽泛而无法提供明确的教育侧重点，而在另一种意义上又过于狭隘，因为它只关注在该领域背景下的技能集合。

我们在上文中指出，批判性思维包含了一系列技能、价值观和美德。现在让我们更详细地研究这些概念，并注意它们在批判性思维中的性质和作用。许多在特定学科背景下使用的思维技能都是批判性思维的要素，包括分析、评估、论证和其他涉及问题解决和决策过程的技能。这些技能通常被理解为认知技能，可用于解释、操作和创造知识。但仅仅在特定背景下做这些事情，还不足以声称我们在进行批判性思考——我们可能做得很差，或者不知道如何有效地应用这些技能。大多数批判性思维的定义包含上面提及的那些要素，并且不局限于一组认知技能或应用这些技能的环境，它们还涉及思考者的特质，包括思维习惯、思维倾向和美德。它们共同促成了一种"批判性精神"（Siegel，2017），这种精神既能激发批判性思维又能引导批判性思维。

在此，对一些术语的讨论将是有益的。一般来说，习惯是一种通过频繁表达而变成自动的行为。但这一笼统的定义并没有体现出习惯一词在教育中的丰富内涵，尤其是在思维习惯的背景下。思维习惯被认为超越了简单的反射性、习惯性行为，包括灵活思考、质疑和提出问题以及相互依赖的思考（Kallick & Costa，2008）。思维习惯关注的是思维而不是简单的反应，它会引起一定程度的注意力和思维的管理，从而成为智能行动的动力（Dewey，1938；Dottin，2009）。

思维性格和习惯在文献中有着复杂的关系。例如，西格尔（Siegel，1989，p.209）将思维性格定义为"在特定情况下以特定方式思考的偏好（tendency）、倾向（propensity）或意愿（inclination）"，但很少提及习惯（habit）。桑顿（Thornton，2006）提出，（思维）倾向本身就是思维习惯，前者是后者的一个子类，或者说两者可能等价。无论我们如何理解这种关系，显而易见，我们谈论的不仅仅是一项基本技能。西格尔（Siegel，2017）还观察到，性格可以通过各种形式表现出来。例如，在与同事分享提案草案、积极寻求他人建议、在小组环境中测试想法或选择在同事面前而不是单独工作时，明显表现出一种成熟的合作思考倾向。以上这些是不同的行为，但它们都指向了一种特定的性格。阿尔坦等（Altan et al.，2017）表明，思维习惯也是如此。基于本章的目的，我认为它们即使不是同义词，也至少是密不可分的。这里有一个重要的教育学观点需说明，思维倾向和思维习惯在确立学生的思维方式方面发挥着重要作用，并独立于任何情境应用。因为它们可以以各种方式表现出来，所以不能将其等同于行为。因此，就培养它们而言，不能仅仅通过重复的行为来实现，也不能通过对特定任务的无条件服从来习得。

贝林和巴特斯比（Bailin & Battersby，2016）呼吁通过美德框架来分析批判性思维，认为批判性思维者也拥有一系列由他们的性格、习惯来体现的探究美德，更重要的是他们关注自己所参与的推理质量。这些美德包括经常被引用的思想开放、理解知识是易错的及其对探究的影响、愿意改变想法、致力于理性论证而不是断言等。我们似乎又在讨论性格，但性格和美德之间有着重要的区别。正如安纳斯（Annas，1995，p.233）所指出的那样，美德意味着"某种智力结构，可供反思者使用"。向美德的转变使我们超越倾向和习惯，进入一种有意识的、理智的和充满价值的思维方式。

> 美德概念中所包含的而在性格概念中所缺少的方面，是重视或欣赏。美德不仅是一种以某种方式行事的倾向，更是一种基于对事业的欣赏或重视而行事的倾向。（Bailin & Battersby，2016，p.368）

根据批判性思维的美德描述，这种关注、这种对性格或习惯价值的理解以及为何其在探究中很重要，是将有美德的探究者与那些只是养成性格或习惯的人区分开来的原因。有效的批判性思维者与我们其他人（包括具有高度专业化和丰富的学科知识的学科领域专家）的区别在于，他们能够使用在思维课堂上合作制定的良好推理规范和标准来评估自己和他人的思维质量。他们还可以解释这些规范和标准是如何产生的，例如探究价值的适当运用，以及它们在良好（有效）探究中的作用，包括在学科方法中的作用。因此，与思维的类型一样，思维的质量也很重要；而且，为了更进一步地实现美德，需要理解它为什么很重要。

2.4.3　培养批判性思维

显然，批判性思维是实践性的，即它是你所做的事情。如其他事情一样，你难以知晓所做事情的全貌。归根到底，你需要自己进行练习，并在此过程中获得如何改进的反馈。这是一个"知道如何"而不是"知道什么"的问题。以学习冲浪作类比，世界上所有的冲浪知识都可以供你阅读或观看（知识本身），但这不足以使你成为一名优秀甚至是有能力的冲浪者（知识如何运用）。在某个阶段，你需要登上冲浪板并尝试冲浪，因为对你冲浪质量的反馈对改进是必要的，即使这些反馈只是来自你个人的平衡感（尽管你可以通过专家对你的行为的评论学习得更快）。批判性思维者知道如何与所有这些实践知识联系在一起（Ellerton，2015）。例如，批判性思维者所拥有的这种"知道如何"的能力不仅是解决他们领域中的问题，也是在解决问题的同时将他们的思维本身作为研究对象。批判性思维者知道如何思考，他们"批判"和关心的是他们的推理质量。

对思考进行思考是批判性思维者的必要特征，但这并不意味着批判性思维者只有在思考他们的思考时才会有效，也不意味着他们整天都在这种模式中度过。这只是意味着他们有能力在需要时这样做，并且能够确定何时需要这样做。对思考的思考就是元认知，正是在这种批判性思维的背景下，我们看到了元认知的教育价值和促进元认知的学习经验。

我们向有抱负的批判性思维者提出了很多要求，包括寻求和发展不同的观点和行动方案，提出有用的探究问题，识别相关和重要的问题，清晰和准确地表达想法，给出和要求接受想法或立场的理由，根据可信度和逻辑一致性评价主张和论点等。

但是，仅仅做这些事情而不关注做得有多好或为什么做这些事情很重要是不够的。例如，可以寻求替代观点，但没有超越显而易见的观点；提出有用的探究问题，但数量不多；确定一些相关和重要的问题，但不能很好地解释为什么它们是相关和重要的；清楚地表达一些想法但不表达其他想法，为一个立场提出理由但不是很好；等等。批判性思维技能不是二元的，它们是以成功为衡量标准的，并通过不同的掌握程度来应用。像所有的事情一样，它们会随着实践和正确的反馈而得到改善。这使我们想到了两个非常重要的教育背景问题：第一个问题是"什么样的活动可以让学生有机会练习这些思维技能"，第二个问题是"我们如何对学生的思维质量进行反馈，从而提高思维质量"。

在培养学生的批判性思维技能时，我们必须确保他们有机会进行怀疑，因为怀疑是探究的动力，而探究是重视批判性思维的表现。但怀疑不是教师可以指派的，它必须通过培养获得。

如果……在课堂上思考被认为是可取的，那么课程就不能以清晰和固定的方式呈现，因为这样会抑制思维（Lipman，2003，p. 21）。

因此，最能为学生提供发展批判性思维技能机会的活动是那些对结果存在疑问的活动。换句话说，并没有为学生制定好探究的道路。对于一些学生来说，这可能不是正常的课堂体验，因为他们花费了大量时间去猜测期望他们做出什么反应，尤其是在非常注重知识传授的课堂上，这可能包括 STEM 科目。然而，让学生摆脱这种思维模式并允许自由探究的活动，也需要关注学生的思维方式，以及如何评估和证明这种思维是有效探究。表 2.1 列出了一些适用于 STEM 背景下设计和实施此类活动的广泛原则示例。这些例子是少而精的，但它们显示了如何通过使用基于在探究中进行怀疑的必要性的指导性教学策略来实现批判性思维。这些策略也为学生提供了反馈其思维质量的机会。

表 2.1　教学策略和相关的批判性思维机会

赋能策略	潜在的批判性思维结果
习惯性地寻找知识主张的依据。（我们怎么知道/我们是否知道呢？） 例如，宇宙的年龄超过 130 亿年。我们怎么能知道呢？我们是怎么知道的？	• 假设受到检验和挑战 • 认识到知识、潜力和实际的局限性 • 接受包括科学知识在内的知识是易错的 • 培养质疑知识主张的倾向
学生将情景问题化（我们如何才能最好地构建这个问题？）而不是接受一个调查框架。 例如，毒品泛滥是法律和秩序问题还是医疗问题？	• 寻找和发现替代框架和观点 • 评估与论证潜在的框架和相应的解决方案
学生决定成功的标准。 例如，澳大利亚最伟大的科学家是谁？	• 假设受到检验和挑战 • 考虑各种可能性并产生备选方案 • 评估和论证可能的立场和行动方案
学生提出哪些可能是必要的知识及原因。 例如，你想了解湖泊的哪些情况以解释湖泊边缘形成的晶体类型？你为什么想知道这些信息？你认为这些知识如何有助于解释晶体结构？	• 学生展示他们对因果关系和概念理解的思考 • 学生超越"获取"信息的范畴，转向寻求因果关系和更复杂的概念理解 • 开发了图式组织的深层知识结构

续表

赋能策略	潜在的批判性思维结果
学生调查设计。 例如，你认为你需要什么材料来确定影响钟摆周期的因素？你认为你为什么需要这些材料？	·证据已经确定，数据的操作和处理是合理的 ·详细解释如何、何时以及为何收集数据，以识别/假设变量之间的因果关系
围绕结果不确定且需要开发探究方法的任务和活动，在小组或大组中进行协作性的课堂对话。	·思考是根据他人的推理来检验的 ·理解探究规范是如何通过理性对话形成的 ·学生参与社会认知 ·协作开发的探究规范被内化以供后续个人使用 ·生成更广泛和更深入的创造性选项以协助探究（问题、框架、可能的挑战、解决方案等） ·使用协作推理检查可以减少认知偏差 ·开发和使用了一种专注于思维结构和质量的元认知语言

思考的机会需要像任何专注于学科内容的展示和传递的课程一样，以尽可能多的细节和高的分辨率进行规划。这样的规划是必要的，因为思考不应该是学科教学的教育副产品。此外，我们还必须关注我们在课堂上必须做什么来培养批判性思维者的性格、习惯和美德。重要的是要认识到，这些都是通过探究任务发展和形成的，因为了解什么是好的探究与美德的增长"密切相关"（Bailin & Battersby，2016，p. 369）。培养技能和性格的各种策略，以及上述的例子，都是在教学指导和元认知关注下有助于培养探究美德的策略。

在考虑批判性思维发展的性质和背景时，可以进一步发展批判性思维教学的两个重要且密切相关的方面。第一个方面是协作探究的需要，提供和接受反馈并调节探究规范，第二个方面是创造力对批判性思维的价值。

2.5　协　作　探　究

我们已经在前文了解到了协作创造力的必要性和特征，协作思维的部分收益如表 2.1 所示。但协作思维不仅仅是简单地交换我们个人认知过程的产物，它还包括分享认知过程本身。这种协作在创造力和批判性思维方面都富有成效。正如本章前面关于创造力的讨论，这涉及"群体成员中的个体从以自我为中心向以群体为中心的倾向转变"和"高互动性的沟通，其特点是开放的思想、同理心、灵活性、积极和深入的倾听、尊重和诚实"（一些关键的性格和美德）。

在批判性思维中重视协作至少有五个理由。

（1）协作思维让学生了解并发展有效思维的规范。学习良好的思维方式类似于学习一门语言，它不是你可以孤立地做的事情。就像语言一样，推理最好被视为一种社会能力（Sperber & Mercier，2012），而不是一种个人能力，因为理性的一个关键方面是通过理性话语发展共同的意义。发展良好推理的规范是以社会为中介的，特别是通过发展探究的倾向和美德。

（2）协作思维是社会认知的一种形式，其中认知的限度不是个人的思维，而是群体的思维。这可以从两个方面来理解。一方面，社会认知有助于检查个体思维所持有的偏见和假设，另一方面，一个思维的输出可以作为其他思维的输入，从而形成更大的认知复合体。

（3）创造力是批判性思维的核心组成部分，正如我们上述所讨论的，最好通过协作来完成。创造力是一个需要批判性分析和评估的过程，与批判性思维一样，需要（重新审视吉尔福德）思维的流畅性、灵活性和原创性，重新诠释和挑战旧观念以及在模棱两可的情况下继续前进的能力和倾向。如果没有能力做这些事情，思维就会局限于习得的行为和模式。尽管这些模式和行为可能相当复杂，但它们并不代表批判性思维。

（4）反馈对于提升经验性知识（即知道如何做）至关重要。在协作探究中，思维是共享的，沟通是清晰直接的，参与者之间的互动为学生思维的适切性和质量提供了即时和频繁的反馈机会，这些反馈可以来自他们的同伴或老师。

（5）协作探究形成了有效思维的规范，从而引导和塑造了批判性思维的发展。我们在社会上所学东西的内化成为个人、私人思考的可获取资源（Vygotsky，1978）。从更广泛的意义上说，正如米德（Mead，1910，p. 693）简明扼要地指出："孩子不是通过学习而变得社会化。他为了学习必须变得社会化。"

2.6　结　　语

我们已经从协作发展和交流发展、内在动机、生成性发展和学科复杂性发展等方面探讨了创造力的发展过程。批判性思维的培养也有类似的路径，只不过它通常用技能（以及对复杂性的处理）、性格和习惯（部分对应于内在动机）、美德的维度来描述。创造力和批判性思维是相互联系和促进的。没有批判性的创造力可能会偏离目标，没有创造力的批判性可能会停滞不前。两者发展的条件包括存在怀疑（可能包括对方法和结果的怀疑）、协作探究、确定真相或得出解决方案的共同承诺，以及教师有意识地培养创造力和批判性思维的教学意图。

参 考 文 献

Altan, S., Lane, J. F., & Dottin, E. (2017). Using habits of mind, intelligent behaviors, and educational theories to create a conceptual framework for developing effective teaching dispositions. *Journal of Teacher Education, 70*(2), 169-183. https: //doi.org/10.1177/ 0022487117736024.

Amabile, T. (2012). *The componential theory of creativity*. Boston: Harvard Business School.

Amabile, T., & Pratt, M. (2017). The dynamic componential model of creativity and innovation in organizations: Making progress, making meaning. *Research in Organizational Behavior, 37*, 157-183.

Annas, J. (1995). Virtue as a skill. *International Journal of Philosophical Studies, 3*(2), 227–243. https: //doi.org/10.1080/09672559508570812.

Bailin, S., & Battersby, M. (2016). Fostering the virtues of inquiry. *An International Review of Philosophy, 35*(2), 367-374. https: //doi.org/10.1007/s11245- 015- 9307- 6.

Bowers, S. (2019). *Irish teenager wins Google science award for microplastics project*. Retrieved from https: //www.irishtimes.com/news/science/ irish- teenager- wins- google- science- award- for- microplastics- project- 1.3971256.

Dewey, J. (1938). *Logic: The theory of inquiry*. New York.

Dottin, E. (2009). Professional judgment and dispositions in teacher education. *Teaching and Teacher Education, 25*, 83–88. https: //doi.org/10.1016/j.tate.2008.06.005.

Ellerton, P. (2015). Metacognition and critical thinking: Some pedagogical imperatives. In M. Davies & R. Barnett (Eds.), *The Palgrave handbook of critical thinking in higher education* (pp. 409–426). https: //doi.org/10.1057/9781137378057_25.

Facione, P. A. (1990). *Critical thinking: A statement of expert consensus for purposes of educational assessment and instruction. Research findings and recommendations*. Retrieved from http: //www. eric. ed. gov/ERICWebPortal/detail?accno=ED315423.

Gloor, P. (2017). *Swarm leadership and the collective mind*. Bingley, UK: Emerald.

Gotz, I. (1981). On defining creativity. *Journal of Aesthetics and Art Criticism, 39*, 297–301.

Guilford, J. (1959). Traits of creativity. In H. Anderson(Ed.), *Creativity and its cultivation* (pp. 142–161). New York: Harper.

IDEO. (2012). *Design thinking toolkit for educators*(2nd ed.). Retrieved from https:// designthinkingforeducators.com.

Kallick, B., & Costa, A. L. (2008). Learning and leading with habits of mind: 16 essential characteristics for success. *Association for Supervision & Curriculum Development*. http://

ebookcentral.proquest.com/lib/uql/detail.action?docID=410671.

Kelly, R. (2012). *Educating for creativity: A global conversation*. Edmonton: Brush Education.

Kelly, R. (2016). *Creative development: Transforming education through design thinking, innovation and invention*. Edmonton: Brush Education.

Kelly, R. (2020). *Collaborative creativity: Educating for creative development, innovation and entrepreneurship*. Edmonton: Brush Education.

Lipman, M. (2003). *Thinking in education* (2nd ed.). Cambridge, UK: Cambridge University.

Lubart, T. (2000). Models of the creative process: Past, present and future. *Creativity Research Journal, 13*(3–4), 295–308.

Mead, G. H. (1910). The psychology of social consciousness implied in instruction. *Science, 31*(801), 688–693.

Mulnix, J. W. (2010). Thinking critically about critical thinking. *Educational Philosophy and Theory, 44*(5), 464–479. https://doi.org/10.1111/j.1469- 5812.2010.00673.x.

OECD. (2018a). *Teaching, assessing and learning creative and critical thinking skills in education*. Retrieved from http://www.oecd.org/education/ceri/assessingprogressionincreativeandcritical thinkingskillsineducation.htm.

OECD. (2018b). *Fostering and assessing students' critical and creative thinking skills in higher education*. Retrieved from https://www.oecd.org/education/ceri/Fostering-and-assessing-students-creative-and-critical-thinking-skills-in-higher-education.pdf.

Osborn, A. (1963). *Applied imagination*. New York: Charles Schribner.

Partnership for 21st Century Learning (P21). (2018). Retrieved from http://www.p21.org/ members-states/partner- states.

Paul, R., & Elder, L. (2008). *The miniature guide to critical thinking: Concepts and tools / by Richard Paul and Linda Elder* (5th ed.). Dillon Beach, CA: Foundation for Critical Thinking.

Piirto, J. (2004). *Understanding creativity*. Scottsdale: Great Potential.

Plucker, J., Beghetto, R., & Dow, G. (2004). Why isn't creativity more important to educational psychologists? Potentials, pitfalls, and future directions in creativity research. *Educational Psychologist, 39*, 83-96.

Sawyer, R. K. (2012). *Explaining creativity: The science of innovation*. New York: Oxford University.

Scriven, M., & Paul, R. (2011, November 23). *Defining critical thinking*. Retrieved from http://www.criticalthinking.org/pages/defining- critical- thinking/766.

Siegel, H. (1989). Epistemology, critical thinking, and critical thinking pedagogy. *Argumentation,*

3(2), 127-140. https: //doi.org/10.1007/bf00128144.

Siegel, H. (2017). *Education's epistemology: Rationality, diversity, and critical thinking.* https: // doi.org/10.1093/oso/9780190682675.003.0007.

Sperber, D., & Mercier, H. (2012). Reason as a social competence. In H. Landemore & J. Elster (Eds.), *Collective wisdom—Principles and mechanisms* (pp. 368-392). New York: Cambridge University.

The Association of American Colleges and Universities. (2013). *It takes more than a major*: *Employer priorities for college learning and student success.* Retrieved from https: //www. aacu.org/sites/ default/files/files/LEAP/2013_EmployerSurvey.pdf.

Topping, K. J., & Trickey, S. (2007). Impact of philosophical enquiry on school students' interactive behaviour. *Thinking Skills and Creativity, 2*(2), 73–84. https: //doi.org/10.1016/j. tsc.2007.03.001.

United Nations. (2019). *United Nations sustainable development goals.* Retrieved from https: // www.un.org/sustainabledevelopment/.

Van Gelder, T., Bissett, M., & Cumming, G. (2004). Cultivating expertise in informal reasoning. *Canadian Journal of Experimental Psychology/Revue Canadienne de Psychologie Expérimentale, 58*(2), 142–152. https: //doi.org/10.1037/h0085794.

Vygotsky, L. S. (1978). *Mind in society: The development of higher psychological processes.* Cambridge\London: Harvard University.

Waks, L. J. (2014). *Education 2.0: The learning web revolution and the transformation of the school.* Boulder: Paradigm.

Wallas, G. (1926). *The art of thought.* New York: Harcourt Brace.

Willingham, D. T. (2008). Critical thinking: Why is it so hard to teach? *Arts Education Policy Review, 109*, 21–32. https: //doi.org/10.3200/AEPR.109.4.21- 32.

Willingham, D.T. (2019). *How to teach critical thinking.* Retrieved from https: //education.nsw. gov.au/media/exar/How- to- teach- critical- thinking- Willingham.pdf.

第 3 章　在科学教育中培养学生的创造力和批判性思维[①]

斯特凡·樊尚-朗克兰[②]

摘要：如何在现有的科学课程中重新设计教学，让学生有更多机会和合适的任务来培养他们的创造力和批判性思维？本章首先介绍了一套用于评估创造力和批判性思维的量表，它们涵盖了科学概念的各个方面，已在 11 个国家的中小学教育中进行了试用。参与该项目的学校联盟网络中的教师采用了与 OECD 评价标准相符合的教学策略，以促进创造力和批判性思维的发展。本章展示了一些课程设计和教学方法的例子，并探讨了教师和学习者在实施过程中遇到的主要挑战。

关键词：创造力，批判性思维，科学教育，教育创新，评价标准，课程计划

3.1　简　　介

如何在现有的科学课程中重新设计教学，以便让学生有更多时间和合适的任务来培养他们的创造力和批判性思维？

要实现这一目标，首先要面对的挑战是如何将创造力和批判性思维的概念具体化，并让科学教师能够清楚地识别和运用它们。创造力和批判性思维在科学教育中具体表现为什么样的行为和能力？当学生还没有成为某一领域的专家时，又应该如何培养和展示这些能力？为了回答这些问题，OECD 通过快速原型模型开发了一套用于评估创造力和批判性思维的量表，其中包括一个涉及科学概念的量表，2015 年至 2019 年已在 11 个国家的中小学教育中进行了试用（Vincent-Lancrin et al.，2019）。

本章将介绍如何利用与创造力和批判性思维发展相符合的教学策略及其评价

[①] 本章所给出的分析和表达的观点仅为作者个人观点，并不代表 OECD 组织及其成员的观点。

[②] 斯特凡·樊尚-朗克兰：经济合作与发展组织教育与技能理事会，巴黎，法国；电子邮件：stephan. vincent-lancrin@oecd.org。

标准来改进科学教育。第一部分将说明评价标准的内容以及它们与创造力和批判性思维理论的联系。第二部分将展示 OECD 在培养和评估教育中的创造力和批判性思维项目期间开发的两个科学单元及其教学方法的例子。这些单元不仅遵循了上述评价标准，还反映了在科学教育中培养创造力和批判性思维技能的实际做法。本章还将探讨教师和学习者在发展创造力和批判性思维方面遇到的一些主要挑战。最后，强调将类似的方法应用到其他学校科目中的重要性，以便学生有充分的机会发展这些技能。

3.2　科学教育中的创造力和批判性思维：概念和评价标准

大多数当代教育系统认为创造力和批判性思维是学生在学校教育中应该掌握的关键技能之一。OECD 成员国的大多数课程都将批判性思维和创造力作为期望的学习成果之一。二者在基础教育和高等教育中的重要性已经得到了全球的认可（Fullan et al.，2018；Newton L D & Newton D P，2014；Lucas & Spencer，2017）。越来越多的国家意识到教育在培养批判性思维方面的作用，并希望学校能够帮助学生成为"独立的思考者"，而不是知识的被动接受者（图 3.1）。培养批判性思维和创造力有助于增强独立思考，因此可以将独立思考看作是这些技能的重要体现。

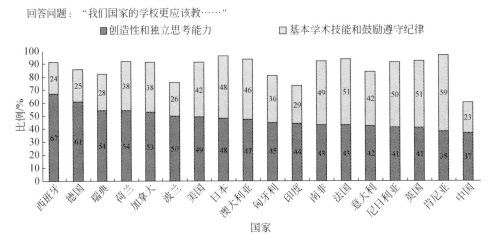

图 3.1　在教育中培养创造力和批判性思维的社会支持情况

数据来源：皮尤研究中心（Pew Research Centre），2016 年春季全球态度调查

然而，尽管创造力和批判性思维的重要性已经被广泛认可，但教师们仍然缺

乏对这些术语在教育中具体含义和实践的清晰理解。为了在教育领域建立一种关于创造力和批判性思维的共通语言，OECD 与 11 个国家的学校和教师进行了为期五年的合作（Vincent-Lancrin et al.，2019）。[这些国家包括：巴西、法国、匈牙利、印度、荷兰、斯洛伐克、俄罗斯、西班牙、泰国、美国、英国（威尔士）。]

除了这些技能的定义模糊之外，另一个难点在于所用语言对教师的友好程度。为此，OECD 开发了一套评价标准，以便教师在培养学生的创造力和批判性思维时有更明确、有针对性和一致性的指导。此外，科学教育的概念性评价标准是该评价体系的一部分。

3.2.1　创造力和批判性思维

创造力和批判性思维是两个不同但又具有一定相关性的高级认知技能。它们都需要大量的脑力劳动和精力，都具有认知挑战性。创造力旨在创造出新颖、合适的想法和产品。批判性思维旨在仔细评估和判断与其他解释或解决方案相关的陈述、想法和理论，从而形成一个合理的、独立的立场——可能是为了采取行动。

虽然创造力和批判性思维的研究领域并没有太多交集，但批判性思维通常在创造力培养中发挥重要作用，反之亦然（Ellerton & Kelly，第 2 章）。然而，在学校课程和教育评价标准中，创造力和批判性思维往往被统一归类为"创造性和批判性思维"。本着同样的精神，卢卡斯和斯潘塞（Lucas & Spencer，2017）将批判性思维（以及问题解决能力）纳入了"创造性思维"的概念。

斯滕伯格和吕巴尔（Sternberg & Lubart，1999，p. 3）给出了一个简洁的创造力定义："创造力是产生既新颖（即原创，出乎意料）又适当（即有用，适应任务约束）的作品的能力。"该定义中的"适当"提醒我们，创造力发生在一个有既定标准的系统或环境中；它不仅仅是做一些新的东西。正如丹尼特（Dennett，2013，p. 45）所指出的，"有创造力不仅是寻找新奇的东西——任何人都可以这样做，因为新奇可以在任何随机组合的东西中找到，而是要有充分的理由让其从已经建立的系统中脱颖而出"。

吕巴尔（Lubart，2000，p.295）强调过程和产出，将创造力定义为"引发新的适应性生产的一系列思想和行动"。这一系列思想和行动涉及哪些内容？创造力研究者探讨了与创造力相关的认知过程。吉尔福德（Guilford，1950）指出了两个促进创造力的过程：发散性思维（产生多种想法）和收敛性思维（选择和发展一个优秀的想法）。托兰斯（Torrance，1970）区分了创造性过程的四个方面：流畅性（能够想出许多相关的想法）、灵活性（能够想出不同类型的相关想法）、原创性（能够想出独一无二的新颖想法）和阐述性（能够阐述自己的想法）。大多数关于创造力或创造潜力的标准化测试［例如，托兰斯、瓦拉赫-科根（Wallach-Kogan）、吉尔福德、格策尔-杰克逊（Getzel-Jackson）、梅德尼克（Mednick）、伦科（Runco）］都按照类似的思路分析了创造性过程，并关注其某些方面。

批判性思维可能是创造性过程中的一个步骤，也可能不是：收敛性思维不一定是"批判性的"（Runco，2009）。批判性思维旨在通过提问和观点采纳的过程来评估一个陈述、理论或想法的合理性和适用性——这反过来可能会（或不会）产生一个可能具有新颖性的陈述或理论。批判性思维不一定要产生对一个问题的原创立场：最传统的立场可能是最合适的。然而，它通常涉及对不同的可能立场的审查和评价。

在教育领域（包括高等教育）中，批判性思维理论主要是由恩尼斯（Ennis，1996，2018）、法乔恩（Facione，1990）和麦克皮克（McPeck，1981）等哲学家提出的（Davies & Barnett，2015；Hitchcock，2018，文献综述）。希契科克（Hitchcock，2018）总结了大多数概念的共同点，将批判性思维定义为"谨慎的目标导向思维"，这与恩尼斯（2018，p. 165）的定义相似："批判性思维是专注于决定相信什么或做什么的理性的、反思性的思维。"多数情况下，批判性思维的定义强调逻辑或理性思维，即推理、评估论点和证据并以合理的方式进行论证的能力，以达成一个相关的和适当的问题解决方案。然而，批判性思维还包括"批判"和"换位思考"的维度。因此，除了理性或逻辑思维之外，批判性思维还包括另外两个方面：对多元观点的认识（和/或挑战特定观点的可能性），以及对任何观点的假设和局限性的认识，即使该观点看起来比所有其他可用的观点更优越。

创造力和批判性思维所涉及的许多认知过程有着相似之处。两者都需要应用领域的先验知识，都需要运用的子技能包括探究、想象、实践和反思。创造力更强调想象（头脑风暴，产生想法和替代方案），而批判性思维更强调探究，包括其更具分析性和系统性的维度（理解和分解问题等）。批判性思维以探究性为主，是一种探究式的思维方式；创造性思维则更强调想象力，是一种艺术家的思维方式。然而，批判性思维也涉及想象替代理论、反事实、原因和行动结果（做出判断）；创造力也需要对想象过程中产生的替代想法做出判断和决定，并且更重要的是，需要对现有解决方案和常规的假设进行审查。从这个意义上说，创造力和批判性思维可以被视为一个连续体上的两个端点。

创造力和批判性思维都需要一定程度的开放性和探究性，两者都可能对权威、价值观或公认的规范提出挑战，这就是它们既有价值有时又具有争议性的原因。因此，批判性思维需要诚实；创造力需要纪律和判断力。当人们认为教育只是传递社会共识的知识时，两者几乎没有发挥作用的空间。事实上，与大多数其他技能一样，创造力和批判性思维只能在适当的时候运用；一个人总是在创造或总是在批判世界是不现实的，也是不正常的。学生也需要学习他们何时可以或应该对什么事物进行创造性或批判性的思考。在教育背景下，创造性和批判性思维都必然追求对知识和解决方案的深入理解，从而实现更深层次的学习。培养创造力和批判性思维实际上是提高学习和成绩的一种方式——无论这种思维是否会导致新知识和解决方案的产生。

尽管人们可以用一种领域通用的方式在概念层面上描述它们，但实践中的创造力和批判性思维主要是针对特定领域的：每一个技能都需要基于特定领域或背景的知识来进行实践，而且通常在某个特定领域具有较强的创造力或批判性思维能力并不意味着这些能力可以转移到其他领域。尽管在概念层面上两者都可以用一种领域通用的方式来描述，但现有研究文献大多强调了两者的"领域特异性"。

3.2.2　科学教学中创造力和批判性思维的评价标准

研究人员对创造力和批判性思维的关键维度有了共识。然而，要将这些概念有效地应用到教育实践中，还需要进一步的转化，这就是评价标准的作用。评价标准是一种简化、转化和构建社会表征的方法，反映了创造力和批判性思维在教学过程中的表现，从而在教师和学生之间建立共同的理解和期望。评价标准的作用是简化和阐释创造力和批判性思维的复杂概念，使其与实际教育活动中的教师和学习者相联系。这些评价标准也帮助教师监测和形成性地评估学生是否发展了这些技能。评价标准是一种元认知工具，有助于使学习变得看得见摸得着，并增加教学目的性。

评价标准有不同的类型和用途。"概念性评价标准"主要是为了说明"什么是重要的"或"教师和学生应该特别关注什么"，而"评估性评价标准"则阐明了在掌握创造性和批判性思维技能方面的发展或熟练程度。这两类评价标准都是由本章所参考的 OECD 项目开发的，这里我们将只关注概念性评价标准。

评价标准的制定需要在简单性和复杂性之间找到平衡点。为了对教师和课堂有用，评价标准必须对教师友好（也可能对学生友好），并且采用不同学校级别的教师容易理解的语言。一方面，不同关键概念的描述词必须与创造力和批判性思维专家所理解的概念相一致。另一方面，这些描述词必须足够简单，以便教师和学生容易理解，并且必须与学校环境中有意义的技能和活动相联系。理想的情况下，人们很容易记住评价标准中使用的一些语言，以便将其内化。受卢卡斯等（Lucas et al.，2013）开发的"五种思维习惯"评价标准的启发，以及对其他现有评价标准的回顾，本章重点关注的 OECD 评价标准试图通过四个高层次且容易记忆的描述词（维度）来捕捉创造力和批判性思维的不同维度：探究、想象、实践、反思。每一个高层次词都与一些更具体的创造力和批判性思维的描述词相关联。

OECD 开发了两个领域通用的概念性评价标准："综合"评价标准和"课堂友好"评价标准，还对这些评价标准进行了特定领域的改编，包括科学领域。表 3.1 展示了"综合"领域的通用评价标准，表 3.2 则展示了科学教育中创造性和批判性思维的"课堂友好"评价标准。

表 3.1 OECD 关于创造力和批判性思维的评价标准（领域通用，综合）

	创造力（提出新的想法和解决方案）	批判性思维（质疑和评估新想法和解决方案）
探究	• 感受，移情，观察，描述相关经验、知识和信息 • 与其他概念和想法建立联系，整合其他学科观点	• 了解问题的背景/框架和边界 • 识别和质疑假设，检查事实和解释的准确性，分析知识差距
想象	• 探索、寻求和产生想法	• 识别替代理论和观点，并比较或想象对问题的不同观点
实践	• 扩展并尝试不同寻常的、有风险的或激进的想法 • 以个人新颖的方式制作、执行、设想、原型化产品及解决方案或表演	• 识别证据、论据、主张和信念的优势和劣势 • 根据逻辑、道德或美学标准/推理来证明解决方案或推理的合理性
反思	• 反思和评估所选解决方案的新颖性及其可能产生的后果 • 反思和评估所选解决方案的相关性及其可能产生的后果	• 评估并承认所认可的解决方案或立场的不确定性或局限性 • 反思自己的观点与其他观点相比可能存在的偏见

注：本标准旨在供教师/教职员工使用，以确定他们在教学中必须培养的与创造力和批判性思维相关的学生技能，而不是用于评估。

表 3.2 课堂友好的评价标准（科学）

	创造力（提出新的想法和解决方案）	批判性思维（质疑和评估新想法和解决方案）
探究	与其他科学概念建立联系	识别和质疑对问题的科学解释或方法的假设和普遍接受的想法
想象	在处理或解决科学问题时产生并尝试不寻常和激进的想法	考虑科学问题的多元观点
实践	提出并建议如何以个人新颖的方式解决科学问题	根据逻辑和可能的其他标准（实践、道德等）解释科学解决方案的优点和局限性
反思	反思解决科学问题所采取的步骤	反思与可能的替代方案相关的所选科学方法或解决方案

注：本评价标准确定了学生在科学教育中应发展的与创造力和批判性思维相关的主要子技能。这不是为了给学生打分或为他们提供一个技能发展的连续体。

以创造力为例，表 3.1 左栏中的四个维度可以解释如下。

（1）探究。创造性认知过程的这一维度类似于科学探究。托兰斯（Torrance，1966）强调了在创造过程中识别问题、知识缺口、缺失的知识和要素的重要性。因为如果不了解所研究的领域或问题，就不可能产生创造力，因此寻找信息、发现问题并理解其不同的可能维度是创造过程的重要方面。根据问题的不同可以采取不同的探究形式，从对人的感觉和共情到以不同的角度观察、描述和分析利害攸关的问题和难题的更客观的方式。在创造性探究过程中，好奇心和不同知识与问题之间的特殊联系也十分重要。

（2）想象。想象力是指在一个人的头脑中构想和描绘想法和事物的能力。这种能力使人们能够超越传统的现实、追求新颖的想法和创造新的故事、预测未来、追求不同的情景、设想反事实现象、模拟不同想法和解决方案的后果等。在创造力的背景下，想象力是关于自由而有趣的想法、理论和假设的产生，具有一定程度的意向性。它可以采取独立产生多种想法或想法关联的形式，两者均来自看到实际或有时是隐喻性的联系（Mednick，1962；Runco，2009）。能够将想法推到极限，或者在没有多大实际风险的情况下探索超乎常规（甚至是看似荒谬）的想法，是创造力可能涉及的认知过程之一。

（3）实践。创造力是指在一个人探究和想象的基础上创造出新颖而合适的东西。这是创造过程中典型的融合或整合部分。最终产出可以根据不同领域呈现不同的形式：它可以是一个产品、一个表演、一个想法、一个物理或心理模型等。这意味着从已经探究和想象过的想法中选择一些，并进行一定程度的反思和大胆的决策，以满足创造力的两个主要方面。虽然产品可以与创造过程的最后阶段相关联，但创造过程还可以包括一些试验或错误的修正过程，或原型和模型的开发，并可以在不同过程阶段进行干预。

（4）反思。最后，意向性和反思是创造力的关键方面。意向性将创造力与随机的新颖性区分开来，有时也区别于小孩的自发性。意向性与反思的水平不仅会随着年龄的变化而变化，也会随着一个人的创造性熟练程度而变化。如上所述，反思也发生在创造过程的不同阶段，因为人们决定选择哪些想法以及如何前进。

创造力的这些不同方面虽然没有固定的顺序或在创造过程的不同阶段被要求，但这四个方面很容易与设计思维方法联系起来，设计思维方法将创新或创造过程系统化，并致力于将其变成一种艺术（Kelley，2001）；出于教育目的，斯坦福大学设计学院将创新过程总结为五个可以循环的步骤：移情（empathise）、定义（define）、构思（ideate）、原型设计（prototype）、测试（test），其中多项已列入拟议的评价标准中。

就批判性思维而言，为了与创造力保持一致，其基本的认知过程或者子技能可以用以下评价标准的标题来描述。

（1）探究。确定和理解手头的问题及其边界，是批判性思维探究过程的第一个重要维度。有时，这包括质疑的方式，或检查相关的解决方案或陈述是否基于不准确的事实或推理，并确定知识差距。这种探究过程一定程度上涉及理性思维（检查事实、观察、分析推理），但在确定解决方案可能的局限性，并挑战一些即使是准确事实的基本假设和解释时，也包含一个更加"批判"的维度。在许多情况下，探究包括获取知识、验证知识、详细检查问题的组成部分以及整个问题。

（2）想象。在批判性思维中，想象作为想法的心理表达扮演着重要的角色——但任何思考都涉及某种程度的想象。在更高的层面上，想象还包括识别和审查替代的、相互竞争的世界观、理论和假设，以便从多个角度考虑问题。这有助于更好地识别所提出的证据、论点和假设的优缺点，尽管这种评估也属于探究性过程。想象力在思维实验中发挥作用，它可以是任何好的思维的重要组成部分，也是在无法进行实验时提出观点的一种方式（Dennett，2013）。

（3）实践。批判性思维的产物是人们对问题的立场或解决方案（或判断他人的立场或解决方案）。这主要意味着谨慎地推理，并从多角度看待问题，从而认识到其（可能的）复杂性。在任何富有成效的思维中，批判性思维意味着根据一些现有的观点和社会认可的推理方式或可能是一些新的方式，理性地论证和证明自己立场的能力。

（4）反思。最后，即使一个人可能认为自己的立场或思维方式优于其他选择，也许只是因为它包含了更广泛的观点或者得到了现有证据的有力支持，批判性思维意味着对自己认同的观点、其可能的局限性和不确定性进行一些自我反思的过程，从而对其他冲突的观点保持一定程度的谦逊和开放。虽然人们不必在所有情况下都接受陈旧的怀疑主义并暂时搁置自己的判断，但在某些情况下这可能是最合适的立场。

OECD 关于创造力和批判性思维的评价标准旨在供教师在现实生活中以不同的方式使用：①设计和修改课程计划，使学生有机会发展他们的创造力和批判性思维技能；②评估学生在掌握这些技能方面的工作和进展；③生成适应当地环境的新的通用评价标准或自我评估工具。实地调查显示，参与国际网络的教师中平均有七成使用了 OECD 的评价标准来达到上述目的。因此，这些评价标准已被证明是有用的，并被大多数实施该项目的国家的教师所接受。

3.2.3　科学中的创造力和批判性思维

科学教育可以是培养学生创造力和批判性思维的众多工具之一，但也要注意到，创造力和批判性思维是科学实践的核心。专业的科学家在进行实践时，需要运用创造力和批判性思维。

科学家通常需要有创造性或原创性的想法才能获得资助并在科学期刊上发表文章。科学奖项（如诺贝尔奖）通常表彰那些带来"对世界来说是新的"（这个词在这里完全意味着创造性）的想法或技术进步的人。科学实践的一个方面通常被低估，即"想象力"。然而，正如诺贝尔奖得主、著名物理学家费曼（Feynman，1963，p.1）指出的那样，想象力是科学的一个关键方面：

> 实验是检验"真理"的唯一标准。但知识的来源是什么？需要检验的规律从何而来？实验本身有助于产生这些规律，因为它给了我们提示。但也需要想象力从这些提示中形成合适的概括，来猜测其背后奇妙、简单但非常奇特的理论模式，然后再次实验以检查我们是否做出了正确的猜测。这种想象过程是如此困难，以至于在物理学中出现了分工：理论物理学家专注于想象、推导和猜测新的规律，而不进行实验；实验物理学家专注于进行实验、观察和验证。

批判性思维实际上是科学进步的核心，也是科学的先决条件之一。科学的核心价值是怀疑，即有质疑权威（包括教师和科学家）所说的可能性。没有一定程度的怀疑就没有科学，正如费曼（Feynman，1955，pp.245—247）所主张的那样：

> 科学家对于无知、怀疑和不确定性有着丰富的经验，且这种经验非常重要……我们发现最重要的是，为了进步，我们必须承认自己的无知并为怀疑留出空间。科学知识是一系列不同程度的确定性陈述——有些非常不确定，有些几乎确定，但没有绝对确定的……我们拥有的怀疑的自由诞生于科学发展初期与权威的斗争。这是一场非常深刻和强烈的斗争：允许我们质疑——怀疑——不确定。我认为重要的是我们不要忘记这场斗争，以免失去我们所获得的东西。这是对社会的责任。……作为科学家……我们有责任教导人们不应该害怕怀疑，而应该欢迎和讨论怀疑；并要求这种自由作为我们对后代和社会的责任。

因此，在学校的科学教育中教授和学习创造力和批判性思维是"像科学家一样思考"和理解科学价值的一种方式。即使在科学技术技能方面（即对内容和程序性知识的掌握），也不一定期望学生能像专业科学家那样精通——更不用说最著名的科学家了。

3.3　科学教育中创造力和批判性思维的实践

教师在设计课程时，可以根据课程的主题和期望达到的学习成果，使用概念性评价标准来帮助他们设置一些作业或任务，让学生有机会至少发展一些创造力或批判性思维的子技能。有些课程可能旨在发展少数子技能，有些课程则可能涵盖所有子技能，强调创造力或批判性思维（或两者兼而有之）。现有的课程也可以按照同样的过程进行修改，只需通过对课程或教学方法的细微调整来增加多个能够发展子技能的机会。

概念性评价标准也是质量保证方法的一个关键要素：将教学单元或整个课程分解为若干步骤后，教师可以确定学生何时有机会或被要求练习评价标准中确定的一些技能。因此，在教学单元/课程中制定的课程计划示例可以包括课程不同步骤与概念性评价标准中子技能的映射。

致力于重新设计科学教育课程的团队以不同方式实施了本章重点讨论的OECD 项目。一些团队使用了两种"特色教学法"（基于项目的学习和基于研究的学习），而其他大多数团队只是设计了简短的项目或活动，或者改进了更为传统的课程计划。

下面介绍一个以项目学习为基础的科学教育课程计划的示例，它是 OECD 的课程范例之一，以切实说明如何在科学教育中培养创造力和批判性思维，同时也教授科学的技术技能（陈述性知识和程序性知识）。

3.3.1　什么控制着我的健康

"什么控制着我的健康"是一门由阿德勒等（Adler et al.，2017）开发的 20 课时的课程，通过让学生参与调查来了解遗传和环境因素对其患病风险的影响。学生通过近期被诊断出患有 2 型糖尿病的同龄人的视角来体验 2 型糖尿病的现象，从而开始该单元的学习。他们建立了一个初始模型来回答整个项目的驱动问题："什么因素导致莫妮克（Monique）患上糖尿病？"这个驱动问题与参与课程设计的学生尤为相关，他们生活在底特律，而底特律是一个以非洲裔美国人为主的城市，那里的大多数学生可能有亲属患有糖尿病。

在整个单元中，学生们了解到糖尿病与许多常见疾病一样，是由遗传和环境因素共同作用引起的。他们还调查了健康的饮食和运动的生活方式选择如何帮助预防或减轻 2 型糖尿病。一节课提供多次机会，让学生在进行实验和使用计算机模拟时通过构建、测试、修改和分享模型来解释所调查的现象。在期末作业中，学生们根据对科学技术的知识及理解开展一项行动研究项目，旨在通过改善其学校或社区的健康状况来帮助预防或减轻糖尿病。

下面是该课程的概述［更详细的大纲可以在阿德勒等（Adler et al.，2017）的公开成果中获取］。

①第 1—2 节：为什么莫妮克会得糖尿病？学生通过视频了解 1 型和 2 型糖尿病，并建立一个初始模型来解释他们选择的健康现象。

②第 3—5 节：我们如何描述莫妮克的糖尿病？学生通过阅读了解更多，并分享有关 1 型和 2 型糖尿病的病因、症状和治疗的信息。他们通过分析模拟血浆样本进行葡萄糖耐量试验，以确定该病人是否患有 1 型或 2 型糖尿病。他们了解心脏，其作为一个可能受糖尿病影响的器官的例子。他们重新审视驱动问题板①并进行学习反思。他们修正了他们的模型，并在模型中加入了糖尿病的生物学内容。

③第 6—9 节：莫妮克的家庭如何影响她的糖尿病？学生通过观察家庭的图片，找出一些可能遗传的特征遗传因素。他们收集关于卷舌和臂展的数据，并利用这些数据来探索单因素和多因素基因遗传模式的群体变异。他们使用珠子来模拟糖尿病风险因素的遗传，根据模拟过程中遗传的风险因素的数量和类型来确定后代患糖尿病的风险。他们重新审视驱动问题板并反思自己的学习情况。他们修正了他们的模型并增加遗传因素对莫妮克糖尿病的影响。

④第 10—12 节：莫妮克的居住环境和行为举止如何影响她的糖尿病？学生通过植物生长实验探究环境对生物体的影响。

⑤第 13—16 节：莫妮克的性格和环境如何影响她的糖尿病？学生通过模拟探究遗传和环境如何影响沙鼠（译者注：一种沙漠啮齿动物）的健康。

⑥第 17—18 节：莫妮克可以做些什么使她的环境更健康？学生研究营养的作用。

⑦第 19—20 节：社区行动项目——我们如何共同努力使我们的环境更健康？学生制定和选择探究问题，设计和开发研究工具，然后计划和开展调查。他们分析数据并得出结论，与同伴和更广泛的社区分享他们的发现，并提出解决方案和可能采取的行动。

这个系列课程是一个优秀案例，说明教师如何让学生学习科学技术技能，同时让他们有机会发展创造力和批判性思维（以及一些社交和行为技巧）。在技术技能方面，即掌握内容和程序性科学知识，学生清楚地了解到：糖尿病的概念和类型；心脏的结构和功能；植物的生长条件和过程；遗传学的基本原理和模式；环

---

① 许多以项目为基础的科学单元/课程最初会开发"驱动问题"来将单元置于情境中，并让学习者有机会将单元与他们自己的经验和先前的想法联系起来。

境因素对生物体的影响；营养的重要性和作用；健康的多重驱动因素和预防措施；进行测试和实验的方法和步骤，包括通过计算机模拟并做出解释。

"什么控制着我的健康"课程的教学重点是批判性思维：学生提出并质疑他们关于糖尿病及病因的假设或公认观点（上述步骤①和⑦）；思考对当前问题的几个看法，并比较其优缺点（步骤③到⑥）；解释其科学解决方案的优势和局限性，并提出改进意见（步骤⑥和⑦）；持续反思他们考虑的与可能替代方案相关的所选科学方法，并评估其有效性（步骤②、③、④和⑦）。

课程还允许学生发展一些创造力技能：引导学生在项目中建立与其他科学概念或思想的联系，并使用模拟示例来更好地理解（心脏、植物）（步骤②和⑤）；当他们重新审视驱动问题板上的问题并必须提出解决方案时，产生并尝试不同寻常或创新的想法（步骤①、④和⑦）；提出如何以个人新颖的方式解决科学问题，并展示其原创性（步骤①和⑦）；在过程结束时反思这些步骤，总结自己的创造力表现（步骤⑦）。

3.3.2　蒸发冷却

这是一个 10 课时的科学（化学）单元，它是作为美国-芬兰基于问题的科学学习项目的一部分开发的，其展示了如何在科学学习环境中打造最佳学习时刻（Schneider et al.，2020）。该单元被纳入了 OECD 的教学资源库，被称为"蒸发冷却"（Paddock et al.，2019）。该单元以一个引人入胜的驱动问题为导向："当我坐在游泳池边时，为什么身体湿的时候比干的时候感觉更冷？"

该单元旨在帮助学生探究物质相变过程中分子间力和能量传递的原理。学生首先通过观察和比较不同液体的蒸发和冷却现象，激发对问题的兴趣和好奇心。之后的活动包括设计和实施测量液体蒸发时温度和质量变化的实验，并使用多个基于计算机的模拟来探索不同阶段分子之间的能量传递、力和相互作用。在整个过程中，学生们在老师的指导和支持下，不断地建立、使用、评估和修正自己的计算和手绘模型以回答驱动问题，并与同伴进行交流和反馈。

现在介绍该课程的概况 [更详细的大纲可以在帕多克等（Paddock et al.，2019）的公开成果中获取]：

①第 1 课：为什么皮肤湿润会让你感觉更凉爽？学生了解"驱动问题"，并两人一组构建和绘制有关该现象的初始模型，以便获得关于这一现象的先验知识。教师的目的是开展形成性评估，为第 2 课的计划提供依据。学生两人一组轮流向另一组解释他们的模型，通过分享想法来努力达成理解上的共识。

②第 2 课：蒸发是否取决于覆盖范围？学生前往两个专门用来测试丙酮、水

和乙醇蒸发速率以及蒸发过程中温度变化的站点，观察液体被覆盖和未被覆盖时温度随时间的变化，观察质量随时间的变化（覆盖和未覆盖），收集数据并绘制图表。活动结束后，学生回答问题以阐释他们注意到的相关模式。

③第 3—4 课：为什么皮肤湿润会让你感觉更凉爽？（对驱动问题的特别回顾）学生回顾在第 1 课中绘制的模型，并学习如何使用新的建模工具 SageModeler（可在 https://learn. concord.org/building-models 免费获取）。他们使用建模工具创建实验结果的初始模型，使用计算机模拟来比较物质状态的特性，包括分子间距（与势能相关）和动能。

④第 5 课：热能是如何工作的？学生了解到热能可以在相变过程中转移，并开发了一个模型来显示系统如何获得或损失热能。

⑤第 6 课：为什么皮肤湿润会让你感觉更凉爽？（进一步回顾驱动问题）学生反思他们绘制的模型。他们回顾第 5 课的学习内容，将本课的观点纳入绘制的 SageModeler 模型中，并分享他们的模型以获得反馈。

⑥第 7—8 课：物质黏度和分子间力是否起作用？学生通过观察每种化学物质在两个不同的表面（硬币和蜡纸）上的扩散情况来比较水和丙酮的黏度，并使用计算机模拟研究特定温度下物质分子间力的强度如何影响物质的状态。

⑦第 9—10 课：为什么皮肤湿润会让你感觉更凉爽？（最后回到驱动问题）学生重新审视他们的模型，再次两人一组创建模型的最终草案，并使用提供的评价标准进行评估。同时他们还根据评价标准评估其他同学的模型，进而对自己的模型进行最后的修正，接着向全班同学呈现最终模型和解释，并可能进行单元测试。然后，学生对该单元进行最后评估以反思所学到的东西。

在本课程中，无论是在科学内容知识还是程序性知识方面，学生都需要掌握一定的技能。在内容知识方面，学生通过学习物质的结构、粒子的行为、分子间作用力、原子的位置和排列等，来理解分子运动、分子位置、动能和势能之间的关系。他们通过建立和修正模型，来探究颗粒结构和颗粒行为（如蒸发和温度）之间的规律。在程序性知识方面，学生通过对现象建模、实验、分析数据和修正模型，来培养科学探究的能力。

这个系列课程虽然以科学（化学）为主，但也给学生提供了培养创造力的机会——不仅仅是批判性思维。也就是说，它不仅仅是让学生识别和质疑假设以及公认的科学解释或解决问题的方法。与前面的示例（"什么控制着我的健康"）不同，这个课程并没有为学生展示多种视角，来说明科学和技术的不同分支如何解释复杂问题的不同方面。相反，"蒸发冷却"试图帮助学生认识到，要理解和解释这一现象，必须综合考虑物质的多个方面。

学生通过以下方式锻炼他们的科学创造力：反复思考如何解释所研究的现象、产生和尝试对他们来说新颖和多样的想法、与他们的生活经验以及他们已有的其他知识建立联系。他们有机会在该单元的不同阶段（第 3、5 和 8 课）以个人独特的方式对这个科学问题提出解释。他们必须从一开始就构思如何解释这一现象，并将其与自己原有的和新的蒸发经验联系起来。随着他们寻找和获得新的信息和知识，他们继续尝试新的想法，并在整个单元中修改自己的解决方案。老师可以鼓励他们去尝试不寻常或激进的想法，也可以指出他们的想法可能存在的错误或者帮助他们理解科学（可证伪）陈述的本质。

在蒸发冷却课程中，学生通过从多元视角思考驱动问题来训练他们的批判性思维技能，并在他们操作的理论框架内逐步引入和掌握新的概念。在整个课程中，学生有充分的机会来单独或集体反思他们所阐述的连续模型的优势和局限性，找出差距并寻找替代模型。

这些课程表明，即使一个单元围绕一个主要的"理论"或"知识"来设计，学生也可以主动地思考可能的解决方案，调查、设计实验和模型来检验他们的想法，并进行反思。

3.3.3 优秀课程的设计标准

上面提出的概念性评价标准可以帮助教师审视课程单元，并计划给学生提供发展评价标准所确定的子技能的机会。但是，这个标准并不能涵盖教学工作的所有关键维度。事实上，要培养学生的创造力和批判性思维，无论是在科学还是 STEM 的其他领域，都需要给学生提供特定类型的任务和问题。因此，樊尚-朗克兰等（Vincent-Lancrin et al.，2019）基于学习科学原则，开发了一套"设计标准"来进一步支持教师。这套标准包括动机、认知激活、自我调节和形成性评估的机会（表 3.3）。这些优秀教案的设计标准可以作为另一套质量检查的工具，也可以作为重新设计教学以培养学生的创造力和批判性思维的新视角。

表 3.3 培养创造力或批判性思维能力的活动设计准则

活动设计准则	注释
1. 激发学生的学习需求/兴趣	• 通常意味着从一个重大问题或不寻常的活动开始。 • 意味着在活动过程中可能多次回到这些问题上。
2. 具有挑战性	• 学生参与度不高往往是由于学习目标或活动缺乏挑战性。任务应具备足够的挑战性，但不应过于困难，以适应学生的水平。
3. 发展明确的专业知识领域或多个领域	• 活动应包括内容知识和程序性知识（技术知识）的获取和实践。

续表

活动设计准则	注释
4. 包括产品的开发	• 产品（论文、演示、表演、模型等）使学习可见且具体化。
	• 教师和学生还应关注并可能记录学习过程。
5. 让学生共同设计产品/解决方案或问题的一部分	• 产品原则上不应完全相同。
6. 处理可以从不同角度看待的问题	• 问题应具备多个可能的解决方案。
	• 可以使用多种技术来解决问题。
7. 为意想不到的事情留出探索空间	• 教师和学生不必知道所有答案。
	• 最常用的技术/解决方案可能需要教授和学习，但应留出探索或讨论意外答案的空间。
8. 包括学生反思和给予/接受反馈的时间和空间	

设计准则指出，在教育中培养和展示创造力与批判性思维的任务有一些共同特点：它们试图吸引学生参与，可能具有一定的开放性，并鼓励学生在明确目标的参数和约束条件下探索问题的多种解决方案，但又保持一定的灵活性，让学生有主动性和自由度来处理这些问题。

创造力和批判性思维成功教学的关键还取决于教师的态度以及其创造学习环境的能力，让学生在思考和表达中敢于挑战。这反过来也要求教师对错误持积极态度，并赋予学生更多的权利。教师可以通过利用学生的错误或失败来引发他们对学习机会的反思，从而帮助学生将误解和其他常被视为"失败"的问题看作是改进的机会（参见 Mansfield & Gunstone，第 9 章），来表现出对学生"错误"或"失败"的积极态度。选择教师自己也无法解决的问题和任务可以清楚地向学生表明，问题背后的思考过程比答案更重要。这通常是项目式学习中驱动问题板的典型作用（Schneider et al.，2020），需要教师对学生的问题及解释持积极态度。

3.4　结　　语

为了在科学教育中培养学生的创造力和批判性思维技能，教师必须有意识地了解创造力和批判性思维在教育环境中的含义，指导学生练习评价标准所确定的子技能，并在课堂上观察和监督学生的表现。这种意识可以通过使用关于创造力和批判性思维的评价标准来提高，既可以让学生更清楚地掌握创造力和批判性思维的内涵，也可以确保学生有机会在课堂作业中练习这些更高层次的技能。

除了评价标准，课程教案或课程单元的范例也可以说明如何在传统科学教育学科的教学和学习过程中培养学生的创造力和批判性思维。当然，相比于直接进行教师专业发展，诸如评价标准和教案示例等资源可能不是最佳选择，但却是更低成本、更广泛的选择。

虽然科学和 STEM 教育可以提供让学生发展创造力和批判性思维的任务，但要持续地获得这些技能，还必须在其他学科中加以强化。这主要有两个原因。第一个是时间。培养任何技能都需要实践，而学校科学课程可能无法提供足够的时间让学生练习本章所强调的创造力和批判性思维技能。要显著地加强和发展这些技能，就需要在多个学科领域体验它们。第二个根本原因在于创造力和批判性思维的领域特异性。尽管可以在概念层面上以一种普遍的方式讨论创造力和批判性思维，好像它们的应用领域并不重要一样，但实际上，每个技能都需要基于特定领域的相关知识和一定水平的专业知识，这意味着它们必须在不同的领域中反复实践。如果它们是领域通用的，就可以在专门的创造力或批判性思维课程中教授，或者，例如，可以让视觉艺术教师负责创造力，科学或哲学教师负责批判性思维。

但事实并非如此，创造力和批判性思维应该成为所有学科教学的核心目标。这一点在许多 21 世纪学校课程（Twenty-first Century school curricula）各个学科领域的总体观点中得到了体现。这些总体观点通常旨在培养学生的一些思维习惯，但要实现这些意图，就需要将这些学习目标融入教育的各个学科领域。虽然科学教师可能觉得他们在批判性思维方面有一定的优势，因为科学往往会挑战常识，但他们也应该更加强调科学"真理"的不确定性（Rennie，2020），即使这种"真理"的建立是基于可靠的方法。更重要的是，教师应该意识到科学需要创造力和想象力，因为现在看起来最简单和传统的科学陈述，最初都是由一位富有想象力的科学家创造出来的。

参 考 文 献

Adler, L., Bayer, I., Peek-Brown, D., Lee, J., & Krajcik, J. (2017). What controls my health. https://www.oecd.org/education/What- Controls- My- Health.pdf.

Davies, M. (2015). In R. Barnett(Ed.), The Palgrave handbook of critical thinking in higher education. Palgrave Macmillan.

Dennett, D. C. (2013). Intuition pumps and other tools for thinking. England: Penguin.

Ennis, R. (1996). Critical thinking. Upper Saddle River, NJ: Prentice-Hall.

Ennis, R. (2018). Critical thinking across the curriculum: A vision. *Topoi, 37*(1), 165-184. https://doi.org/10.1007/s11245-016-9401-4.

Facione, P. A. (1990). Critical thinking: A statement of expert consensus for purposes of educational assessment and instruction. Research findings and recommendations prepared for the Committee on Pre-College Philosophy of the American Philosophical Association. Retrieved from http:// www.eric.ed.gov/ERICWebPortal/detail?accno=ED315423.

Feynman, R. (1963). The Feynman lectures on physics. (Volume I: The New Millennium Edition: Mainly Mechanics, Radiation, and Heat.). Basic Books.

Feynman, R. (1955). The value of science. In R. Leighton(Ed.), What do you care what other people think? Further adventures of a curious character (pp. 240-257). Penguin Books.

Fullan, M., Quinn, J., & McEachen, J. (2018). Deep learning: Engage the world, change the world. Corwin Press and Ontario Principals' Council.

Guilford, J. P. (1950). Creativity. *American Psychologist*, *5*(9), 444-454. https: //doi.org/10.1037/ h0063487.

Hitchcock, D. (2018). Critical thinking. In Zalta, E.N. (ed.), The Stanford encyclopedia of philosophy(Fall 2018 Edition). Retrieved from https: //plato.stanford. edu/archives/fall2018/ entries/ critical- thinking.

Kelley, T. (2001). The art of innovation: Lessons in creativity from IDEO. Currency: America's leading design firm.

Lubart, T. (2000). Models of the creative process: Past, present and future. *Creativity Research Journal*, *13*(3-4), 295-308. https: //doi.org/10.1207/S15326934CRJ1334_07.

Lucas, B., Claxton, G., & Spencer, E. (2013). Progression in student creativity in school: First steps towards new forms of formative assessments. In OECD education working papers, 86. Paris: OECD. https: //doi.org/10.1787/5k4dp59msdwk- en.

Lucas, B., & Spencer, E. (2017). Teaching creative thinking: Developing learners who generate ideas and can think critically. England: Crown House Publishing.

McPeck, J. E. (1981). Critical thinking and education. New York: St. Martin's.

Mednick, S. A. (1962). The associative basis of the creative process. *Psychological Review, 69*(3), 220-232. https: //doi.org/10.1037/h0048850.

Newton, L. D., & Newton, D. P. (2014). Creativity in 21st century education. *Prospects, 44*(4), 575-589. https: //doi.org/10.1007/s11125-014-9322-1.

Paddock, W., Erwin, S., Bielik, T., & Krajcik, J. (2019). Evaporative cooling. Retrieved from https:// www.oecd.org/education/Evaporative- Cooling.pdf.

Rennie, L. (2020). Communicating certainty and uncertainty in science in out-of-school contexts. In D. Corrigan, C. Buntting, A. Jones, & A. Fitzgerald(Eds.), *Values in science education: The shifting sands* (pp. 7-30). Cham, Switzerland: Springer.

Runco, M. A. (2009). Critical thinking. In M. A. Runco & S. R. Pritzker(Eds.), *Encyclopedia of creativity* (pp. 449-452). Academic.

Schneider, B., Krajcik, J., Lavonen, J., & Samela-Aro, K. (2020). *Learning science: The value of crafting engagement in science environments*. United States: Yale University.

Sternberg, R. J., & Lubart, T. I. (1999). The concept of creativity: Prospects and paradigms. In R. J. Sternberg (Ed.), *Handbook of creativity* (pp. 3-15). Cambridge: Cambridge University.

Torrance, E. P. (1966). *Torrance tests of creative thinking: Norms. Technical manual research edition: Verbal Tests, Forms A and B, Figural Tests, Forms A and B*. Princeton, NJ: Personnel.

Torrance, E. P. (1970). *Encouraging creativity in the classroom*. United States: W.C. Brown.

Vincent-Lancrin, S., González-Sancho, C., Bouckaert, M., de Luca, F., Fernández-Barrerra, M., Jacotin, G., Urgel, J., & Vidal, Q. (2019). *Fostering students' creativity and critical thinking in education: What it means in school*. Paris: OECD. https: //doi.org/10.1787/62212c37- en.

第4章　探索小学课堂的 STEM 学习：
社会公平导向

布朗温·考伊　葆拉·米尔登霍尔[①]

摘要： 本章探讨了如何在小学课堂中实施以社会公平为导向的 STEM 教育。首先，本章探讨了知识、同理心和行动在以社会公平为导向的 STEM 教育中的作用，从而支持学生为更广泛的社会"利益"采取行动的能力和倾向。正如本章中三个小学课堂片段中的第一个所示，仅有知识是不够的，还需要培养和锻炼同理心以及批判性和创造性思维，这样学生才愿意并且能够采取建设性的行动。其次，本章提供了一个片段说明教师如何在与社区互动的同时，努力解决 STEM 领域的公平准入、参与和成就问题。最后，本章不再关注学生对特定问题的学习，而是考虑学生如何成为能够为其社区提供相关权威知识的变革推动者。总的来说，本章阐明了小学教师和学生在 STEM 教育中面临的挑战和机遇，尤其是如何支持公平准入和促进共同利益的社会公平议程。

关键词： STEM 教育，社会公平，案例研究，跨学科

4.1　简　　介

我们认为，STEM 教育不应该只专注于促进经济竞争力和就业的目标，因为这种专注会忽视 STEM 教育可能追求和实现的更广阔的愿景。在本章中，我们将通过三个片段来说明，如果将 STEM 教育视为支持公平准入和促进共同利益的社

① 布朗温·考伊
新西兰汉密尔顿，怀卡托大学教育学院
邮箱：bcowie@waikato.ac.nz

葆拉·米尔登霍尔
澳大利亚埃迪斯科文大学教育学院
邮箱：p.mildenhall@ecu.edu.au

会公平议程，那么小学 STEM 教育会是什么样子。我们并不是否认 STEM 教育有其他目标，而是认为这个目标被严重忽视了。将 STEM 教育置于社会公平导向的框架中，能使其与学校教育的更广泛目标保持一致，即关注培养学生积极学习的能力，包括创造力、批判性思维、终身学习等核心问题。

4.2　背　　景

在本章中，我们将 STEM 教育视为一种跨学科的应用方法，四个组成学科被整合为"基于现实世界应用的连贯学习范式"（Hom，2014，p. 1）。理想情况下，STEM 教育不仅能够以某种综合形式提供科学、技术、工程和数学学习的机会，还可以培养积极公民和终身学习所需的能力（Bybee，2010；English，2016；Partnership for 21st Century Skills，2011；Fadel & Trilling，2009）。这些能力包括协作（提出、辩论和协商想法与任务的能力；OECD，2005）、创造力（导致新颖和合适的作品的思想和行动；Sternberg & Lubart，1999）和批判性思维（质疑和多视角思考；Ellerton & Kelly，第 2 章；Vincent-Lancrin，第 3 章）。

STEM 在国家、社会和个人生活机会与福祉中发挥着重要作用，这意味着STEM 教育在准入、参与和成就方面存在的差异是一个社会公平问题。为了应对这一问题，政策和理论研究日益关注"全民 STEM（STEM for all）"议程（例如，Parker et al.，2016）。该议程旨在考虑不同群体的学生，如土著、英语为第二语言、移民和难民、女生和社会经济背景较差的学生，为 STEM 教育带来的需求和资源，从而解决这些不平等现象。它还关注残疾和有特殊需求的学生所面临的挑战（Basham & Marino，2013；Moon et al.，2012），尽管这一群体在缩小机会和成就差距方面受到的关注相对较少。从社会公平的角度来看，我们也需要关注如何支持学生理解并激励他们通过 STEM 理念、态度和实践"促进共同利益"（Nguyen & Walker，2015，p. 243）。泽耶尔和狄龙（Zeyer & Dillon，2019）认为，要解决涉及"科学/环境/健康"等问题的复杂情况，需要同时具备系统化思维和共情能力。他们将系统化定义为"感知物理事物并理解其在系统环境中的功能的能力"（pp. 297—298），将共情定义为"对他人的直接感知、想象或推断的情感状态做出的反应"（p. 300）。莱根和盖恩斯（Leggon & Gaines，2017）在他们的书中说到，通过适当设计的课程，来自各种背景的学生都可以了解他们可能通过 STEM 为他们的社区和社会做出的贡献。在本章中，我们感兴趣的是社会公平的两个方面——准入和贡献——如何在 STEM 教育的小学课堂中发挥作用。

公平准入或"全民 STEM"的愿景往往伴随着跨越课堂和学校界限的学习观

（United States Department of Education，2016；Madden et al.，2017；Penuel et al.，2016）。追求这一观点的学者强调学校、家庭和社区之间，以及儿童/学生、成人/家庭和社区成员之间相互学习的潜力和价值。学生向家庭和社区成员学习，并分享他们的学习成果，为家庭和社区提供信息，这一方式为学生提供了一个跨越课堂环境的学习目标（Chen & Cowie，2013；Engle，2006；Rennie，第 7 章；Cheng & Leung，第 8 章）。学生在课堂之外运用他们在学校学到的知识也是社会公平教育的特点之一。社会公平教育者认为，知识和理解是学生参与"积极的社会变革"的必要条件（Hackman，2005，p. 104）。此外，学生需要了解可用于社会行动的策略，以及如何敏锐地观察和考量不同人群之间的互动关系，哈克曼（Hackman，2005）认为这需要自我反思的支持。他还指出，学生需要能够批判性地分析他们所知道的东西，以便"将这些信息的力量转化为成果"（p. 106）。这些方面与当前 STEM 教育的目标相呼应，表明两者之间存在交叉融合的可能性。在接下来的部分中，我们旨在说明 STEM 教育采用了综合跨学科方法，培养了 21 世纪能力，并具有社会公平导向。

4.3 小学课堂中的 STEM 教育实践

在本节中，我们将展示三个课堂实践的片段，以说明小学生如何通过培养同理心、批判性和创造性思维的策略参与 STEM 教育，并为他们在更广阔的社区中参与和行动提供机会。

4.3.1 片段 1：学生在 STEM 学习中发展知识、同理心和行动

第一个片段说明了当目标是培养学生为更广泛的共同利益采取行动的能力和倾向时，知识、同理心和行动如何在 STEM 教育中发挥作用。它基于"长途跋涉（The Long Walk）"模块，是 STEM 学习项目的一部分。该项目开发了符合澳大利亚课程标准的 STEM 教学模块，涵盖了通用能力（Australian Curriculum，Assessment and Reporting Authority，2015）。STEM 学习项目模块旨在通过发展和应用概念理解，以综合的方式参与 STEM 学科的过程，从而使学生参与并挑战解决与其社区相关的现实问题。创造性和批判性思维以及协作是所有项目模块中明确的学习目标。模块设计结构是以基于问题的研究、调查、设计、评价与交流四阶段方法为基础的。我们通过课堂观察、视频、师生访谈和学生作业收集评价数据，对作为 STEM 学习评价项目的一部分的"长途跋涉"模块进行了评价（本章中提到的其他模块也是如此）。

　　媒体对难民困境的报道引发了大部分小学教师及学生对"长途跋涉"这一主题的关注。该主题的核心挑战是让学生们利用难民营中有限的资源为难民儿童设计鞋子。参与评估研究的教师通过照片和课堂讨论，让学生们了解难民的经历和他们对鞋子的需求（Mildenhall et al.，2019a）。学生们在观看照片和参与讨论时表达了对难民的同情和理解，一名学生说："我为他们感到难过，因为他们没有做错任何事情，却要忍受贫穷和流离失所。"孩子们还了解了安多（Anh Do）[①]创作的《小难民》故事。在这本书中，安多讲述了他在 1980 年跟随他的难民家庭从越南来到澳大利亚，并在澳大利亚学校上学时的经历。学生的年龄和受教育程度与书中描述的安多相近，这似乎增强了他们对难民所面临的日常挑战的共情。老师还指导学生使用维恩图（Venn diagram）来批判性地分析和比较难民儿童和他们自己生活的异同之处。学生们不仅能够认识到他们比难民拥有更好的生活条件，也能够发现他们生活的相似之处："和我们一样，并不是每个人都有父母，但我们都有家人。"

　　学生们设计鞋子的标准取决于他们对难民营的条件、鞋子需要提供的功能和生产鞋子所需资源限制的了解程度。学生们总结了鞋子需要具备的特点：防水、耐穿、舒适，以及有封闭的鞋头和坚固的鞋底。这些标准构成了产品规格和参数（Australian Curriculum，Assessment and Reporting Authority，2015）。首先，为了选择合适的材料，学生进行了科学调查，探索了海绵、饮料瓶、橡胶、纸板等一系列材料的特性。当教师询问学生的设计和最终产品是如何受到课堂调查以及对难民情况的理解的启发时，汤姆（Tom）回答："橡胶鞋底的抓地力很好……而且它是由非常坚硬的物体制成的，所以十分耐用。"萨拉（Sarah）解释说，她所在的小组之所以用橡胶做鞋底是因为橡胶防水。每个小组都制作了一只可穿的鞋子。这些调查表明学生具有批判性分析材料的能力，因为他们需要创造性地选择和使用非常有限的资源来设计和制作一双新颖且合适的鞋子（Vincent-Lancrin，第 3 章；Ellerton & Kelly，第 2 章；批判性思维通常是创造性思维的一个步骤，所以两者经常结合使用）。

　　本片段展示了如何通过以社会公平为导向的背景来激发学生对 STEM 知识和基于 STEM 的行动的兴趣和同理心。如前所述，在这种情况下，知识是必要的但还不足够。学生需要培养和锻炼同理心、批判性和创造性思维，以便他们愿意并能够采取建设性的行动。正如泽耶尔和狄龙（Zeyer & Dillon，2019）所言，解决难民局势的复杂性需要系统化思维和同理心相结合。学生们能够想象难民儿童面

---

　　① 本章中给出的所有学生和教师姓名均为化名。

临的挑战，获取适当的 STEM 知识，并运用他们的知识来满足任务要求。有趣的是，同理心是斯坦福大学哈索-普拉特纳设计学院提出的设计思维周期的初始阶段（Dam & Siang，2019），也是专注于用户体验和以人为本设计过程中的特征（Minichiello et al.，2018）。

4.3.2　片段 2：确保有特殊能力的学生获得 STEM 教育的机会

这个片段继续探讨了知识构建、同理心、行动及其相互作用的主题，展示了教师如何努力解决 STEM 领域的准入、参与和成就等公平性问题。具体来说，它详细介绍了两位教师如何调整和实施"每只鸟都需要一个家"模块，使之适合四至六年级的学生。这些学生就读于教育支持中心，具有一系列复杂的能力。在这个模块中，卡萝尔（Carol）和伊芙（Eve）两位教师合作改编并教授了原本为二年级学生（7—8 岁）设计的鸟类模块。老师们选择这个模块的原因是，一只名叫拉塞尔（Russell）的断翅乌鸦在过去两年多的时间里一直在学校操场上活动，学生们对它很感兴趣。为了确保该模块是"个性化和具体的"，老师们将其重新命名为"拉塞尔的家"。卡萝尔解释说："我们希望关注的是学生们真正感兴趣的事情，而不仅仅是谈论鸟类。"她们在不影响学生协作批判性和创造性思维的前提下，对该模块进行了调整，安排学生以两人一组而不是多人小组的形式来协作，通过加入教育助理来增加成人的支持，并修改了教材，使用更多的图像和更少的文字以促进学生的反应。例如，教师在第一节课中通过使用不同环境中的鸟类照片，引导学生关注鸟类生存所需的条件。教师的提问为学生的思考提供了脚手架，使他们能够推理出鸟类需要哪些条件来生存，而不是简单地背诵老师教授的知识。在下面的对话中，杰克（Jack）解释了为什么鸟类将它们的巢建在树上，也就是"在一个安全的地方"。

　　教师：杰克，你能告诉我你们小组认为鸟类还需要其他什么东西吗？
　　杰克：大巢和下蛋。
　　教师：大巢，很好。它们通常在哪里筑巢？
　　杰克：在树上。
　　教师：在树上，为什么在树上呢？
　　杰克：这样它们就不会被取下来了。

接下来，学生们通过拍摄鸟类并在地图上标记它们的位置来收集学校周围不同地点鸟类的数据（如果有的话）。教育助理和教师帮助每组学生在包含各类鸟类图片的模板上统计不同鸟类的数量。然后，学生们制作了一幅直观的象形图。为了进一步加深他们的理解，卡萝尔要求学生用 Unifix 积木表示他们的图表，并向她解释其含义。Unifix 积木是一种塑料连接方块，可以相互连接并且有多种颜色。每对学生都能以某种方式完成这一任务。图 4.1 展示了杰克和亚当（Adam）完成的地图和象形图，以及 Unifix 版本的象形图实物展示。

图 4.1　杰克和亚当完成的地图与象形图

在这个例子中，教师对标准单元的改编遵循了通用学习设计（Universal Design for Learning，UDL）框架的原则，该框架是开发所有学生都可以访问的课程的一种方式（Moon et al.，2012；National Science Foundation，2015）。UDL 框架主张：①通过提供选择使学生的兴趣和目标与学习相关联，从而支持学生的参与（在这个例子中，将模块的重点放在鸟类在其周围环境中的需求上）；②教师对信息的多种表达方式（包括照片等）；③学生的多种表达方式（在地图上标记鸟类，进行统计，制作一个象形图和象形图的实物展示）。

教师在该模块的下一步中引入了选择的元素，要求学生从互联网上查询鸟巢的设计，并通过信息整合设计出适合拉塞尔的鸟巢。在选择有用的设计时，学生还需要考虑拉塞尔断裂的翅膀所带来的限制。以下文字记录显示，学生们能够批判性地评估哪些特征能够满足这一要求，并有意引入新颖的元素，也就是说，他们结合了两种设计并计划建造两扇门。

杰克：我们把这两个鸟巢的设计整合在一起了，我们会在每个鸟巢上做两扇门。

研究员：杰克，你从这个鸟巢中提取了什么特征，从另一个鸟巢中又提取了什么特征呢？

杰克：除了一扇门之外，我们把这个鸟巢的整个框架都放进去了。也许我们会有一个小想法，把马卡斯（Maccas）的那两扇门放到另一个美国鸟巢里。

研究员：好的，你认为这些门对拉塞尔来说够大吗？

杰克：嗯……我们还不确定……

……

学生：我们可以把它（门）做得比图片中的大。

杰克：我知道，但是如果它的翅膀断了，我们该怎么办呢？如果它的翅膀断了，它怎么飞进去呢？

老师：杰克，如果它的翅膀断了，你会怎么做？

杰克：我们可以在后面做一个拉塞尔的形状，使用一张拉塞尔的小照片，然后用木头切割出它的形状，这样它就可以把它折断的翅膀放进去了。

按照最初的模块设计，老师们在最后一项活动中邀请了一个当地社区组织（"男士棚屋"，Men's Shed[①]）来协助建造一个鸟屋。男士棚屋组织的负责人对孩子们的模型印象深刻，他制作了一个可以使用的鸟巢，其中融合了他们每个模型的想法。他还阐述了男士棚屋组织参与的价值："这是一个伟大的项目，因为它将我们的成员与更广泛的社区联系起来了。"他接着说，"与学校合作的项目使成员们参与到社区中来，给予他们了一种使命感"。老师说道："我认为好处是双向的，对我的学生而言，这给予了他们一种社区意识、重要性以及他们的想法很重要并会被倾听的观念……对男士棚屋组织成员而言，这给予了他们一种使命感和乐于助人的感觉。"

这个片段提供了一个例子来说明教师如何帮助不同能力水平的孩子实现 STEM 目标，这些目标涉及：①科学和数学（数据收集、表示和交流）；②以一种涉及协作批判性和创造性思维的新颖的方式来分析、综合和考虑约束的技术和工程（设计规范的制定和实施）。这个片段也说明了这些学生如何将他们更广泛的理解转化为适应当地的行动——为经常出现在他们学校的受伤乌鸦设计了一个房子。最后，它说明了社区成员如何在学生的教学活动中发挥不可或缺的作用，从而使双方受益。在这个案例中，虽然学生们并不具备为拉塞尔制作一个可以使用的鸟巢所需的具体技能或资源，但通过男士棚屋组织的参与也制作了一个可以使

---

① 男士棚屋组织支持当地男性团体一起从事有意义的项目，详见（Australian Men's Shed Association，2017）。

用的鸟巢，并且两年后其仍在使用。

4.3.3　片段 3：作为变革推动者的学生是权威知识的来源

在最后一个片段中，我们不再关注学生对特定问题的学习，而是考虑学生如何成为能够为其社区提供相关权威知识的变革推动者。我们的第三个片段的主题是全球蜜蜂数量的减少（Mildenhall et al.，2019b）。两位老师（阿比盖尔和雷）将他们四年级的学生（9 岁和 10 岁）合并在一起开展该模块。在模块开始时，一位当地的养蜂人参观了这个课程，并解释了她如何照顾蜜蜂及其蜂箱，以及提取蜂蜜的过程。阿比盖尔（Abigail）解释说，这次参观帮助孩子们了解了蜂箱的工作原理。

　　　　她把蜂箱放在了一个平面上，让孩子们了解蜂箱是如何工作的，蜂王和所有工蜂之间……学生真实地看到和闻到了蜂蜡、所有的锥体、烟雾机以及她穿的衣服，而不是从视频中。

阿比盖尔进一步解释说："这让他们明白，这不仅仅是学校的事情。这是真实的生活，对我们周围的世界有着重大影响。"也就是说，养蜂人的分享让学生把蜜蜂的困境看作是一个与更广泛的"利益共同体"（community of interest）有关的问题（Engle，2006）。

接下来，学生们调查了他们所吃的食物中哪些需要授粉，以及导致蜜蜂数量减少的原因。他们发现导致蜜蜂数量减少的原因有单一作物种植、过度使用杀虫剂、城市化、外来物种和污染。在教师的引导下，孩子们能够批判性地思考这些原因背后的逻辑。例如，他们推断出杀虫剂可以保护农作物，但也意识到这是因为消费者更喜欢外观完美的水果和蔬菜，而这可能会危害蜜蜂。学生们推断："人们不想让昆虫吃掉农作物，这样他们才能吃到。"

阿比盖尔和学生们一致认为，我们需要向社会宣传蜜蜂的重要性。雷（Ray）建议他们设计一个棋盘游戏来传达这个信息，并教他们如何制作棋盘游戏。全班同学玩了一些棋盘游戏，以此为参考制定了游戏标准。他们决定，游戏需要有一个积分系统；考虑目标受众和参与人数；玩起来有趣。以下是一个小组对其棋盘游戏设计的描述。

　　　　比尔（Bill）：这是我们目前的设计。我们有了一些要用到的材料。我们将设计一些行动卡牌，这样，你既可以用它们赚东西，也可以使用这些东西。我们要找一块木板，然后把它粘在一起。我们将设计一些角色，让他们在棋盘上循环，所以部分会有像单株作物和杀虫剂一样的东西。我们会有一个草原区和……

杰西（Jesse）：城市化。

乔希（Josh）：还有受精部分。

比尔：城市化。

图 4.2 是该小组制作的设计图。我们可以在这张设计图中看到行动卡牌、计数器以及棋盘的使用，玩家必须在棋盘上移动。

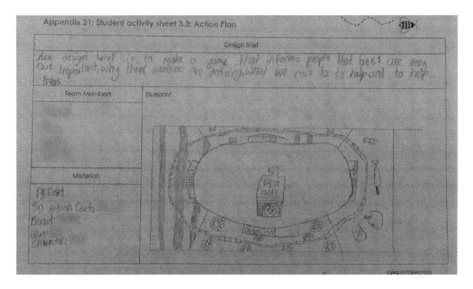

图 4.2　小组制作的设计图

孩子们邀请他们的家人、其他教师和更广泛的社区成员（包括养蜂人和其他养蜂人）来学校玩他们设计的游戏。

75 人接受了邀请。录像视频显示，社区成员对游戏充满热情，学生们也对开展游戏感到很兴奋。玩家的反应表明他们认为这款游戏引人入胜、内容丰富，如以下评论所示：

我一直在说他们有多聪明。他们有这么多信息，真是令人惊讶，我难以置信并且印象深刻，因为实际上有些东西我不知道。他们能够回答我问的所有问题。我不知道什么是单一化，但是他们能够告诉我，他们非常善于表达，非常有激情，这让我很高兴。（孩子的母亲，作为游戏者）

受到游戏日的鼓舞，孩子们决定在学校周围为蜜蜂和昆虫建立庇护所。他们在一些家长的帮助下，制作了名为 Air Bee 'n' Bees 的蜜蜂昆虫旅馆（Green，2015），并把它们挂在树上。10 周后，三名参与者接受采访时说，这次的经历激励他们采取更多行动，比如种植更多开花的树木和植物，并让西兰花等蔬菜开花等。

　　这个例子说明，STEM 教育可以也应该促进学校与家庭/社区、学生与家人和社区成员之间的互动和互惠。社区成员被孩子们的知识和热情所感染，对蜜蜂的困境有了系统化思维和共情能力（Zeyer & Dillon，2019）。同样值得注意的是，学生们在自己的学校也采取了行动。我们在其他研究中也发现了类似的模式，即学生在当地进行教师计划外的活动。例如，在一个研究中，学生与家人探讨并解决新西兰本地鸟类面临的威胁（Chen & Cowie，2013）。我们认为，这些延续时间较长的行动很有意义，因为它们不仅扩大了 STEM 学习的时间范围，还提供了证据证明学生作为社区贡献者行使权利时，愿意并有能力接受创造力和批判性思维。

4.4　反　思　评　价

　　本章我们探讨了教师如何实践 STEM 教学法，既培养学生的知识，又培养他们作为有社会和公民责任感的公民的能力，为社会文化和社会公平采取行动。显然，这项任务远远超出了 STEM 学习项目等发展项目的范畴，也远远超出了一本书中的一个章节所能解决的问题，但我们希望我们已经展示了 STEM 教育的多维价值。具体来说，我们想说明当 STEM 教育通过综合方法专注于真实的"现实世界"问题时，可以支持学生在不同的 STEM 学科中学习。在我们的例子中，克拉齐克和德伦（Krajcik & Delen，2017）也发现，制作实物可以激发儿童的批判性和创造性思维。我们每个案例的主题和结果都涉及社会公平问题——了解难民儿童、断翅的拉塞尔和蜜蜂的生活和需求，激发学生对"长途跋涉"中的鞋子设计、鸟巢设计和蜜蜂保护行动的同理心和动机。在每个案例中，学生都得到了支持，开发与现实问题相关的 STEM 内容知识，进行与可能的解决方案相关的调查，然后设计和验证可能的解决方案。知识的发展与学生对相关事物（难民儿童、断翅的拉塞尔和蜜蜂）的同理心或承诺是相互影响的。在提出这一点时，我们回顾了我们先前的分析，即知识和同理心是技术设计以及理解和解决复杂问题的重要因素（Zeyer & Dillon，2019）。因此，当社会公平和"共同利益"成为可能和期望的结果时，知识、批判性和创造性思维以及同理心对基于 STEM 学习中的学生和教师都至关重要。

　　较少研究关注学生与家人和社区分享在课堂上学到的 STEM 知识和见解（Rennie，第 7 章，是一个明显的例外）。鸟类和蜜蜂的案例提供了小规模的证据，说明了学生和教师与学校社区的联系如何促进相互学习，并将学校项目的影响辐射到课堂之外（Falk et al.，2015）。这种辐射很重要，因为正如巴兰坦等（Ballantyne et al.，1998）所指出的那样，在许多挑战需要及时采取行动时，仅仅激发学生作为变革推动者是不够的，只有成年人才能在中短期内影响政策和实践。关注成人学习也有助于向学生传达 STEM 终身学习的可能性和价值，这是全世界的一个重要课程议程。从这一角度看，当教师让学生和社区成员参与教学过程时，可以产生相互和代际的好处（intergenerational benefit）。建立这种联系使我们从丰富课程内容转向专注于帮助学生看到他们所学内容的更广泛相关性（Sias et al.，2017）。

STEM 和社会公平教育都致力于为所有学生提供公平的机会，但也有不同的侧重点（Sondel et al.，2017），STEM 的公平方法通常侧重于为个人提供进入 STEM 的途径，以获得经济和社会流动性的好处，而社会公平教育更关注"培养公民审视和改变维持社会分层的结构的能力和承诺"（p. 40）。如果 STEM 教育能够像教育工作者所期望的那样成功，培养出一批能够创新和提升经济财富与社会福利的 STEM 工作者，那么 STEM 工作者作为有影响力的公民，就需要具备明智地使用 STEM 知识和技能的理解力、能力和动机，从而促进未来社会的公平和公正。

致谢 我们感谢 STEM 教育联盟（西澳大利亚州）对该研究项目的资助。我们也感谢参与本章项目并提供数据的教师和学生。

参 考 文 献

Australian Curriculum, Assessment and Reporting Authority. (2015). *General capabilities Australian Curriculum*. Retrieved from https: //www.australiancurriculum.edu. au/f-10-curriculum/general-capabilities.

Australian Men's Shed Association. (2017). *What is AMSA?* Retrieved from https: //mensshed.org/about-amsa/what-is-amsa/.

Ballantyne, R., Connell, S., & Fien, J. (1998). Students as catalysts of environmental change: A framework for researching intergenerational influence through environmental education. *Environmental Education Research, 12*(3-4), 285-298.

Basham, J. D., & Marino, M. T. (2013). Understanding STEM education and supporting students through universal design for learning. *Teaching Exceptional Children, 45*(4), 8-15.

Bybee, R. (2010). Advancing STEM education: A 2020 vision. *Technology and Engineering Teacher, 70*(1), 30-35.

Chen, J., & Cowie, B. (2013). Engaging primary students in learning about New Zealand birds: A socially relevant context. *International Journal of Science Education, 35*(8), 1344-1366.

Dam, R., & Siang, T. (2019). *5 stages in the design thinking process*. Retrieved from https: //www.

interaction-design.org/literature/article/5-stages-in-the-design-thinking-process.

Engle, R. (2006). Framing interactions to foster generative learning: A situative explanation of transfer in a community of learners classroom. *The Journal of the Learning Sciences, 15*(4), 451-498.

English, L. (2016). STEM education K–12: Perspectives on integration. *International Journal of STEM Education, 3*(3), 1-8.

English, L. (2017). Advancing elementary and middle school STEM education. *International Journal of Science and Mathematics Education, 15*, 5-24. https: //doi.org/10.1007/ s10763-017-9802-x.

Fadel, C., & Trilling, B. (2009). *21st century skills: Learning for life in our times*. San Francisco, CA: Jossey-Bass.

Falk, J., Dierking, L., Osborne, J., Wenger, M., Dawson, E., & Wong, B. (2015). Analyzing science education in the United Kingdom: Taking a system-wide approach. *Science Education, 99*(1), 145-173. https: //doi.org/10.1002/sce.21140.

Green, A. (2015). *Air Bee'n'Bee: Have backpack, will travel*. Retrieved from https: //blog.csiro.au/ air-beenbee-have-backpack-will-travel/.

Hackman, H. (2005). Five essential components for social justice education. *Equity & Excellence in Education, 38*, 103-109. https: //doi.org/10.1080/10665680590935034.

Hannon, V., Patton, A., & A., & Temperley, J. (2011). *Developing an innovation ecosystem for education*. San Jose, CA: Cisco Systems.

Hom, E. J. (2014). What is STEM education? Livescience. Retrieved from https: //www.livescience. com/43296-what-is-stem-education.html.

Krajcik, J., & Delen, I. (2017). Engaging learners in STEM education. *Estonian Journal of Education, 5*(1), 35–58. https: //doi.org/10.12697/eha.2017.5.1.02b.

Leggon, C., & Gaines, M. (2017). Introduction and overview: STEM and social justice: Teaching and learning in diverse settings. In C. Leggon & M. Gaines (Eds.), *STEM and social justice: Teaching and learning in diverse settings* (pp. 1-6). Cham, Switzerland: Springer International.

Madden, P., Wong, C., Cruz, A., Olle, C., & Barnett, M. (2017). Social justice driven STEM learning (STEMj): A curricular framework for teaching STEM in a social justice driven, urban, college access program. *Catalysts, 7*(1), 24-37.

Mildenhall, P., Cowie, B., & Sherriff, B. (2019a). A STEM extended learning project to raise awareness of social justice in a year 3 primary classroom. *International Journal of Science Education, 41*(4), 471-489.

Mildenhall, P., Sherriff, B., & Cowie, B. (2019b). The honey bees game: Engaging and inspiring the community with STEM. *Research in Science & Technology Education, 39*(2), 225-244. https: //doi.org/10.1080/02635143.2019.1687440.

Minichiello, A., Hood, J., & Harkness, D. (2018). Bringing user experience design to bear on STEM education: A narrative literature review. *Journal for STEM Education Research, 1*, 7-33. https: //doi.org/10.1007/s41979- 018- 0005-3 .

Moon, N., Todd, R., Morton, D., & Ivey, E. (2012). *Accommodating students with disabilities in science, technology, engineering, and mathematics (STEM)*. Atlanta, GA: Center for Assistive Technology and Environmental Access, Georgia Institute of Technology.

Nadelson, L., & Seifert, A. (2017). Integrated STEM defined: Contexts, challenges, and the future. *The Journal of Educational Research, 110*(3), 221–223. https: //doi.org/10.1080/ 00220671.201 7.1289775.

National Science Foundation, National Center for Science and Engineering Statistics. (2015). *Women, minorities, and persons with disabilities in science and engineering: 2015*. Arlington, VA: Author.

Nguyen, T., & Walker, M. (2015). 'Capabilities-friendly' assessment for quality learning. *South African Journal of Higher Education, 29*(4), 243-259.

OECD, D. (2005). *The definition and selection of key competencies*. Retrieved from https: //www. oecd.org/pisa/35070367.pdf.

Parker, C., Pillai, S., & Roschelle, J. (2016). *Next generation STEM learning for all: A report from the NSF supported forum*. Waltham, MA: Education Development Centre.

Partnership for 21st Century Skills. (2011). *Framework for 21st century learning 2-page*. Retrieved from http: //www.p21.org/our- work/p21- framework.

Penuel, W. R., Clark, T. L., & Bevan, B. (2016). Infrastructures to support equitable STEM learning across settings. *Afterschool Matters, 24*, 12-20.

Sias, C., Nadelson, L., Juth, S., & Seifert, A. (2017). The best laid plans: Educational innovation in elementary teacher generated integrated STEM lesson plans. *The Journal of Educational Research, 110*(3), 227–238. https: //doi.org/10.1080/00220671.2016.1253539.

Sondel, B., Koch, J., Carrier, S., & Walkowiiak, T. (2017). Toward a theory of teacher education for justice oriented STEM. *Catalysts, 7*(1), 38-52.

Sternberg, R. J., & Lubart, T. I. (1999). The concept of creativity: Prospects and paradigms. In R. J. Sternberg (Ed.), *Handbook of creativity* (pp. 3-15). Cambridge: Cambridge University.

Traphagen, K., & Traill, S. (2014). *How cross-sector collaborations are advancing STEM learning*. Retrieved from http: //www.noycefdn.org/documents/STEM_ECOSYSTEMS_ REPORT_140128.

pdf.

U.S. Department of Education. (2016). *STEM 2026:　A vision for innovation in STEM education.* Retrieved from https: //www.air.org/resource/stem- 2026- vision- innovation- stem- education.

Zeyer, A., & Dillon, J. (2019). The role of empathy for learning in complex science| environment|health contexts. *International Journal of Science Education, 41*(3), 297-315. https: //doi.org/10.108 0/09500693.2018.1549371.

第5章 关于詹姆斯的故事

凯茜·邦廷 阿利斯特·琼斯

摘要： 本章以教师詹姆斯（James）指导 12—13 岁的学生制作简易液压机的案例为基础，探讨了支撑学生 STEM 学习所需的一系列知识技能，并重点强调了学习对话在培养学生创造力和批判性思维方面的重要作用。本章展示了教师詹姆斯如何熟练地运用科学、数学、技术和日常话语的能力，恰当地选择不同的话语方式来支持学生在整个教学单元中的概念和技能的学习。

关键词： 初级/高级小学，学习对话，话语，教师角色，案例研究

5.1 简 介

近年来，STEM 教育受到了国际社会的广泛关注，这在很多方面都呼应了早期通过有意义的学习情境来强化科学教育的呼吁。例如，20 世纪 70 年代、80 年代和 90 年代提倡的在情境中教授科学的教育理念，以及强调科学-技术-社会（STS）和科学-技术-社会-环境（STSE）对日常生活的相关性和有用性的教育思潮，都可以视为跨学科方面的早期探索。虽然科学教育已有一定的实践与研究基础，但是人们对 STEM 教育的广泛关注仍催生了大量新的资源、活动、工具和网站，引发了一系列关于课程的多层次讨论。例如，在宏观（政策）层面上，讨论的是如何提高 STEM 在教育管辖的学校课程中的地位。在中观（学校）层面上，讨论的是如何促使学校领导和教师认识到 STEM 教育在小学课程中的重要性以及在中学进行课程整合的可能性。在微观（课堂）层面上，讨论的则是课堂交流如何支持学生进行 STEM 概念性和程序性学习以及培养学生对 STEM 的积极态度。

正如阿曼达·贝里在本书第 11 章中指出的，政策层面提倡 STEM 教育与国民经济和社会发展息息相关——需要提供更为宽阔的 STEM 职业进入路径，以及培养受过教育的公民，使之能够有意义地参与解决世界各地所面临的许多"棘手问题"。此外，STEM 教育也被视为培养学生创造力、批判性思维和协作等高阶能

力的方法，以及让学生参与相关的、未来导向的校本学习的途径。

相比之下，呼吁对 STEM 热潮（或贝里的"GERM"现象，第 11 章）做出更成熟的回应的声音则担心特定学科知识和技能可能会在 STEM 创造的学习环境中"丢失"。一些人指出 STEM 使得教师专业知识受到挑战，以及在创建 STEM 课程时教师学科亚文化的主导作用。例如，科学教育工作者更有可能创建注重科学学习成果的 STEM 课程，而技术或数学教育工作者可能优先考虑可预见的不同学习成果。

作为兼具科学和技术教育专业知识的教育工作者和研究人员，我们理解某些学科重点可能被优先考虑以及不同学科的独特性可能被低估的担忧。我们一直主张利用技术来丰富学习情境以促进科学学习（Jones，2009；Jones & Buntting，2015），而 STEM 教育为该主张的实现提供了可能。我们认为目前政策制定者、学校领导和教师对 STEM 的兴趣，为讨论包括科学和技术在内的当代学校教学提供了一个有益的环境。

在思考 STEM 培养创造力和批判性思维的可能性时，我们也敏锐地意识到有效整合科技教育的教师所表现出的广泛知识和技能。本章提供了一个关于教师詹姆斯的案例来说明教师所需的 STEM 专业知识。通过一个要求 12—13 岁的学生建造简易液压装置的课堂单元，展示了詹姆斯能够有效采用针对性的学习对话，以确保学生实现多个概念和程序性学习。此案例的目的在丁阐述像詹姆斯这样的 STEM 教师能够发起和引导学习对话所需要的知识和技能，以及 STEM 教师可能会扮演的不同角色。

5.2　学 习 对 话

大量文献已证实，焦点对话在各种教育环境中对促进学习有着重要作用（如 Black，2013；Black & Harrison，2004；Moreland et al.，2008；Moreland et al.，2009）。学习对话的重要性也是社会建构主义和社会文化学习理论的基础之一——在这些理论中，与他人的互动被认为是支持学习的关键因素。舒尔曼（Shulman，1987）在其关于教师专业知识的开创性著作中，强调了与"课堂话语中的理念管理"相关的技能（p. 1，原文强调），并指出，"如果对课堂管理实践的描述能够充分指导更好的教育设计"，那么对理念管理与对课堂管理实践的分析就同样重要。

本章研究了詹姆斯的教学实践，以及师生如何进行交流、合作和学习。本研究借鉴了早期研究，确定了在科学教育中有效使用相关、真实、有意义的情境的特征（Corrigan et al.，2012；图 5.1）。这些特征包括流畅性（能够将学习情境与学生要学习的科学概念和过程紧密结合）、倾向性（倾向或意愿，再加上有效使用基于情境的方法的能力）、辨别力（明智的决策需要流畅性和倾向性）以及能力（熟练掌握流畅性、倾向性和辨别力）。本章旨在探讨在包含科学和技术的综合单元中"能力"的具体表现。

图 5.1　使用相关的、真实的情境深化科学教育的教师特征（Corrigan et al.，2012）

5.3　液压系统单元教学案例

为了明确小学阶段 STEM 教学所需的"能力"，我们与一位经验丰富的 STEM 教师詹姆斯合作开展了一个建造简易液压装置的案例，他的教学实践富有创新性和前瞻性，受到当地社区的认可。詹姆斯老师非常乐意参与本研究项目，并欢迎我们参与他的课堂。本研究采用解释性的方法，重点探索课堂上发生的学习对话的性质以及这些对话如何支持学生的学习。本章第一作者（凯茜）在第二学期每周一进行的全天课程中担任观察员和参与者。研究数据包括现场笔记、讨论音频（詹姆斯和学生之间、学生小组之间、研究员和詹姆斯之间、研究员和学生之间）、学生和研究员拍摄的照片以及学生制作的反思视频。

本项研究在新西兰进行，新西兰的国家课程提供了广泛的教学目标，学校也可以自主开发地方校本课程。课程总体框架将"价值观"和"关键能力"嵌入所有课程规划中，并将"科学"和"技术"指定为八个必修学习领域中的两个（Ministry of Education，2007）。尽管技术的定义包含了工程的一般定义，但工程没有具体的学习成果。

> 技术是通过设计对现实进行干预的一种方式：它利用智慧性的资源，开发出能够扩大人类可能性的产品和系统（技术成果）。……要创造出高质量的技术成果，就需要明智的、批判性的和创造性的思考和实践

（Ministry of Education，2007，p. 32）。

相比之下，科学被定义为：

> 一种探索、理解和解释自然物理世界以及更广阔的宇宙的方法，它
> 包括产生和验证想法，以及收集证据等过程，以促进对科学的学习、理
> 解和解释。科学的进步是基于证据的，源自逻辑、系统和富有创造性的
> 工作（Ministry of Education，2007，p. 28）。

从上述两个描述中可以看出，尽管不同学习领域有不同的目标，但创造力和批判性思维是它们所共有的。此外，新西兰教育部鼓励学校"利用学习领域之间存在的自然联系，将学习领域与价值观和关键能力结合起来"（Ministry of Education，2007，p. 16）。其中，价值观包括创新、探究和好奇心。五个关键能力是：思考；语言、符号和文本的使用；自我管理；与他人互动；参与和贡献。

5.3.1 课堂教学背景

教师詹姆斯在新西兰从事教学工作已有 24 年，曾任教于不同社会经济背景和城乡环境的学校。他擅长体育教育和运动，5 年前开始接触信息技术的教学。他在目前这所学校工作了 4 年，3 年前作为班主任的他率先引入了 STEM 课程，并得到了校长的支持和鼓励，将 STEM 课程推广到全校。他说，他对 STEM 感兴趣是因为他注意到了关于 STEM/STEAM 教育的讨论，以及 STEM/STEAM 强调探究式学习和小组合作的特点，这些特点很适合他所教的一些对学习缺乏兴趣的男生。2017 年新西兰发布了国家数字技术课程，强调学生的数字学习能力，这使得詹姆斯成为学校新设立的数字和 STEAM 教育的领导者，负责以团队教学的形式为其他教师提供持续性的支持。

该校七至八年级（12—13 岁）的学生曾经在附近一所中学上过技术课程，但由于交通不便且耗时耗力，因此，在本研究开始前的一年，詹姆斯所在的学校就开发并实施了自己的课程，让学生可以选择参加一些为期 10 周的与 STEM 相关的选修课，这些选修课都具有坚实的技术基础。根据技术过程中关键要素的缩写，人们将该课程命名为"IGNITE"：

- Ignite：激发思考和想象力，确定利益相关者和设计需求
- Gather：收集问题，进行研究和调查
- New：收集新的信息，开发概念设计和方案
- Into：进入学习环节，开发原型和测试
- Tying：整合学习，完成最终设计和制造
- Evaluate：评价并庆祝学习成果，反思和分享

每个 IGNITE 教室里都有一张阐述学习过程的海报，每个 IGNITE 选修课都有一个共享但可编辑的在线模板，学生可以用来记录和展示他们的学习过程和成果。

在本研究期间，有五个 IGNITE 选修课供学生选择：构建（液压系统）、传导（电学）、反应（化学）、创造（织物）和探索（建造一个具有文化特色的木制入口通道和花园）。这是詹姆斯第一次开设液压系统选修课，他是在网上看到一些简单的液压系统套件后想到的。他说：

> 我看到有人用纸板做了一个液压臂，我觉得这是一个很好的 STEM
> 活动，就上网查了更多信息，并买了一些相关套件。我觉得这很贴近
> IGNITE 课程，既有建造的元素，也有科学的原理。

液压系统课程共有 18 名学生参加，包括 12 名男生和 6 名女生（为了保持班级规模适中，IGNITE 项目特地聘请了一名教师）。其中一半的学生在去年已经上过 IGNITE 课程，对学校的技术流程比较熟悉。

5.3.2　液压系统单元中的科学

IGNITE 课程第一天就介绍了液压系统的科学原理。教师詹姆斯在查看学生的在线作业本时，发现有一页的标题是"技术和科学齐头并进"。该页面列出了新西兰教育部（Ministry of Education，2014）提出的五种科学能力：收集和解释数据、使用证据、批判性思维、解释表象和参与科学（定义为"在'现实生活'情境中运用其他能力"）。教师詹姆斯在全班组织了讨论，以探讨这些能力如何与他们即将进行的项目——"制作一个简单的液压机"——相关联。

课程开始时，教师詹姆斯引导学生进行了一次头脑风暴，讨论"什么是液压系统"。在这个环节中，学生一开始对液压系统的认识是模糊不清的：他们最先提出的词汇包括水、科学和电。然后，一名学生给出了一个更具体的定义，教师詹姆斯把它写在了黑板上："液压系统是利用水或其他液体的压力来移动物体的系统。"另一个学生补充说"液压系统利用了力"，受到了第三个学生的反驳："压力就是一种力。"还有一些学生指出，液压系统不一定要用水，也可以用油或其他液体。通过总结课堂上的典型观点，教师和学生共同构建了一个有助于理解液压系统工作原理的定义。接着，教师詹姆斯分享了三个 YouTube 视频片段，让学生用数字设备观看，以便他们能更深入地了解液压系统。这三个视频都强调了三个重要的概念：液体是不可压缩的，压力在液压系统中均匀分布，液压系统是一个力放大器（在一个小活塞上施加的力可以在一个大活塞上产生更大的力）。为了引导学生有效地观看视频，教师詹姆斯在黑板上写下了两个问题：①什么是帕斯卡定律？②液压技术和气动技术有什么区别？学生各自用电子设备观看视频，并可以

根据需要暂停或重播。教师詹姆斯在教室里走动，询问学生们在观看视频后有什么发现，随后进行了全班讨论。他要求学生在讨论期间关闭电子设备，以便专注于交流。

在讨论了学生们所学的内容后，詹姆斯引入了控制变量实验的概念。他先让学生在全班讨论什么是"控制变量实验"，然后让学生头脑风暴出一些可以用简易的液压系统（由两个注射器和一根管子组成）进行测试的不同变量。学生自由分成两人组或三人组，在剩余的时间里进行实验探究。学生可以使用不同大小的注射器和不同长度的管子来进行实验，还可以用水、油和糖浆（"黄金糖浆"）来测试黏度对液压系统的影响。学生使用了谷歌表格来记录他们探究过程中的研究问题、所用设备、实验方法、实验结果和探究结论。

在整个课程中，詹姆斯在教室里四处走动，有意引导学生参与到关键的学习讨论中。这些讨论通常与"控制变量实验"的思想有关。例如，有一组学生正在测试不同长度的管子对液压系统的影响，他们在三个系统中都用一个注射器向管子里注入水，发现管子越长，系统里的空气就越多。詹姆斯通过"这是一个控制变量实验吗"这一问题引导学生关注空气对液压系统可能产生的影响。詹姆斯检查了每个小组是否排除了液压系统中的空气（除非学生有意要测试空气对系统的影响）。学生们对实验非常感兴趣，在午休后仍想继续进行控制变量实验。在课程结束前的全班讨论中，詹姆斯要求学生反思他们从实验中学到了什么。一位学生总结说："这太有趣了！我学到了很多新知识，我以前从来都不知道有这么多关于液压系统的内容。"这句话得到了其他很多学生的赞同。

在为期 7 天的单元学习中，第 2 天的课程仍然着重于科学思维和控制变量实验。教师詹姆斯回顾了前一天学生的工作，发现虽然所有的学生都参与了实验，但个别学生未能将他们的探究融入控制变量实验中。课程开始时，詹姆斯通过全班讨论，复习了一些液压系统的关键概念。当他问到什么是帕斯卡定律时，一名学生很快回答说"液体中的压力在液体中是均匀分布的"，詹姆斯把这句话写在了黑板上。讨论结束后，学生们进行了一次"液压搜索"的活动，他们到学校周围寻找液压系统的运用，并用电子设备拍照。詹姆斯和学生们一起出去，鼓励不同小组之间互相交流并分享他们拍到的照片。回到教室后，每个小组通过 AirPlay 把照片投影到大屏幕上，让全班同学看到。然后，詹姆斯引导学生讨论哪些是、哪些不是、哪些可能是液压系统，并用注射器来演示一些原理。例如，他用注射器模拟了停在学校操场上的一辆大型卡车的液压悬架系统，解释了液压是如何控制汽车和自行车的刹车系统的。学生们也在谷歌上搜索了一些信息，来说明液压是如何用于一些自行车的变速器的。詹姆斯使用探究性的问题来提醒学生液压系统的关键特征是液体的运动产生力量——例如，为什么水龙头不是一个液压系统，以及为什么学校体育馆的高窗开关可能是也可能不是液压系统。詹姆斯之所以能够熟练地引导对话，是因为他读过有关液压系统的书籍，并对简单机械有一定的了解。

詹姆斯在课堂讨论的基础上组织了下一项活动，即回顾和改进前一天的控制变量实验。他对全班说"同学们昨天做的很多事情都是在观察和尝试，但是我们还可以做得更好"。詹姆斯要求学生选择一个具体的变量来进行测试，并把测试结果做成一个展示板（他提供了纸板和管道清洁器；管道清洁器可以用来把注射器固定在纸板上）。此外，学生还要制作一个简短的视频，用来解释他们的控制变量实验和发现，并通过二维码把展示板和视频连接起来。这些展示板也将展示在学校的教师办公室里。换句话说，科学探究被定义为一个技术过程，即"制作一个展示板和简短的视频，概述你的研究问题和结果"。

在快速头脑风暴了一些可以选择的变量后，詹姆斯以测试不同大小的注射器对液压系统的影响，来强调保持其他所有变量不变的重要性（例如要保证每个系统中管子的长度相同），包括排空系统的空气。在两人或三人一组进行探究时，有些学生跟詹姆斯重新讨论了给系统排气的必要性。詹姆斯在讨论中提到了一些学生前期的观察，即空气可以被压缩而液体不可以，以及帕斯卡定律，即力必须在系统中均匀分布，而空气会干扰这个过程。

对一名学生的个人探究进行仔细观察后，发现他对自己观察到的现象有一定的批判性思维。这名学生选择了测试不同大小的注射器对液压系统的影响，但他发现自己的研究结果并不一致。他说：

> 这很奇怪。我们要搞清楚液压是怎么工作的。问题是（当我用力推这个）（中型注射器）时，它可以很容易地推动那个（大型注射器）。但是（大型注射器）推动（中型注射器）就很困难。（中型注射器）推动另一个（中型注射器）和（中型注射器）被另一个（中型注射器反方向推动）都很容易。（中型注射器）到（小型注射器）和（小型注射器）到（中型注射器）都是中等难度。这让我很困惑。我们要搞清楚液压是怎么工作的。真奇怪。

在分析结果不一致的原因时，这名学生认为可能是因为有些注射器上周用过了，还沾有糖浆（跟糖浆一起使用过），所以在任何系统中很难被推动。这名学生的批判性思维向全班展示了使用干净注射器的重要性，否则就会引入一个额外的变量。之后，詹姆斯查看了其他小组的情况。

放学前，学生们已经制作好了一系列的展示板和视频。和上周一样，学生们全天都保持了高度参与，这似乎主要是因为学生们对詹姆斯所创造的自主性的环境有积极的反应。

5.3.3　液压系统单元中的技术

在前两天的课程中，学生们主要探索了液压系统的科学原理。在第三天，学生们开始从技术的角度设计和制作自己的液压机器。詹姆斯先用头脑风暴的方式，带领全班复习了之前学到的知识。然后，他介绍了技术周期的概念，即 IGNITE 项目所包含的步骤：确定利益相关者和设计需求；进行研究和调查；开发概念设计和方案；开发原型和测试；完成最终设计和制造；评价和反思。本案例中，没有明确的外部利益相关者，设计需求也比较宽泛，"制作一个至少有一个液压系统的简易机器"。学生们自由分成两人或多人一组，为自己的简易机器进行头脑风暴。有一名学生还带来了一瓶詹姆斯在课堂上提到过的商用液压油，这让大家意识到液压系统在日常生活中很常见——这也是詹姆斯在第二天安排"液压搜索"活动的目的之一。

学生们讨论了一些关于液压机器的想法，并在 YouTube 上寻找一些例子。詹姆斯在教室里走动，询问每个小组正在看什么、他们的机器能做什么、液压系统在哪里。然后，他让一些小组把他们的想法分享给全班，例如剪刀式升降台、挖掘机臂和液压控制的稳定手迷宫。詹姆斯指出，很多想法中包含了不止一个液压系统，学生们需要想办法区分哪个注射器控制哪个动作。有一个小组建议使用食用色素来给不同的系统染色，因为他们在 YouTube 上看到过这样的视频，这个建议被其他小组采纳了。接下来，詹姆斯鼓励学生为自己的机器制作一个计划图。由于有些学生在前一年的 IGNITE 项目中已经有过制作计划图的经验，他就没有跟全班讲解制作计划图的过程和目的，而是让有经验的学生帮助没有经验的学生。教师詹姆斯多次提醒学生要考虑之前做过的控制变量实验，例如问他们连接两个注射器的管子长度是否会影响结果。他还鼓励学生"像对待工作一样对待项目"，合理分工，各司其职。在另一个讨论中，詹姆斯对学生说："你们看到过建筑工人和设计师站在一起工作吗？没有，通常建筑工人只是按照设计图来施工。所以你们要把计划图做清楚！"所有小组都从 YouTube 视频中得到了一些灵感，但这些视频都只是展示了一些制作步骤，而没有展示具体的设计细节。

到了午餐时间，以下几个项目的计划图已经完成：三个挖掘机臂、两个剪刀式升降台、一个迷宫、一个碎纸机和一个玩具回收的街机游戏。大部分学生都是两人至四人一组，但有一个男生选择了单独制作迷宫，另一个男生则没有固定的小组，而是在各个小组之间轮转。为了适应学生的个性化需求，詹姆斯在第五天给了后一个男生一个液压套件，让他可以专注于自己的项目。

在制作计划图的过程中，詹姆斯跟每个小组讨论了规模的重要性，要求他们保持测量的简单性（使用整数厘米），清楚地展示注射器的连接方式，以及标明所需的不同部件。午餐后，学生们开始制作原型，可以使用的材料和工具有：不同大小的注射器、管子、木制牙签和串珠、固定串珠的小橡胶管、冰棍棒（用于剪刀式升降台）、食用色素、纸板、尺子、剪刀、胶枪和圆规。

从第四天到第七天，学生们主要用纸板来开发原型，专注于建造模型、批判性地评估不同的步骤，发现并解决问题，并根据需要更新计划图。在完成原型后，他们通常用中密度纤维板来制作最终的作品。在这些过程中，他们还可以使用额外的材料和工具：中密度纤维板、较厚的木材、粗铁丝、木胶、电钻、螺丝钉和螺丝刀、打磨机、安全护目镜、手锯和卷锯。詹姆斯还根据学生的需求，购买了一些其他材料，例如玩具回收街机游戏所需的透明塑料。

在整个制作过程中，詹姆斯积极地跟学生进行互动讨论；他在教室里四处走动，融入每个小组中，通过询问他们正在做什么和为什么这样做来引导他们思考。此外，他还不断确认教学环境的安全性，必要时向学生解释或演示如何正确使用工具，并鼓励小组成员积极尝试一些新技能，例如钻孔或锯切。有些学生在上一年的 IGNITE 项目中已经使用过电钻、锯子和打磨机，有些学生在家里也用过这些工具；但对其他学生来说，这是第一次接触这些工具。詹姆斯还帮助学生精确细致地进行制作——用尺子画直线（"这应该是一个正方形吗？"）；测量三次、切割一次；检查部件是否按预期运行；在剪刀式升降台的情况下，仔细对齐不同的部件以减少倾斜。他还多次强调计划图和原型的重要性，并一直敦促学生对自己做的事情进行批判性思考，关注机器中哪些部分做得好，哪些部分有问题，以及如何解决问题。

5.3.4　支持学生探究的课堂对话

从上面的描述中可以看出，在开展液压系统课程的七天里，教师詹姆斯与学生进行了有目的、有意义的对话。有时是跟全班学生讨论，但更多的是跟个别学生或小组交流，无论是在科学探究还是技术制作的阶段，都体现了单元学习的探究性质。

詹姆斯的教学方法是基于他对对话在促进学生学习方面的重要性的认识，特别是在探究性学习中。例如，他在该单元开始之前的一次采访中说：

　　在探究性学习中，提问是让学生产生好的想法的方式——尽量不要把答案灌输给学生，而是要试图让学生自己发现并提炼它们。

詹姆斯对这个问题进行了进一步的说明：

> 指出提问时必须非常小心。你必须退后一步，观察自己和学生在做什么。有几次我走过去想"哦，不要打扰他们！"然后走开想一想再回来。

詹姆斯的提问是经过深思熟虑的，不仅是作为教师给予指导，也是作为学习者进行反思。（参见 Corrigan，Panizzon & Smith，第 6 章，关于金尼对知道何时进行干预的看法和希瑟对互动对话的看法）。

作为一个提问者，詹姆斯的专业知识在整个课程中都发挥了重要的作用。以下几个要素是他成功的关键：

①他重视学生的想法，不断地倾听和回应。

②他相信学生有能力通过批判性和创造性的思维来解决自己在设计中遇到的问题。

③他自己具有丰富的实践经验和建造技能。

④他对液压系统有深入的了解和研究。

⑤他与学生建立了良好的关系，营造了高度信任的课堂氛围。

詹姆斯能够灵活运用科学、数学、技术等领域的概念性和程序性知识（包括液压机的工作原理）。

此外，詹姆斯积极鼓励学生相互分享交流，合作解决问题。例如，如果一个小组跟另一个小组遇到同样的问题，他就会鼓励他们互相讨论。即使是单独制作迷宫的学生，也会听取其他同学的意见（他们都很想玩他的迷宫）来改进他的原型和最终作品。

5.3.5　学生的学习情况

图 5.2 展示了一个学生小组的展示板，反映了他们的科学探究——测试不同大小的注射器对液压系统运行所需的力量的影响。在第二天课程结束时，7 个小组中有 6 个小组在视频中清楚地说明了他们测试的单一变量，有 5 个小组能够准确地总结他们的测试结果。只有一个学生的个人组没有展示任何控制变量实验，只是介绍了液压系统的工作原理。另外，有一个两人组展示了如何测试不同的液体（水和油），但只是简单地说这两种液体都可以用，没有比较这两种液体在操作系统所需的力量上有什么区别。这两个视频可能有些出乎意料，但其也反映了反思视频对于了解学生思维的价值，以及詹姆斯为了掌握每个小组的工作进展所做的努力，从而帮助他们确定下一步的目标。

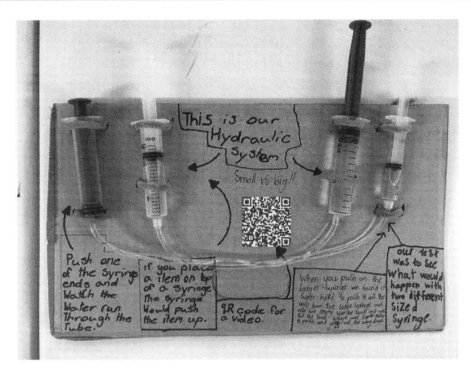

图 5.2　一个小组的静态展示显示了注射器大小对操作液压系统所需力量的影响

　　在液压单元的第二部分，学生们开始设计和制作自己的液压机器。图 5.3 展示了一个制作玩具回收街机游戏的小组的计划图的样例。图 5.4 展示了一个制作挖掘机臂的小组的原型和最终作品；从原型到最终作品，他们做了很大的改进，用中密度纤维板代替了纸板。

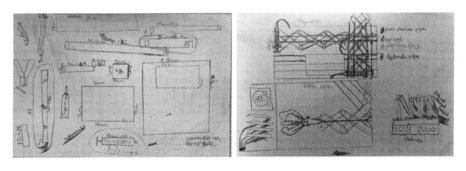

图 5.3　玩具回收街机游戏的计划（三个剪刀式升降台在两个不同维度上运行尺寸）

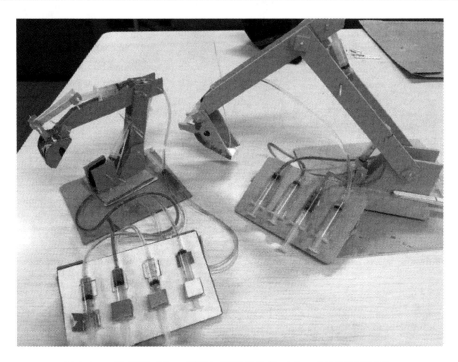

图 5.4　一组原型（左，纸板）和最终作品（右，中密度纤维板）

在制作反思视频的过程中，詹姆斯特地要求学生批判性地评价自己的作品和工作方法。为了确保这一点，詹姆斯在"签字"之前检查了每个视频。在我们分析的六个视频中，学生们都能够做到以下几点：

①他们介绍了他们的作品，并说出了他们喜欢它的原因。

②他们描述了他们在制作过程中遇到的困难以及他们是如何克服的。

③他们反思了他们可以改进的地方（例如，更加仔细地工作；确保液压系统中没有空气"因为这样效果会更好"）。

④他们解释了他们为什么在原型和最终作品之间做了一些改变（例如，一个小组在最终作品中加了一个转盘，让他们的挖掘机臂能够向不同方向移动）。

⑤他们提出了一些在下一次迭代中可以尝试的改进方案（例如，一个小组想要"在桶里加一点弹簧，因为当我们试图把东西举起来时，它有时会弹出去"）。

有一个两人组表示她们可能会尝试一个完全不同的项目（她们最后的剪刀式升降台倾斜得太厉害），但她们也指出了可以改进现有作品的方法。其他所有小组都对自己的作品感到非常满意，一位学生在小组视频中说："课程很有趣，我肯定会推荐给明年的学生。"（也就是说，他认为液压系统选修课应该继续开设给未来的学生）

5.4　STEM 教师角色：来自詹姆斯课堂的启示

我们在考察詹姆斯在液压系统课程中扮演的角色，特别是他如何将科学学习有效地融入丰富的情境中时（图 5.1），发现了许多证据显示詹姆斯能够非常熟练地运用科学、数学、技术和日常情境的知识。他能够灵活地根据不同学生的学习进展，选择适合的概念性和程序性的知识来引导他们。这些特质综合起来，让我们觉得"掌握"比"能力"更能形容他的专业水平（图 5.5）。具体来说，詹姆斯熟练地运用了科学、数学、技术和日常话语，来支持学生在整个学习单元中发展概念和技能。

图 5.5　实施有效 STEM 教育的教师属性

为了进一步探讨詹姆斯专业能力的表现形式，我们可以参考克劳福德（Crawford，2000）的案例研究，该研究探究了教师在使用基于探究的方法进行科学教学时所扮演的角色——"教师的角色不断变化，需要比通常使用的隐喻（教师作为促进者）更积极、更深度地参与"（p. 935）。在本章中，詹姆斯不仅仅是一个促进者。虽然詹姆斯的教学是基于 STEM 探究而不是单纯的科学探究，但他的教学与克劳福德的案例研究有很强的一致性。表 5.1 列出了克劳福德探索出的教师角色，并简要说明了这些角色在我们研究的液压系统课程中，特别是在詹姆斯的对话中是如何体现的。

表 5.1　STEM 教育者的多重角色（Crawford，2000，pp. 931—932）

	克劳福德的描述	液压系统案例研究中的证据
激励者	鼓励学生对自己的学习负责	创造一个自主的学习环境是詹姆斯教学法的核心，这体现在他采用探究式方法进行科学测试和单元建造的过程中。通过对话，詹姆斯鼓励学生在遇到问题或意外结果时进行批判性和创造性的思考。

	克劳福德的描述	液压系统案例研究中的证据
诊断者	给予学生表达想法的机会，以辨别他们的理解	詹姆斯致力于倾听学生的想法，并探究他们的思维过程，这在整个单元中都很明显。他通常会用他丰富的实际建造经验，以及他对液压系统如何工作的阅读研究，来回应学生的想法——但他也有意识地支持学生确定自己的下一步行动。
指导者	指导学生并帮助他们制定策略	无论是学生主动找他提问，还是他在科学实验或技术设计和制作中发现并指出问题，詹姆斯的回答都优先考虑并赞赏了学生的创造力和批判性思维。
创新者	通过使用新的想法来设计教学	詹姆斯看到了 IGNITE 计划目标中液压装置的潜力。他不知道会发展成什么样，但他愿意尝试一下。他对学生非常坦诚，告诉他们"一起学习"。
实验者	尝试新的教学和评价方法	詹姆斯在整个单元中展示了他丰富的知识和技能。虽然不清楚他是否在尝试"新"的教学和评价方法，但液压系统这个主题肯定是新的。
研究者	评价自己的教学并参与解决问题	鉴于该单元以学生主导的探究为重点，詹姆斯的最初计划非常简略。然而，他每周都有目的地对课堂学习进行反思，在需要的时候计划下一步的学习对话，以及确定可能需要的材料和工具。
模型师	通过例子展示（STEM 专业人员的）态度和特质	詹姆斯在该单元之前的一次采访中指出，他有很强的好奇心，他希望学生也能保持好奇心："对我来说，我很喜欢发现新事物，并想知道为什么。我一直试图把这种态度传达给孩子们——我的整个存在都是基于探究。如果你想建造、制作或烹饪一些东西，而你不知道从哪里开始，你就必须探究它，你就必须研究它，花大量的时间研究它。"在课堂上，詹姆斯经常强调能够批判性地思考问题，并创造性地解决问题的重要性。
导师	支持学生学习（STEM）工作	很明显，詹姆斯与班上的所有学生都建立了紧密联系，他们信任他，并对向他提出学习上的困惑感到舒适。詹姆斯明确提到了在科学、技术、建筑和施工领域工作所涉及的概念，以及为了实现特定目标而需要在团队内部协调不同专业知识的情况。
合作者	与学生交流想法，让学生承担教师的角色	詹姆斯致力于从学生的角度理解问题。他还积极鼓励学生互相询问，例如，包括引导学生去寻找他见过的解决类似问题的其他人。有许多例子表明，学生的想法来自他们的经验和对这些经验的解释（例如，在科学实验中使用干净注射器的重要性）。
学习者	敞开心扉学习新概念	詹姆斯显然自己也很享受学习。他花了大量的课余时间在网上浏览教育网站，追求兴趣爱好，并参与正式的专业学习。在这个单元中，他在单元前和单元中都提高了自己在液压系统领域的技能。他在课堂上不断举例说明他正在学习的新知识，完美地展现了终身学习的典范。

注：改编自克劳福德（Crawford，2000）对教师在探究式科学教育中的专业知识的描述。

　　探究专家教师的思维和行为可以为有效的课堂实践提供宝贵的启示，并有助于促进教师的专业学习和发展。随着 STEM 教育越来越受到重视，一些教育管辖区也开始引入正式的 STEM 课程，因此有必要进一步了解如何支持教师有效地设计和实施 STEM 项目，从而实现社会政治和个人教育目标的有意义融合。

　　詹姆斯的教学实践为构建学生 STEM 学习所需的一些知识和技能提供了重要的参考。特别值得注意的是詹姆斯的个性和能力，这使他能够流畅地运用多种话语，有效地判断在不同情境下需要使用哪些语言。许多网站都宣传简易液压机作为 STEM 学习情境的可能性。但是，大多数网站提供的液压机套件工具可能是固定的或者难以改变的，在培养创造力和批判性思维方面的潜力非常有限，也很少涉及相关的科学、技术、工程和数学概念。通过观察詹姆斯和学生的互动，我们对规模化学习、支持这种学习的对话以及实现这种学习所需的教师知识和技能有了新的认识。

致谢　我们非常感谢詹姆斯·威尔特希尔（James Wiltshire）及其学生对我们的热情接待，让我们有机会进入他们的课堂。

参 考 文 献

Black, P. (2013). Pedagogy in theory and in practice: Formative and summative assessments in classrooms and systems. In D. Corrigan, R. Gunstone, & A. Jones (Eds.), *Assessment in science education* (pp. 207-229). Springer.

Black, P., & Harrison, C. (2004). *Science inside the black box*. GL Assessment.

Corrigan, D., Buntting, C., & Jones, A. (2012). *Rethinking the place of context in science education*. Paper presented at the annual conference of the Australasian Science Education Research Association. Wellington, New Zealand.

Crawford, B. A. (2000). Embracing the essence of inquiry: New roles for science teachers. *Journal of Research in Science Teaching, 37*, 916-937.

Jones, A. (2009). Exploring the tensions and synergies between Science and Technology in Science Education. In S. M. Ritchie (Ed.), *Handbook of research in Australasia(The world of science education Vol. 2)*(pp. 17-27). Sense.

Jones, A., & Buntting, C. (2015). Technology education and science education. In R. Gunstone (Ed.), *Encyclopedia of science education*(pp. 1049-1053). Springer.

Ministry of Education. (2014). *Introducing five science capabilities*. Retrieved from http://scienceonline.tki.org.nz/Science-capabilities-for-citizenship/Introducing-five-science-capabilities.

Ministry of Education. (2007). *The New Zealand curriculum*. Learning Media. Retrieved from http://nzcurriculum.tki.org.nz/The- New- Zealand-Curriculum.

Moreland, J., Cowie, B., & Jones, A. (2009). Assessment for learning in primary technology classrooms. *Design and Technology Education: An International Journal, 12*(2), 37-48.

Moreland, J., Jones, A., & Barlex, D. (2008). *Design and technology inside the black box*. GL Assessment.

Shulman, L. (1987). Knowledge and teaching: Foundations of the new reform. *Harvard Educational Review, 57*(1), 1-23.

第6章 STEM、创造力和批判性思维：
教师如何应对多元学习需求？

德博拉·科里根　德布拉·帕尼宗　凯西·史密斯[①]

摘要：本章通过一些真实案例，展示了教师如何将创造力、批判性思维和STEM的概念融入教学实践中。在这些案例中，教师不仅思考了自己的教学目的、方法和行为，还注重激发学生的思考和创造，重视学生的想法和反馈，培养了学生的批判性和创造性思维。同时，教师也需要有机会反思自己对这些概念的理解，通过分享和发展对学科知识本质的累积性思考，以及探索如何将这种思考与STEM教育中的批判性和创造性思维相结合。我们可以将创造性思维理解为产生新想法的过程，将批判性思维理解为基于证据和论点进行评估和价值判断的过程。在将创造性思维、批判性思维和STEM的概念转化为教学实践的过程中，教师需要考虑所处环境并妥善处理可能出现的风险，这在已有的教育传统和结构中往往不容易做到。

关键词：创造力，批判性思维，STEM教学法，教师思维

本书将创造力和批判性思维视为"21世纪技能"的重要组成部分，与协作和沟通同样重要（例如，见Ellerton & Kelly，第2章）（OECD，2005，p. 21）。创造力和批判性思维虽然是不同的概念，但在教育背景下经常被联系在一起，因为它们都被认为是未来劳动力的核心能力。

本章首先通过一系列问题引导读者思考创造力、批判性思维和STEM之间的关系，然后详细介绍了两则澳大利亚教师案例，展示了他们如何在STEM教学中培养学生的创造力和批判性思维。首先，探讨了教师在参加专业学习拓展项目后，如何将创造力和批判性思维的概念转化为教学实践。其次，探究了教师从STEM

---

① 德博拉·科里根，德布拉·帕尼宗，凯西·史密斯
澳大利亚维多利亚州克莱顿，莫纳什大学教育学院
邮箱：debbie.corrigan@monash.edu；debra.panizzon@monash.edu；kathy.smith@monash.edu

中学习到了什么，并有意识地将创造力和批判性思维的培养扩展到更广泛的学习领域。最后，本章总结了教师通过 STEM 教学培养学生的创造力和批判性思维的策略、实践和方法，以及教师报告的学生参与度和成就感的提高。

6.1　创　造　力

本章以阿马比尔（Amabile，1988，p. 126）对创造力的定义为框架，即"个人或一小群人共同努力产生新颖和有用的想法"，探讨创造力在教育环境中的表现和培养。这个定义强调了创造性所需的积极过程，即产生新颖和有用的想法的过程，以及创造性可能由个人或小团体完成。这些特点说明创造力发生的环境会影响其表现方式。例如，艺术家通常以个人身份参与创造，而科学家则常常在团队中工作。虽然阿马比尔的定义主要涉及小型团队，但也有许多大型（特别是科学）团队参与创造性工作的例子。无论如何，创造力的基本要素是"产生新颖和有用的想法"。

与流行观点相反，创造力并不是"稍纵即逝"的灵感，而是深思熟虑的过程。创造力可以发生在不同的背景下，但其共同点是"产生新颖和有用的想法"。创新的想法与有意识的努力、奋斗和坚持密切相关（Sawyer，2006），并取决于想法的数量和质量，因为想法越多就越有可能产生创新的想法。例如，许多学校教育者将头脑风暴活动视为培养创造力的一种机制。虽然头脑风暴活动可能是一个良好的开端，但它们往往忽略了培养创造力的基本属性，即坚持和有意识的努力，也被描述为具有参与创造性想法并根据其采取行动的能力（Ellerton & Kelly，第 2 章）。此外，创造力还需要某个领域的深层次和技术知识以及许多看似无关的其他领域的广泛知识（Sternberg，2006）。能够将不同要素以适合当前任务或挑战的新方式结合起来的能力也很重要（Sternberg，2006）。通常有创造力的人能够看到模式，而其他人只看到混乱（Sternberg，2006）。教育工作者需要考虑的是，只有允许创造者为了一次的成功而多次失败，才能促进创造性。

在教育中，失败的观念往往是二元对立的——要么失败，要么成功——而不是将失败视为学习的关键或积极的契机（Mansfield & Gunstone，第 9 章）。因此，大多数学习者会避免失败，把它看作是教育的负面结果（比如考试不及格或没有提交作业）。很少有教育者能让学生将失败看作是创造性学习的一部分（例如，"实验失败了思考该如何优化"或者"原型不符合参数设置"）。

创造力所需的另一个属性是学习者的内在动机（Amabile，1988）。这意味着学习者要与学习环境建立联系，并对所学内容产生兴趣。一种有效的方法是采用基于问题的学习或借鉴相关内容的方式，让学习者关注特定的问题，并在解决问题的过程中发展创造力。这种方法常用于教育环境（特别是高等教育环境）或游戏活动（在幼儿环境），以促进学习者的学习投入和动机。但是，要有效地使用这些方法，教师需要深入了解学习者的兴趣和需求，以便能够激发他们的内在动机。

因此，产生新颖且有用的创造性想法需要具备和培养特定的能力。思考新想法、产生新想法是创造性思维的基本过程，但创造性思维并不等同于创造力，除非思维能够转化为行动。创造力不仅需要思想上的创新，还需要实践上的创新。

6.2　批判性思维

批判性思维是一种高级的思维能力，它包括四个组成部分：①评估证据；②分析和综合证据；③得出结论；④承认其他解释和观点（Council for Aid to Education，n. d.；Facione，1990）。在这四个部分中，评估证据是最基本的一步，因为不同学科对证据的定义和要求是不同的。例如，在科学中，数据是经验推导的结果，被视为证据的重要来源。图 6.1 中记录了将 500 毫升水加热到不同温度所需的时间数据。从"最佳拟合线"可以看出，水温随着时间的增加而稳步上升，但 30 秒处的数据点似乎偏离了这一趋势（用一个圆圈突出显示）。鉴于所有其他数据点都符合这一模式，我们可以认为 30 秒处的数据点是一个异常值（可能是测量错误），因此不将其作为证据。这就是在评估数据集时对什么是证据做出的判断。

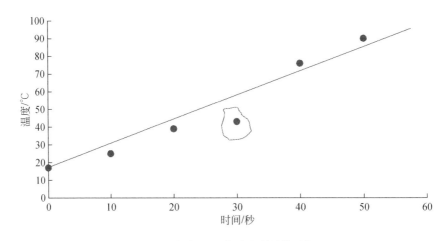

图 6.1　加热 500 毫升水所需的时间

相比之下，在历史中，证据通常来自主要来源或次要来源，如原始文件或人工制品，以及对主要来源的解释、分析或评论。例如，主要来源可以是出生证明，而次要来源可以是对出生证明准确性的阐述。评估这类证据需要对当时出生证明和其他相关文件制作过程有一定的了解（如兄弟姐妹或父母的出生证明），以便对其可信度和有效性做出判断。

虽然科学和历史的案例都涉及数据分析和判断，但它们使用了不同形式的知识和经验。在评估不同类型的数据时，不同学科所特有的认知方式会影响我们对这些数据的价值和意义的判断。因此，证据并不是一成不变的。虽然上述科学和历史的例子都需要分析和综合证据才能得出结论，但由于使用证据的过程和思维框架不同，因而得出的结论也会有所差异。此外，对于上述加热水的例子，也可能有其他观点认为"最佳拟合线"并不恰当，得出的结论是水并没有以恒定的速率加热。如何判断不同观点的优劣也取决于不同学科的思维框架和标准。

本章开篇提到批判性思维包括四个组成部分，上述例子也进行了具体说明。威林厄姆（Willingham，2007）对这四个部分展开了进一步的阐述，指出批判性思维本质上包括三种不同类型的思维：

①推理：运用什么类型的推理？它是逻辑的、演绎的、归纳的、理性的……？

②判断和决策：基于什么专业知识、价值观、信念和框架？

③问题解决：问题是开放性还是封闭性的，是收敛的、发散的还是网状的？

尽管上述不同类型的思维在所有学科中都有体现，但上述例子可以看出它们在不同学科中有不同的表现形式。由此可见，培养某一领域的专业知识和对"专家"思维的认识也至关重要。

6.3　专家思维与 STEM

专家具有思考和解决问题的能力，而这种能力很大程度上取决于其丰富的知识体系。专家清晰地理解事实是如何通过概念联系起来的，意识到潜在的"大概念（big ideas）"并将其丰富的知识库组织成图式（schema），而这些图式能够识别模式和相似性，使其能够轻松地将新信息与已有的图式联系起来。同时，专家思维也需要元认知，即知道自己如何思考并在做什么（Levy & Murnane，2007）。

专家在 STEM 中不仅拥有所属学科中的专业知识和思维，而且愿意认可和欣赏自己的专家思维以及其他人持有相关和不同学科知识的专家思维。给学生传授 STEM 知识时，定义每个学科中的知识本质尤为重要。学生需要了解 STEM 学科之间的区别和联系，了解 STEM 学科内部和跨学科的不同专业知识的本质。

为了探索教师对不同 STEM 学科的理解，科里根和史密斯（Corrigan &

Smith，2020）在一个在线单元中与一个小组（*n*=20）合作，该单元是 STEM 教育研究生课程的一部分，旨在支持 STEM 领域教师领导者探索"什么是 STEM 教育"，并提供在线交互式任务用以探索参与教师对于定义 STEM 各学科知识本质的看法。参与教师受邀分享如何在每个学科中定义和传授知识的看法，并将其看法添加到带有科学、技术/ICT①、工程与数学标题的列表中。参与教师的看法形成了两周内可访问的思想专栏，参与教师能够浏览阅读彼此的想法并在此基础上进一步补充完善自己的想法。表 6.1 是教师对 STEM 学科思维与认知方式的看法。每一栏的标题表示正在讨论的学科。

表 6.1　教师对 STEM 学科思维和认识方式的看法（*n* = 20）

科学	技术（工程）	数学	信息通信技术
• 科学是一种探究事物本质的方法和过程。 • 科学家对自然现象有着浓厚的兴趣和好奇心。 • 科学家运用分析性思维来观察数据、提出假设、进行实验和得出结论。 • 科学家试图通过发明概念和定律来总结和归纳知识，有时甚至使用理想化的模型，如理想气体和无摩擦或无弯曲表面，以便更好地进行预测。 • 科学家通常是受对自然现象的热爱或好奇所驱动的。 • 科学家基本上对"发现"或"揭示"自然界的规律和奥秘感到满足。	• 技术是一种利用自然现象和材料，创造出新颖和有用的东西的方法和过程。 • 工程师对创造和改进人造事物有着浓厚的兴趣和热情。 • 工程师对解决综合性问题感兴趣，例如为存在的问题设计和实施解决方案。 • 工程师对特定领域的知识和与真实和具体的背景有关的知识感兴趣，并提供有关特定问题的细节。 • 工程师总是考虑到人类的需求或机会。 • 工程师基本上对"设计"和"发明"的概念感到满足。	• 数学是一种通过模式来理解自然界的语言和工具。 • 数学家对自然界的模式感兴趣，并将其表示为抽象的模型。 • 数学家在观察模式、解释、概括和将算法应用于自然环境时，其思维是严谨和有逻辑性的。 • 数学为我们提供了世界如何"运作"的模型，并创造了公式/算法使之能够预测未来。 • 数学家通常通过算法和模型来描述和解释自然世界。	• 信息通信技术是一种采用数学模式，并将其应用于制造新事物或处理大规模数据的方法和过程。 • 信息通信技术专家广泛而创造性地使用数学逻辑来生成人造事物的新应用（例如，数字音乐和艺术）。 • 信息通信技术专家有兴趣通过涉及计算、算法和设计思维的编码来表达对自然界的认识。 • 信息通信技术专家对逻辑或数学预测进行编程。 • 信息通信技术专家能够熟练地掌握数学概念并将其大规模应用。

　　教师们在四大学科即科学、技术/ICT、工程和数学中确定了不同的思考和认知（以及行动）方式。例如，参与教师一致认为科学和数学从根本上关心的是解释和表征自然世界，而技术和信息通信技术主要致力于利用科学和数学的学科知识来制作作品。教师们还发现 STEM 中的学科思维涉及某种形式的理性思维如逻辑思维、分析思维或计算思维，这些理性思维正是四大学科的特征。因此，教师们在 STEM 教育中应该注重培养和提高自己和学生的理性思维能力。

---

　　① ICT（information and communication technology）由澳大利亚首席科学家办公室（Office of the Chief Scientist，2016，p. 2）定义，因此使用了"信息通信技术"的标题；见表 6.1。

一方面，参与调查的教师认为科学和数学具有解释和预测自然现象的作用。这一观点在表格中体现为"科学是一种探究事物本质的方法和过程"和"数学是一种通过模式来理解自然界的语言和工具"。另一方面，认为技术和信息通信技术的作用在于解决实际问题和创造满足人类特定需求的人工制品。表格中体现这一观点的包括"技术是一种利用自然现象和材料，创造出新颖和有用的东西的方法和过程"和"信息通信技术是一种采用数学模式，并将其应用于制造新事物或处理大规模数据的方法和过程"。

同样值得注意的是，许多教师强调了跨学科的好奇心和创造力的重要性。对教师来说，讨论比较不同学科之间所涉及的思维方式，可以使其更深入地理解其所教授的学科以及其他学科领域，也能使其体会到跨学科如何为学习提供新的可能性。这对教师来说是一个宝贵的学习经历，因为他们很少有机会去深入思考在 STEM 中批判性和创造性思维的有机融合，特别是在澳大利亚课程中，教师几乎没有认识到批判性和创造性思维在不同学科中可能有不同的表达和构想。

6.4　不同国家的课程与教师实践

创造性和批判性思维作为"21 世纪技能"在课程中已经不是新鲜事，但这些思维方式近年来又重新受到了重视和关注（OECD，2005；Silva，2009）。两种思维能力之所以引起国际社会的广泛关注，有以下两个原因：一是它们对于培养学生对某一学科的深入理解具有重要作用；二是政策制定者认为这两种思维能力能够培养公民为"经济、民主的现代全球化社会"做出贡献的能力（Higgins，2014，p. 566）。

许多国家将创造性和批判性思维视为贯穿所有学校课程领域的首要目标或核心能力。例如，在英国北爱尔兰，创造性思维和个人能力的培养是面向 4—17 岁学生的修订版北爱尔兰课程的核心内容。该课程框架明确了如何在学校教育中培养学生的创造性思维和个人能力，以及它们与其他学科领域的联系。该框架认为，提高学生的创造性思维和个人能力有助于加深他们对学科知识的理解。为了让教师清楚地理解该课程框架的设计意图，政府还为教师提供了专业发展的机会（Gallagher et al.，2012）。

根据 OECD（2005）的定义和选择关键能力（Definition and Selection of Key Competencies，DeSeCo）项目，新西兰的课程也将"思维"作为五项关键能力之一，这些能力在课程中都具有同等的重要性。与北爱尔兰不同的是，新西兰课程没有明确的框架规定如何将这些能力融入各个学科中，而是很大程度上依赖于教师的自主判断。新西兰课程所面临的一个挑战是没有充分意识到"思维"在不同学科中可能有不同的表现形式（Gallagher et al.，2012）。

芬兰有七种跨学科的"横向能力"（Halinen，2018）。其中之一是"思考和学会学习"，它涵盖了元认知、创造性和批判性思维等方面。每项能力都有一些关键说明，用以指导教师进行课程设计和学习环境准备，以支持学生能力的培养，这比其他一些课程更为具体（ACARA，2018）。即使教师"根据当地课程构建自己的专业指导"（Halinen，2018，p. 87），这些能力说明也为课堂实践提供了方向。

上述三个例子展示了国际上对培养学生思维方式的广泛关注。在每个例子中，思维都被视为整个课程框架的关键组成部分，并在适当的地方被纳入特定的学科领域。澳大利亚课程也遵循了类似的设计原则。考虑到所有参与在线单元的教师（如前所述和下文所述）都是澳大利亚人，现在我们来看看澳大利亚课程的相关内容。

6.5　澳大利亚课程

澳大利亚有一个统一的国家课程，涵盖了从基础班（5 岁）到十二年级（16—17 岁）的一系列学科。科学、数学和技术课程各有不同的结构，但都比较灵活。它们侧重于培养学生的理解和技能，以及反映每个学科性质的过程和思维方式。此外，还有七项"一般能力（general capabilities）"和三项"跨学科重点（cross-curriculum priorities）"，供教师在所有学科领域的实践中参考和运用。

批判性和创造性思维共同构成了一般能力之一，并被认为是"澳大利亚年轻一代在 21 世纪成功生活和工作的重要因素"（ACARA，2017，p. 1）。这一能力的两个组成部分被组织到一个学习连续体中，该连续体规定了学生在学校学习过程中应发展的技能和特长。批判性和创造性思维被合并在一起，而且课程描述比较模糊，因此对于教师在课堂上培养这些不同形式思维的指导作用有限（Vincent-Lancrin，第 3 章）。

上述不同国家的所有课程都面临着一个共同的挑战，那就是尽管将关键能力融入各个学科中是有意义的，但教师往往将其视为实际课程的"附加内容"。因此，只有少数教师真正地将关键能力融入教学实践中，大多数教师只是表面上执行这些能力（Gallagher et al.，2012；Higgins，2014）。教师们没有意识到批判性和创造性思维在不同学科中可能有不同的表达和构想（Elder & Paul，2010）。

监测学生成绩

　　想象一下，如果所有的一般能力都要作为澳大利亚课程的一部分进行评估，会是什么样子？为了实现这一目标，负责澳大利亚课程的机构 ACARA 为批判性和创造性思维制定了一个通用连续体，规定了围绕学生学习和确定的关键要素的一系列期望。这些期望由相关教师根据学生在某一特定学科（即科学、数学或技术）的学习情况来灵活应用。这种方法似乎有些矛盾：一方面它允许每个学科对创造性和批判性思维有自己的定义，另一方面它又提供了一个单一的通用连续体。

　　到目前为止，由于该领域缺乏地方和国家层面的报告，课程预期缺乏一致性的问题并没有引起足够的重视。但是，随着国内外对一般能力评估的推进，这种情况将会改变。澳大利亚维多利亚州的教师已被要求评估和报告学生在批判性和创造性思维方面的表现，其他州也在跟进。此外，维多利亚州课程和评估局（Victorian Curriculum and Assessment Authority，VCAA）即负责对澳大利亚课程进行维多利亚州式调整的机构，正在进行一个基于情境开发和试验的扩展反应项目，用于评估学生的能力培养。从 2021 年开始，国际上也将创造性思维纳入国际学生评估项目（Programme for International Student Assessment，PISA）。研究表明，高风险评估的举措会向教师和教育工作者传递一个信号，即重视批判性和创造性思维，并促进学生在所有学科领域中学习和实践这些能力（Shepard，2013）。

6.6　批判性和创造性思维：支持教师改变实践

　　由于澳大利亚一些州对批判性和创造性思维能力进行了高风险评估的趋势，南澳大利亚州教育部于 2017 年启动了"批判性和创造性思维协作探究项目"。该项目旨在鼓励和支持教师和学校探索在不同的课程中有意识地关注学生批判性和创造性思维的发展所带来的影响。项目研究结果提供了一些深刻的见解，关于教师如何在课堂上培养批判性和创造性思维，以及情境在决定用于促进学生学习的教学方法中所起的重要作用。

　　该项目涉及了南澳大利亚州的四个学校联盟网络。网络节点 1 只包括幼儿园；网络节点 2 包括五所小学；网络节点 3 包括幼儿园、两所小学和一所中学；网络节点 4 只包括中学。该研究在教育/学校情境中进行外部评估，以提供持续的监测和数据分析。评估旨在确定每个网络节点对培养批判性和创造性思维的影响，并为全州改进使用战略、实践和方法提供建议，从而提高学生的参与度和成就感。该评估以四个研究问题为导向，并利用相关数据集对每个问题进行分析。研究问题和相关数据集如下：

（1）每个网络节点实施的探究项目的目的是什么？数据集：网络节点协作探究计划和报告，提供了每个网络节点中正在进行的所有探究项目的简要概述，包括参与教师、学生和儿童、学习领域和学习时间框架的信息。

（2）教师、领导者和教育工作者在批判性和创造性思维方面有何倾向？参与基于网络节点的探究是否可以帮助识别他们的变化？数据集：教师/教育工作者在线调查。

（3）教师和教育工作者使用了什么策略、任务和/或活动来吸引儿童和学生参与批判性和创造性思维？数据集：教师或教育工作者根据探究项目完成的反思。网络节点协作探究计划和报告。

（4）网络节点探究对儿童和学生的批判性和创造性思维有什么影响？是否可以识别出他们的进步或发展？数据集：教师或教育工作者根据探究项目完成的反思。结构化对话。学习故事和反思（幼儿教师/教育工作者）。中小学生完成由VCAA提供的基于场景的评估任务。

所有数据通过定量和定性相结合的方法进行分析。使用描述性统计对教师/教育工作者的调查进行分析，并使用非参数检验来确定前后数据之间的显著差异。这些检验只针对匹配的案例进行，即完成前后测的个别教师，测量其在批判性和创造性思维方面的倾向变化（Panizzon et al.，2019）。

在定性数据方面，对网络节点协作探究计划和报告、教师/教育工作者个人反思以及与学龄前学生使用的结构化对话和学习故事及反思进行了内容分析。根据新兴的主题和见解，采用三角测量定量数据，以解答指导评估的四个研究问题。

在教师对批判性和创造性思维的理解以及为促进学生学习而创造的条件方面，有两个有趣的发现：①教师很难给出批判性和创造性思维的明确定义；②情境影响了教师用于培养学生能力的教学方法。本章接下来两节将分别对这两个发现进行讨论。

6.6.1　整合批判性思维与创造性思维

混合方法的研究结果表明，尽管批判性和创造性思维是澳大利亚课程的一般能力，但教师很难给出两者的明确定义。澳大利亚课程文件将两个术语合并在一起，确定了四个相互关联的元素：探究，即识别、探索和组织信息和想法；产生想法、可能性和行动；反思想法和过程；分析、综合和评估推理和程序。通过相互关联的元素构建批判性和创造性思维的发展框架，将与每种思维类型相关的学习期望结合起来。虽然批判性和创造性思维之间存在内在的联系（Paul & Elder，

2019），但每种思维类型的特点更清楚地界定了对应思维的目的。正如保罗和埃尔德（Paul & Elder，2019，p. 4）解释的，"创造性是一个制作或生产的过程，批判性是一个评估或判断的过程"。研究报告表明教师们对这两种思维方式的区分和融合并没有达成一致的认知；教师交替使用这两个术语。然而，当参与调查的小学教师就批判性和创造性思维对学生的学习和成就做出评价时，他们的评论表明他们重视并期待两种类型的思维：分析性思维和生成性思维。教师期望通过有意识地关注批判性和创造性思维，提高学生分析或探究信息的能力，即评估与特定情境或需求相关的想法的价值或有效性。如果一个学生能够成功地做到这一点，那么教师则认为其展现了批判性和创造性思维。教师还希望通过对批判性和创造性思维的关注，促进学生表现出生成性思维能力，即产生新的解决方案和不同的思考方式。"然而，他们如何将批判性和创造性术语与生成性和分析性术语联系起来并不清晰。"（Panizzon et al.，2019，p. 89）

6.6.2　教学法：情境的重要性

参与本章研究的四个网络节点学校都采用了不同的方法来进行具体的探究。一些网络节点学校最初选择让教师分享专业发展经验，试图让教师了解有助于促进批判性和创造性思维的教学方法，例如思维程序（thinking routines）。教学方法需要根据学生的年龄而调整。尽管早期教育工作者使用了游戏、开放式材料和问题解决等方式，但其对批判性和创造性思维的理解却不够清晰。早期教育明确关注思维能力，建立在包括计划性和偶然性探究的开放式方法基础之上。小学中基于问题的探究成为培养学生批判性和创造性思维的常用方法。陌生或复杂的问题有利于创造探索具体问题的机会，可以通过让学生寻找多种解决方案，促进学生智力和行为的积极参与，激发学生好奇心。基于对支持学生思维策略支架的感知价值和必要性，思维习惯在小学环境中也占有重要地位。中学网站在将跨学科课程能力纳入特定学科和传统内容结构方面遇到了困难。大多数中学教师都在寻找将批判性和创造性思维融入教学，而不会影响教师或学生对专业学科课程的重视的方法。大多数依托网络开展的中学项目实际上都是基于对批判性和创造性思维的初步理解，然后将其应用到课堂任务和活动中。这些方案的要求和时间限制具有挑战性，中学教师认识到需要更加专注于教学目标。

6.6.3　教师分享其增强批判性和创造性思维条件的知识

该项目的证据表明，当教师/教育工作者有意识地关注培养学生的批判性和创造性思维时，他们的教学实践和教学方法也发生了相应的变化。作为评估的一部分，教师调查显示，对学生思维能力的明确关注提高了儿童/学生的参与度、兴趣和成就感。评估报告强调了参与教师/教育工作者需要分享他们所学到的有效教学方法，且这些专业实践知识应该在网络节点内部和网络节点之间进行更有效的交流。有必要以纵向发展的方式传递这些见解，即从幼儿教育中捕捉见解，涵盖小学到中学，以构建一个更加连贯的顺序性叙述。研究人员认为，当信息以一种强调纵向发展的方式呈现时，更有利于支持儿童/学生在批判性和创造性思维方面的过渡、成长和进步。

为了响应这些建议，参与教师受邀参加写作研讨会，以"案例"形式分享他们的学习（例如，Shulman，1992）。案例让教师通过叙述记录他们在特定事件中的实践经验，其目的是捕捉情境现实，并让读者超越对"有效活动"的描述（Appleton，2002）。案例写作对于捕捉和支持教师的学习是有效的，因为它突出了教师所面临的困境以及在教学情境中做出的相应决策。因此，案例能够传达出关于教学的新思维方式。案例写作可以帮助教师"注意到"（Mason，2002）师生课堂活动，使他们能够思考和应对教与学的复杂本质（Loughran，2008）。

到目前为止，参与教师已经开发了五个案例。这些案例提供了丰富的见解，反映了教师/教育工作者如何有意识地使用个人、专业思维来培养学生的批判性和创造性思维。以下是一些摘录，强调了教师在支持学生思考时需要注意的事项。

作为一名幼儿教育工作者，罗克珊（Roxanne）主要接触的是澳大利亚本土儿童。她发现培养孩子们重视自己的思维和经历的意愿很重要，而这要从建立孩子们的自信开始。"垫子时间（mat time）"鼓励学生分享、倾听和拓展他们在日常生活中注意到的信息。

> 在学期开始时，我总是在垫子时间询问孩子们在学校假期做了什么。有一天早上，我像往常一样问了这个问题，当话筒传到每个孩子手里时，我发现孩子们都在互相模仿，讲同样的故事，给出同样的回答，没有人有不同的想法。我开始怀疑我是否面对着一群鹦鹉？我觉得我需要按下"暂停"键并退后一步，我感到很沮丧。他们为什么不敢分享自己的想法？他们为什么觉得自己的经历不够好？说出自己的真实情况有那么大的风险吗？

> 我知道我需要想出一个办法，让孩子们自己思考，更独立地思考，不再互相抄袭。我知道其中一些孩子在假期里哪里都没去，只是待在家里，但这并不能解释为什么他们总是说同样的话。在与同事交谈、阅读了一些文章并思考了整个学期后，我想出了一个可能的解决方案用于小组讨论。我需要对他们的思维进行一些引导，也许简单的问题是一种推

动他们前进的方式。（Roxanne Ware）

教师们也意识到需要创造适宜的条件来促进学习。对于另一位幼儿教师金尼（Ginny）来说，知道何时应该给学生独立探索的空间是教学中的一个关键考虑因素。像金尼这样的幼儿教师根据教学实际做出明智的教学决策，并考虑如何激发学生的创造性思维。在此过程中，教师积累了关于如何培养批判性和创造性思维的专业知识。

因此，我们学到了一个教训：不要轻易介入——给学生一些时间来解决问题。教育工作者需要知道何时进行干预、提问、建议替代方案。下面用一个例子来说明这一点：芬恩（Finn）拿了一些板条箱开始堆积，当他向老师求助时，老师鼓励他说"你能做到的"，他发现他可以把这些板条箱堆成一个楼梯。当他堆到第七层时，他停了下来——还有一个箱子要用，但显然他在想如何能把它堆到最上面。他四处寻找，最后在泥地里发现了一个木制卷轴。这个可以用！最后芬恩堆出了一个九层高的建筑！芬恩在建造过程中一直讲述着自己的想法。芬恩非常自豪，尤其是当别人夸奖他说："哇，这太棒了，芬恩！"

我们的作用是在旁边进行监督，而沙伊（Shae）的参与是为了增强芬恩对自己能力的信心。除此之外，她也给了他一些信息来拓展他的思维……我们打算通过这次经历来推广一个理念，支持芬恩坚持不懈地去完成它，然后庆祝他的成就。他有一种主人翁意识——我做到了！他的自信心和他的思维能力一起提升了。（Ginny McTaggart）

小学教师希瑟（Heather）发现课堂上互动对话是必不可少的。她面临的挑战是如何促进学生进行更深入的思考，而使用有思维程序支持的图像和文本提供了一个重要的机会来拓展学生的思维，而不仅仅是表面的观察。

我与学生的学习旅程从一个问题开始。如何鼓励/促使学生深入思考？我希望学生不仅仅注意和陈述显而易见的事情，而是对一系列文本和图片进行观察和深入思考。另一个重要的问题是，我和其他人如何知道学生在想什么？这个问题让我想起了电影《头脑特工队》。有没有办法进入学生的头脑，把他们的思想带出来，就像电影中的情绪一样？

经过深思熟虑后，我决定尝试一种"观察、思考、惊叹（See Think Wonder）"的思维程序。三个简单的词就能满足所有要求。这一简单框架让学生能够组织和展示他们的思维。我希望这也能加深和拓展学生的思维，超越他们所注意到的东西。（Heather Brooks）

研究数据表明，将批判性和创造性思维融入学习环境的方式是多样的。鉴于不同的背景、期望和学生经验水平，幼儿教师/教育工作者、小学和中学教师之间存在着差异。中学教师比其他两组教师/教育工作者更受课程要求的制约。但在创造和培养有利于学习的特殊条件方面，所有地点也有相似之处。教师/教育工作者需要通过拓宽教学方法和重新定义"成功"来做好承担风险的准备。儿童和学生有权探索新想法，这就要求教师改变教学方式，为学生提供安全和支持性的学习环境。

6.7　关于 STEM 培养创造性和批判性思维案例的启示

本章提供的真实案例突出了教师如何在教学实践中将创造力、批判性思维和 STEM 等概念转化为行动。例如，南澳大利亚州的教师谈到了生成性思维和分析性思维，反映了他们对创造性和批判性思维的实践理解。这样的实践理解也要求教师思考教学方法，例如使用"观察、思考、惊叹"等思维程序来促进学生更深入的思考。这些思维程序也代表了整合批判性和创造性思维的实用方法，它们反过来有助于促进学生进行更深入的思考。教师行为，如明确教学目的、通过问题激发学生思考和积极重视学生的想法，成为教学实践中培养学生批判性和创造性思维的重要方面。

前文提到的 STEM 研究生课程单元的教师的例子（表 6.1），围绕学科知识的本质分享和发展了累积性思维，有助于形成对学科的理解并在实践中应用。这些经验使教师能够更深入地思考如何在 STEM 教育中整合批判性和创造性思维。

教师实施课程时需要考虑将教学支架融入教学实践中，以实现批判性和创造性思维在 STEM 跨学科课程中的有机融合。因此，一项建议是使课程开发过程透明化，例如通过使用教师生成的案例来展示教学思维，以促进教师实践知识的发展。

将创造力理解为产生新想法的过程，以及将批判性思维理解为基于证据和论点进行评估和价值判断的过程是有益的。在将创造力、批判性思维和 STEM 的概念转化为教学实践的过程中，教师需要考虑所处环境并妥善处理可能出现的风险，这种转化和处理在已有的教育传统和结构中往往较为困难。

致谢　研究人员感谢南澳大利亚州教育部对所讨论的项目的资助和对教师贡献的许可。我们特别感谢金尼 • 麦克塔格特（Ginny McTaggart）、罗克珊 • 韦尔（Roxanne Ware）和希瑟 • 布鲁克斯（Heather Brooks）所撰写的案例研究，他们同意在我们的章节中引用他们的摘录。

参 考 文 献

ACARA. (2017). General capabilities in the Australian Curriculum: Science. Retrieved from https://www.australiancurriculum.edu.au/f-10-curriculum/general-capabilities/critical-and-creative-thinking/.

ACARA. (2018). International comparative study: The Australian Curriculum and the Finnish National Core Curriculum. Retrieved from https: //www.australiancurriculum.edu.au/media/3922/ac-fncc-international-comparative-study-final.pdf.

Amabile, T. M. (1988). A model of creativity and innovation in organisations. *Research in Organisational Behaviour, 10*, 123-167.

Appleton, K. (2002). Science activities that work: Perceptions of primary school teachers. *Research in Science Education, 32*(3), 393-410.

Council for Aid to Education. (n.d.). Collegiate learning assessment(CLA) critical thinking, analytic reasoning, problem solving, and writing skills: Definitions and scoring criteria. Author.

Corrigan, D., & Smith, K. (2020). Complexity, intellectual challenge and ongoing support: Key learning conditions to enhance students' engagement in STEM education. In I. Parchmann, S. Simon, & J. Apotheker (Eds.), *Engaging learners with chemistry: Projects to stimulate interest and participation* (pp. 16-45). Royal Chemical Society.

Elder, L., & Paul, R. (2010). Critical thinking: Competency standards essential for the cultivation of intellectual skills, part 1. *Journal of Developmental Education, 34*(2), 38-39.

Facione, P. A. (1990). Critical thinking: A statement of expert consensus for purposes of educational assessment and instruction. Research findings and recommendations. Retrieved from http://www.eric.ed.gov/ERICWebPortal/detail?accno=ED315423.

Gallagher, C., Hipkins, R., & Zohar, A. (2012). Positioning thinking within national curriculum and assessment systems: Perspectives from Israel, New Zealand and Northern Ireland. *Thinking Skills and Creativity, 7*(2), 134-143.

Halinen, I. (2018). The new educational curriculum in Finland. In M. Matthes, L. Pulkkinen, C. Clouder, & B. Heys (Eds.), *Improving the quality of childhood in Europe*(pp. 75-89). Alliance for Childhood European Network Foundation.

Higgins, S. (2014). Critical thinking for 21st century education: A cyber-tooth curriculum? *Prospects, 44*(4), 559-574.

Levy, F., & Murnane, R. J. (2007). How computerized work and globalization shape human skill demands. In M. M. Suarez-Orozco (Ed.), *Learning in the global era: International perspectives on globalization and education* (pp. 158-176). University of California.

Loughran, J. (2008). Cases: Building professional knowledge of practice. In J. Loughran & A. Berry (Eds.), Looking into practice: Cases of science teaching and learning(Vol. 3, pp. 7-10). Monash Print.

Mason, J. (2002). Researching your own practice: The discipline of noticing. Routledge.

Office of the Chief Scientist. (2016). Australia's STEM workforce. Australian Government.

Organisation for Economic Cooperation and Development [OECD]. (2005). The definition and selection of key competencies: Executive summary. Retrieved from https: //www.oecd.org/ education/skills-beyond-school/definition-andselectionofcompetenciesdeseco.htm.

Panizzon, D., Smith, K., & Carabot, K. (2019). Critical and creative thinking collaborative inquiry project. Final report. Monash University.

Paul, R., & Elder, L. (2019). The nature and functions of critical & creative thinking. Rowman & Littlefield.

Sawyer, R. K. (2006). Explaining creativity: 　The science of human innovation. Oxford University.

Shepard, L. A. (2013). Validity for what purpose? *Teachers College Record, 115*(9), 1-12.

Shulman, J. H. (1992). Case methods in teacher education. Teachers College.

Silva, E. (2009). Measuring skills for 21st century learning. *The Phi Delta Kappan, 90*(9), 630-634.

Sternberg, R. (2006). The nature of creativity. *Creativity Research Journal, 18*(1), 87-98.

Willingham, D. T. (2007, Summer). Critical thinking: Why is it so hard to teach? *American Educator, 31*(2), 8-19.

第 7 章　在综合性 STEM 教育中培养创造力和批判性思维：课外活动的贡献

莱奥妮·J. 伦妮

摘要：本章介绍了如何利用有效的课外综合实践课程，提升学生在 STEM 方面的理解和能力。这些课外活动主要有三个目标。一是让学生在真实情境中检验所学的学科知识，认识到只有融合学科知识与跨学科或综合知识，才能更好地掌握知识。二是让学生通过探究课外问题体会到"大局观"，并了解他们所学的知识是如何有助于解决实际的 STEM 相关问题的。三是通过让学生处理当地社区问题和应对社会价值观和多样性相关问题，培养他们的社会和生态正义感。本章根据 OECD 的创造力和批判性思维四大维度——探究、想象、实践、反思，分析了三个基于研究的 STEM 综合学习案例，引导学生与当地的、基于地点的或社区的问题进行互动，培养他们的创造力和批判性思维，提升他们的沟通和协作能力。

关键词：STEM 综合课程，创造力，批判性思维，课外活动

基于 STEM 教育强调的两大原则：学校教育的目标和经验的重要性，本书将重点放在了 STEM、创造力和批判性思维上。第一个原则源于我在教师培训时阅读的拉尔夫·泰勒的课程研究（Tyler，1949）。泰勒提出了四个关于课程和教学的问题："学校应该努力达成什么样的教育目标？""如何选择可能有助于实现教育目标的学习经验？""如何组织学习经验以进行有效的教学？""如何评估学习经验的有效性？"这些问题是连贯的，在规划课程时必须首先回答第一个问题。我与约翰·华莱士和格拉迪·文维尔一起深入探讨了这个问题，我们认为"学校应该努力为学生提供知识，使他们能够在快速变化的全球环境中成为有责任感的成年人和明智的公民"（Rennie et al.，2012，p. 120）。我们使用"知识"一词来涵盖相关的技能和能力。在探讨如何通过综合课程提供重要知识（knowledge that counts）时，我们提出了一种"世界观（worldly perspective）"，它强调了课程中两个重要因素——学科知识和综合知识——之间的平衡，以及本土知识和全球知

识之间的联系（p. 120）。我们强调，特定的课程背景会影响平衡与联系程度，并认为提供"既能实现平衡又能实现联系"的课程最能"为学生提供丰富的知识，以协调和改善他们生活的环境"（p. 120）。

STEM 教育强调的第二个原则是学习科学知识需要亲身实践。这个原则源于我女儿苏珊的一次偶然发现。有一天晚餐时，8 岁的苏珊说："今天音乐课上，老师让我们叹气，但我不知道怎么做。"她姐姐很惊讶地说："你怎么会不知道如何叹气？特里克西-贝尔登（某个故事中的主角）经常叹气！"苏珊回答说："但我只在文字中读过，并没有亲眼见过她叹气。"三十年前，我把这个趣事发表在了一篇关于中小学性别、科学和技术的会议论文中（Rennie，1990），它生动地描述了亲身实践对于学习科学知识的重要性，不能仅仅通过阅读文本来获取知识。我至今仍然认为"如果没有亲身实践的经验，学生就不太可能掌握其所学知识"（p. 191）。

基于这两个原则——学校教育的目标和经验的重要性，我在 2008 年澳大利亚科学教育研究协会会议上发表了关于通过学校与社区的联系促进科学与技术素养的演讲。如果学校教育的目标是培养科学与技术素养，那么我建议学校的科学和技术教育应该为学生提供一系列可以从记忆中检索的知识和经验，帮助他们理解新情境并为他们的决策提供指导。而实现这一教育目标的有效途径是促进学校和社区之间的联系。

STEM、创造力和批判性思维为什么能触发这些记忆？在我看来，这是因为科学与技术素养是为学生校外生活做好准备的关键。首先，本章概述了科学与技术素养的含义，探讨了如何通过 STEM 教育培养学生的创造力和批判性思维。虽然这一讨论主要聚焦于科学和技术方面，但我认为这二者的融合运用必将涉及数学，而谈论到人工制品或工艺时则涉及工程。其次，本章通过分析学生课外学习活动的案例，揭示了 STEM、创造力和批判性思维之间的联系。最后，本章总结了如何通过建立学校与社区的联系，在综合 STEM 活动中促进学生知识和技能的发展。

7.1　定义科学与技术素养

科学与技术素养的总体目标与其他识字、写作或数字应用的目标一样，都是为了让人们能够智能和理性地融入周围的世界（Pearson & Young，2002，p. 3）。科学与技术素养要求人们了解他们可能使用的工具，以及如何智能和理性地参与到周围世界中。表 7.1 采用了皮尔逊和扬（Pearson & Young，2002）在技术素养背景下提出的框架，从知识、能力、思维和行为方式三个维度对科学与技术素养进行了描述。这些描述包括以下内容。

表 7.1　科学与技术素养描述（Rennie，2003）

维度	具有科学素养的人	具有技术素养的人
知识	对周围的世界感兴趣并有一定的了解	了解现实世界及其人工制品、系统和支撑它们的基础设施
能力	参与有关科学的讨论和辩论	具有使用人工制品和解决简单技术问题的实用技能
	能够发现问题、开展调查并得出基于证据的结论	能够发现实际问题、设计和验证解决方案并评估结果
思维和行为方式	对他人关于科学问题的观点持怀疑和批判态度	能够识别风险、权衡与新技术相关的成本和收益
		能够评估、选择并安全使用适合其需求的产品
	对环境、自身健康和福祉做出明智的决策	能够为环境和社会背景下的技术开发和使用决策做出贡献

在一份向澳大利亚政府提交的关于学校科学教育现状和质量的报告中，古德勒姆等（Goodrum et al.，2001）认为科学素养是优质教学的关键。拜比（Bybee，1997）、拜比和德博尔（Bybee & DeBoer，1994）、科林斯（Collins，1995）、芬沙姆（Fensham，1997）、詹金斯（Jenkins，1997）、米勒和奥斯本（Millar & Osborne，1998）、美国国家研究委员会（National Research Council，1996）、OECD 国际学生评估项目（OECD/PISA，1999）通过梳理当代文献，对具备科学素养的人进行了定义。具体定义见表 7.1 第二列。

在古德勒姆等（Goodrum et al.，2001）公布了澳大利亚学校科学教育现状的报告后，作者受邀评估文学素养在科技教育中的作用，通过对比分析古德勒姆等对于具备科学素养的人的定义，界定了科技素养的内涵。参考巴莱克斯和皮特（Barlex & Pitt，2000），布莱克和哈里森（Black & Harrison，1985，尽管他们在分析科学和技术课程时没有提及素养），詹金斯（Jenkins，1997），加德纳、彭娜和布拉斯（Gardner, Penna & Brass，1990）以及皮尔逊和扬（Pearson & Young，2002）的报告，我提出了表 7.1 第 3 列中的定义（Rennie，2003）。这些对技术的描述与工程有着密切关系（National Assessment Governing Board，2014；Tang & Williams，2018），而数学素养在 STEM 情境中往往被简化为计算技能（EU Skills Panorama，2015）。

表 7.1 中的定义在多数情况下都适用。该定义被用在基于经验的成人科学与技术素养需求研究中（Rennie et al.，2019），该研究分析了 STEM 的相关内容。

STEM 是一个具有多种含义的缩略词，经常被用来表示一个或多个组成学科。它与本章的联系是什么呢？

7.2　STEM、创造力和批判性思维

本书其他章节阐述了 STEM 的各个方面及含义，而本章则重点分析与 STEM 相关的创造力和批判性思维，以理解 STEM 素养和技能的内涵。

唐和威廉斯（Tang & Williams，2018）回顾了"STEM 素养"的概念，以及不同 STEM 学科中公认的素养定义，发现了科学、数学、技术/工程素养三大相似趋势和探究方式（p.14），具体如下：

①创建、使用和转换编码的多模态表达；

②掌握常见的注释图、几何图形等视觉资源；

③涉及问题识别、计划、评估和自我监控的认知和元认知策略的应用（p.15）。

这三大趋势和探究方式相互关联且都涉及创造性和批判性思维，其中前两大趋势注重知识传播和共享。唐和威廉斯（Tang & Williams，2018）认为，这三大共同趋势可以反映出部分基本的 STEM 素养，即"如何全面理解并整合与应用概念、过程和思维方式以解决现实问题"（p.18）。然而，唐和威廉斯也指出，不同学科之间的学科语言、认知过程和认识实践的差异会限制其应用，需要将三大共同趋势与不同 STEM 学科的素养有机融合，才能构成更为完整的 STEM 素养。这也与前文提及的平衡学科和跨学科知识是确保学生获得"重要知识"的手段的相关论述相一致（Rennie et al.，2012）。

从另一个角度探讨 STEM 技能的含义也能得出类似的结论。西克曼和科贝尔（Siekmann & Korbel，2016）基于职业教育评述，分析了 STEM 技能在不同群体（教育工作者、STEM 专家、技术熟练工人以及科学和技术素养公民）中的定义和共识，发现 STEM 技能是一类"与通用技能、认知技能、就业能力和 21 世纪能力等有交叉重合"的技术技能（p.45）。他们建议不要采用"STEM 技能"一词，因为"STEM 是一个概括性术语"（p.47），应该通过"原始定义或类别来界定技能，如认知技能、基础素养、与工作相关的技术技能等"（p.45），并提议将 STEM 技能纳入诸如 21 世纪能力的整体技能框架中。

最初由美国制定的 21 世纪学习框架强调了 18 种纳入教育标准、评估和专业发展的不同技能，但人们发现该框架过于复杂（NEA，年份不详）。后来，"4C 技能"——创造力（creativity）、批判性思维（critical thinking）、沟通（communication）、协作（collaboration）——成为美国许多州所关注的教育重点。

美国教育体系中的艺术、英语、地理、语言、数学、科学和社会研究都包含在 4C 技能框架内（NEA，年份不详）。因此，作为跨学科技能的创造力、批判性思维、沟通和协作是本章重点论述的内容。

上述研究者都认为 STEM 素养和 STEM 技能属于概括性的术语，且都依赖于创造力和批判性思维的元认知技能。这有种似曾相识的感觉，因为如果读者重新阅读表 7.1 中关于科学与技术素养人员的描述，就会发现无论人们在科学和技术的情境中如何定义这些术语，科学与技术素养人员都应该表现出创造力和批判性思维。表 7.1 还表示具有科学与技术素养的人能够在日常生活中应用这些技能。因此，如果学生要在 STEM 背景下发展这些思维技能，成为未来负责任的成年人和明智的公民，就需要在课外活动中加以练习这些技能。

下一节我们将介绍三个综合 STEM 项目的案例，以说明学生如何在学校-社区项目中获得发展创造力和批判性思维的机会。这三个案例都是科学或生物技术项目的一部分，但显然，所有项目都需要整合 STEM 学科。虽然创造力和批判性思维在第 2 章已有详细讨论（尤其参见 Ellerton & Kelly），但本章使用了 OECD 的评估标准来支持教学中的创造力和批判性思维，以理解它们的实质意义（Vincent-Lancrin，第 3 章）。创造力的本质是提出新的思想和解决方案，批判性思维则是质疑、评估思想和解决方案（Vincent-Lancrin，表 3.1）。OECD 与许多课程机构（请参见 Corrigan，Panizzon & Smith，第 6 章）一致认为创造力和批判性思维是不同但又密切相关的。例如，澳大利亚课程描述了创造力、批判性思维以及探究的重要理念、生成想法、可能性和行动，反思思维过程以及分析、综合和评估推理过程（ACARA，年份不详，pp. 2—3）。这些重要理念与 OECD 从四个方面描述创造力和批判性思维的评价标准非常相似，包括探究、想象、实践和反思（Vincent-Lancrin，本书）。基于 OECD 对创造力和批判性思维的评估标准，可以简要概括这四个维度：

①探究——识别、收集和组织信息，以及寻找解决问题的潜在方法；

②想象——产生和探索想法、可能性和行动；

③实践——创建、测试和论证产品和过程；

④反思——综合推理和评估结果和程序。

这四个维度将用于指导三则案例研究。前两则案例都是基于小学的学校-社区项目，案例一关于废物降解，案例二关于城市湿地中特有的毒虎蛇，案例三则涉及来自不同中学的七名具有生物技术知识储备的学生。

7.3 案例研究一：难降解废物的处理

"难降解废物的处理"项目是由澳大利亚科学教师协会（Australian Science Teachers Association，ASTA）领导的提高科学意识项目的一部分（Rennie & ASTA，2003），获得了澳大利亚政府科学、教育和培训部门的资助，旨在促进教育界和广大社会更好地理解两个重要问题："科学的重要性在哪以及为什么我们要在学校花费时间学习它？为什么科学素养是教育的一个重要结果？"（p. viii）澳大利亚七个受资助的项目实地测试 ASTA 开发的提高科学意识的模型，让学校与社区合作解决与科学相关的重要问题。西澳大利亚州的项目主要是在一个农村城市的三所学校进行的。以下描述源自对 ASTA 科学意识提升项目的评价（Rennie & ASTA，2003），包括研究设计、数据收集和分析等内容。

7.3.1 项目背景

难降解废物是指无法以可行的方式回收、不易销毁、需要较长时间降解，并且需要长期管理以保护社区和环境的废物。在项目实施时，低放射性废物和化学废物被埋在沃尔顿山的难降解废物池中。这个于 1992 年建成的难降解废物池距离西澳大利亚州金矿区的主要城市有 125 千米，目前处于维修和保养阶段。自 2014 年以来，该池没有沉积任何废物。然而，当 ASTA 项目启动时，运营公司正在调查其是否适合倾倒高放射性废物，这使得难降解废物成为周围社区重点关注的问题。

7.3.2 项目活动概述

三所学校分别承担了与难降解废物处理相关的独立项目。本案例研究则重点关注涉及六年级和七年级学生（11—12 岁的儿童）及其教师的项目，旨在让学生与社区成员合作，利用相关资源调查废物处理设施对当地环境、未来废物储存的影响，并告知社区转移和储存难降解废物时的环境要求和安全注意事项，以扩大宣传范围。

该项目共持续了两个学期。在第一学期，学生开始探索难降解废物的处理问题，通过互联网和报纸搜索，以及通过电话、传真、电子邮件对利益相关者（矿物资源部、社区的环保和利益团体）和资源拥有者（博物馆、图书馆、医院、家长和邻居）进行访谈，了解沃尔顿山的情况。他们还调查了社区成员对废物特别是放射性物质处理的看法，发现了一些关于废物处理的误解。学生通过教室的展板展示了他们的研究成果。这些调查活动有助于学生认识难降解废物，明晰对废物处理方法有争议的问题，并尝试探索解决问题的途径。

学生在第二学期成立了"专家组"，深入调查废物处理关键内容。学生邀请了嘉宾来演讲特定主题，考察了通往沃尔顿山的道路并检查其运输废物的安全性，并跟进了一些有关废物存储的媒体报道。他们还调查了设施所在地的地质稳定性和废物的替代用途，权衡评估了处理难降解废物的成本和收益，并对联邦、州和地方政府的权责进行了调查。

项目进展情况记录在学校大礼堂的一个大型展板上，以提高其他学生、教师和到访家长的意识。项目聘请的宣传干事协助学生制作展板，每周为学校社区提供最新消息。为了更大范围地提高社区的意识，学生代表在当地的广播节目中接受了采访，并在报纸上发表了有关成果。为了巩固项目成果，学生决定准备一份关于难降解废物设施的信息手册。该手册在经过环境保护部门的审查后，通过学校和当地购物中心分发给了社区。

7.3.3　"难降解废物的处理"项目的成果

学生通过调查沃尔顿山废物处理设施，形成了对这一复杂问题的"大局观"。在知识方面，学生掌握了什么是难降解废物，如何安全地储存和处理废物，以及废物对环境和社会的潜在影响。同时，他们接触到了来自不同利益相关者的多元观点，了解了各级政府的伦理和政治责任，并就一些敏感的道德、伦理和环境问题进行了深入的讨论。在项目的实施过程中，学生不仅锻炼了收集信息、评估信息的可信度，组织、综合和批判性地分析他们的发现，生成下一步的想法以及反思和评估进展等技能，还学习了海报的设计、信息手册的准备与印刷、公开演讲、协作交流、目标设定和时间管理等技能。学生的知识、技能和理解在一个综合的 STEM 项目中得到了深入融合与发展，其中，科学与技术、艺术、英语、健康教育、数学和社会研究相互交织在一起。

教师和家长反馈学生在整个项目期间的积极性始终很高。家长通过孩子、学校展板和信息手册，增加了对难降解废物和沃尔顿山设施的认识。广大社区通过报纸或电台节目了解到学生的项目。项目验收结果显示学生对当地社区的宣传科普是有效的，项目结束后更多人对沃尔顿山废物处理设施及运作方式有了更清晰的了解。

7.4　案例研究二：与虎蛇共存

"与虎蛇共存"是 ASTA 管理的、由澳大利亚政府资助的学校社区和行业科学合作计划（School Community and Industry partnerships in science，SCIps）中的24 个项目之一（ASTA，2005）。SCIps 旨在建立学校、社区和行业之间的合作关系，使它们能够围绕当地与科学相关的社会问题展开合作，提高学校和社区的科学素养，并通过以学生体验为基础的项目式学习丰富学生的科学教育。"与虎蛇共存"是一个西澳大利亚州的项目，它与一个野生动物中心合作，并涉及附近的小学及其社区。项目资金用于聘请野生动物中心经理以及为学生支付往返于学校和中心之间的交通费。本章主要简述项目成果，读者可在埃文斯等（Evans et al.，2007）的研究中阅览有关研究设计的详细信息。埃文斯、库尔和伦妮从环境教育的角度介绍了该项目，而库尔和埃文斯（Koul & Evans，2012）则将其作为一个以社区为重点的课程整合案例进行了分析。

7.4.1　项目背景

　　野生动物中心坐落在一片有湖泊的大块湿地，是澳大利亚特有的剧毒虎蛇（*Notechis scutatus occidentalis*）的重要城市栖息地。虎蛇毒液含有能导致肾衰竭和呼吸衰竭的神经毒素、促凝血剂和肌毒素。虎蛇咬伤具有紧急和可能致命的危险，通常需要进行抗蛇毒血清治疗。虎蛇主要以青蛙为食，是日益脆弱的湿地生态系统中的重要捕食者。虎蛇经常因为在夏季入侵周围民宅而被居民杀死，这威胁到了湿地的生物多样性和生态平衡。相比于杀死虎蛇，为其重新安置居所更有利于保护生态系统，这也是人们对野生动物中心的要求。野生动物中心设计的"与虎蛇共存"项目旨在通过增进人们对虎蛇行为的了解，进而采取相应的预防、安全威慑措施，消除社区对虎蛇的恐惧和误解，并科普虎蛇在生态系统中的作用以及保护湿地多样性的重要性。

7.4.2　项目活动概述

　　野生动物中心经理与湖泊附近的一所小学的带队教师联系，为该校四至七年级的两个班级的学生（45 名年龄为 9—12 岁的学生）和他们的教师设计了一项综合环境项目。该项目为期 6 周，其中 1—3 周在野生动物中心进行，4—6 周在学校进行。野生动物中心的经理不仅组织学生在湿地周边漫步、下水观察和了解生物多样性和湖泊生态，还专门到学校为学生讲解了关于湖泊中的食物链和食物网的知识，其中一个重点主题是关于如何采取预防措施，如何冷静地驱赶蛇以及被蛇咬伤后该如何处理。在该项目的开始和结束阶段，虎蛇专家把包括虎蛇在内的活蛇带到中心，供学生观看但不可接触。

　　学生和教师返回学校后巩固了有关蛇的生物学、行为和急救的知识，设计了一项调查并采访了 190 名社区成员关于蛇的态度和认知，并整理、分析和绘制了调查结果图表。为了帮助社区了解蛇的行为及安全性，他们还在湖泊周边制作了海报、钱包卡、徽章和标识牌。部分学生设计并制作了有关蛇的栖息地和不适宜蛇生存的花园的立体模型，其他学生制作了食物网和食物金字塔的展板。学生们的小组讨论揭示了他们是如何实施与验证其想法以找到搭建模型的最佳方法，并决定在海报上放哪些最重要信息的。

该项目旨在向学生传授有关虎蛇的知识，并通过学生将知识扩散到社区。为了实现这一目标，项目在野生动物中心举办了一场约有 100 个家庭和社区成员参加的社区之夜活动。每个学生都参与了包括角色扮演来演示被蛇咬伤的急救措施，通过 PPT 展示所了解到的虎蛇知识和调查结果，展示和讲解景观模型、海报和其他材料在内的各种活动，有效呈现了他们所学到的有关如何安全应对虎蛇的知识。

7.4.3　"与虎蛇共存"项目的成果

教师描述了该综合项目如何为州政府规定课程的各个学科领域提供丰富的学习机会：在科学方面，学生掌握了有关虎蛇的生态知识、生物间的相互作用、环境保护、食物链和食物网的概念；在技术方面，学生利用互联网搜索信息、制作 PPT、设计并制作了虎蛇模型；在数学方面，学生批判性地分析调查数据并选择了最合适的数据展示方式；在英语方面，学生编写了角色扮演的剧本并进行了口头表达；在艺术方面，学生运用了戏剧、绘画、海报、徽章、场景模型和计算机绘图等多种形式；在健康教育方面，学生学习了有关急救和徒步旅行时应注意的安全事项；在社会研究方面，学生参与了调查数据的收集和社区之夜活动，展现了积极的公民素养，为建设安全的蛇类栖息地做出了贡献。此外，学生还探讨了与课程核心价值观相关的社会、公民和环境责任主题。

虎蛇引起了社会的关注，参与者在社区之夜活动中通过多种途径了解了虎蛇及其安全知识。学生在演讲中表现出的热情是一个亮点，其中一个学生最初对观看虎蛇专家带来的蛇感到恐惧，但最后该学生竟然能够勇敢地触摸蛇。此外，从家长的非正式反馈中可以看出学生对这一话题的兴奋、好奇和收获，尤其是在虎蛇保护方面。

7.5　案例研究三：生物技术大使

世界生物技术巡回展（World Biotech Tour，WBT）是一个为期三年的项目，旨在通过由科学中心和博物馆组织的公共外展计划，提高人们对生物技术的认识和兴趣。WBT 由位于华盛顿特区的科学技术中心协会（Association of Science-Technology Centers，ASTC）负责，并得到了国际生物基金会的资助。2016 年，西澳大利亚州的科技探索中心（Scitech Discovery Centre）成功举办了 WBT，吸引了学生、教师、研究人员、行业人员和社会人员参与了一系列与生物技术相关的活动。WBT 包括生物技术节、实验室（一系列专门设计的生物技术实验活动）、科学咖啡馆和其他讨论活动、学校和社区外展活动以及青年大使计划。这些活动旨在让公众了解生物技术，并帮助其认识生物技术的重要性和社会影响。本案例研究重点关注青年大使计划，并参考了科技探索中心对 WBT 的评价（Rennie L & Rennie R，2017），其中数据收集包括观察和现场记录，对大使、家长和导师的访谈，大使手记以及前后测。WBT 的最终评估报告了整个项目的概况（Boyette et al.，2018）。

7.5.1　项目背景

WBT 大使项目旨在让高中生更深入地了解和参与生物技术，使其能够亲身体验生物技术，认识其在社区中的作用，并利用所学知识与其他学生、家庭、公众分享生物技术。为了促进该项目的国际合作，大使们还与其他国家或者地区的科学中心进行了线上交流。项目结束后，每个国家或者地区选出了一名大使代表参加了 2017 年在日本举行的峰会。

7.5.2　项目活动概述

科技探索中心的 WBT 经理从不同学校挑选了七名具有学术潜力的学生组成 WBT 大使小组，其中包括三名十年级学生、三名十一年级学生和一名十二年级学生。项目为每位大使都配备了一名导师，包括一名药品管理人员、一名大学科学传播员和五名从事生物技术工作的科学家。在大约五个月的时间里，大使们在校外与其导师合作，开展了基于生物技术主题并与其导师职业相关的项目，制作了海报以展示研究成果。大使们还与加拿大、意大利和泰国的科学中心进行了五次线上交流。

大使需要宣传他们所研究的生物技术主题。为了提高大使的交流能力，科技探索中心的 WBT 经理在每次线上交流会议之前都安排了下午或晚上会议（由于国际时差，会议多数在晚上进行）。通过参加会议，大使们能够更好地规划项目、设计海报并学习如何与他人沟通。在 8 月中旬的珀思科学节（Perth Science Festival，国家科学周的一部分）上，大使们展示了项目介绍海报，并与观众互动，演示了生物技术实验活动。这些海报后来在科技探索中心展出，大使们也参加了面向学校和家庭的生物技术节的开幕式，在此期间还有其他的 WBT 活动。大使们在科技探索中心的公开会议上就其项目做了正式汇报，项目到此告一段落。

7.5.3　WBT 大使项目的成果

　　WBT 大使项目为七名学生提供了独特的学习机会，让他们能够与科学家密切合作，深入探究并分享一个特定的生物技术主题。大使们都是优秀的学生，制作了精美的海报并对其研究项目进行了清晰、有条理的汇报。每个大使在各自导师的指导下开展了不同的项目，经历了不同的学习过程。表 7.2 简要介绍了海莉（Hayley）和凯文（Kevin）的学习过程（所有大使都使用化名）。

表 7.2　两位大使的行程概述

信息	海莉（十年级）	凯文（十一年级）
为什么要成为大使？	想在校外给自己一个挑战	他很感兴趣，他的父母也非常希望他参加
项目主题	用于多发性硬化症的药物	对基因改造的误解
导师和指导	是一名药品管理人员；一些面对面的会议和电子邮件 更喜欢面对面	是一个成熟的博士生；每周举行面对面的会议
话题处理方法	导师用小册子来解释一个困难的话题，这样海莉就可以"翻译"更困难的文章 海莉相当独立地工作，导师会在需要的时候提供建议 导师对海莉在海报上的解释印象深刻	与导师讨论如何让基因改造融入日常生活，并探讨其利弊 通过一项调查来了解人们对基因改造的理解/误解，惊讶地发现人们通常持反对观点
特定的结果	喜欢与他人分享她的新知识 大大增加了知识和信心 这项研究帮助海莉理解了沟通的重要性 发现她通过和别人交谈学得很好	喜欢做海报，但不喜欢向大量观众展示 喜欢在科学节上与小团体交谈 大大增加了知识和信心，虽然在一大群人面前仍然害羞 对传播科学技术的重要性有了积极的认识，并更加意识到其中的风险
日记中的最后评论	"在这个项目中我收获了很多。我学到了很多关于多发性硬化症的知识，也学会了在众人面前演讲以及向公众传播科学的技巧。"	"这是一次很棒的学习经历，因为我能够与一位对基因改造主题非常了解的人交谈，他能够帮助我进一步了解这个主题。"

　　虽然大使们的学习过程各异，但数据显示该项目有一些共同的研究成果，例如大使们逐渐熟悉彼此并倾向于在 WBT 线上交流之前，在科技探索中心举行的会议中进行合作学习。大使们也乐于与其他国家的学生交流，以了解他们在做什

么。其中两个大使还有机会参观其导师的实验室，并获得了关于"科学是什么"的实践体验。

大使发现与公众讨论他们的项目非常有益，还能学习一些基本的科学传播技巧。安娜（Anna）的项目涉及表观遗传学，她指出："用一些趣闻轶事和比喻确实可以帮助我解释我的话题。"研究光感受器视锥细胞和视觉的希拉（Sheela）在她的日记中写道："我学到了很多关于如何在吸引观众注意的同时做更专业的解释。"

所有大使都愿意在珀思科学节中担任领导角色，虽然开始时有些紧张，但他们对最后的演讲感到满意。大使通过制作海报和演讲掌握了两种不同的沟通方式。大使对其所关注的主题有了深入的理解，并以创造性和新颖的方式调整知识以适应不同的听众。项目结果显示，这些活动让他们对生物技术及其社会意义充满信心并保持积极态度。正如海莉在珀思科学节结束后的日记中写道："有趣的是，有很多家长想知道怎么让他们的孩子参加这个项目。我们做的事情真的很了不起。"

7.6　讨　论

本章的案例研究为学生提供了培养科学与技术素养的机会，如表 7.1 所示（2006 年伦妮发表的文献中对于前两个案例研究已经有所论述）。每个案例研究都展示了 STEM、创造力和批判性思维之间的联系。STEM 学习是发生在真实社会问题的背景下的，这些问题本质上是社会性科学议题，我们需要赋予科学以特殊地位，并在必要时整合其他学科领域，从而实现学科和综合知识之间的平衡。这些经验提供了跨学科学习和锻炼创造力和批判性思维能力的机会，并在"4C 技能"（NEA，年份不详）方面提供了发展沟通和协作能力的机会。

在所有案例研究中，我们都可以看到 OECD 关于批判性和创造性思维的四个相互关联维度（探究、想象、实践、反思）的具体运用。探究是学生理解问题的第一步。学生在探究难降解废物的处理问题时，通过查找各种资源、筛选与组织信息并将其展示在海报上以深入探究问题。学生们通过协作分担工作负担，集思广益讨论下一步的行动计划以及如何验证其想法，例如检查道路的运输安全。专家小组就特定内容展开研究并将研究结果共享至全班同学，在综合分析研究结果后，学生决定设计、制作和分发宣传册，以有效向社区传达环保科普信息。

第二个项目也经历了类似的过程。野生动物中心的学生从采访、了解和观察真实的蛇开始，调查社区对蛇的态度。调查结果表明需要通过多种传播方式提高社区对虎蛇的认识和接纳，如在最后的社区活动中策划、创作和展示海报、立体模型、短剧等。WBT 大使与导师独立合作，选择和探索主题，组织信息，综合分析结果，确定关键问题并评估在海报和演讲中向不同观众传达信息的最佳方式。

每个案例研究都体现了创造力的运用，尤其是在产生想法、组织和呈现信息的方式上，批判性思维也表现在分析信息、反思结果、评估进展、决定应该使用哪些信息以及如何呈现信息等方面。海报是每个项目的最终成果，但成果的创作、传播展示才是合作过程的精华所在。校内项目以小组合作方式进行，但大使项目是独立完成，不仅需要与导师和科技探索中心的 WBT 经理合作，还需要在线上交流会议之前与其他地方的大使交流分享经验和想法。

正如预期的那样，我们发现 OECD 的批判性和创造性思维的四个维度并不是线性的。当然，学生首先要探究和查找信息，但组织和分析信息、生成创意、通过寻找新信息验证想法、反思行动并评估进展等方面是循环往复、迭代进行的。每个案例研究都有明确的终点，因为它们都创造了具体的目标。学生以任务为驱动，即解决问题，并且他们清楚任务是否已完成。这是大多数成功的学校社区项目的特征（Rennie，2006）。

这个成功的案例也给了我们一个警示：实施学校社区项目需要教师花费大量时间和精力来组织实地考察、协调社区成员的参与以及协调课程等，也需要教师具备一定的技能并积极参与（Rennie，2011）。例如，"与虎蛇共存"项目的教师不得不暂停其他课程活动，以花费更多时间准备社区之夜活动的汇报和展览，需要重新安排时间表，按照优先顺序协调课程，并以此证明研究项目是学校课程的一部分，而不是耗时的额外活动。尽管大使所在学校没有参与项目，但学生必须根据工作要求来合理安排时间，这需要其所在学校老师的理解。科技探索中心的WBT 经理的指导是大使成功实现目标的重要因素，大使的导师的帮助也至关重要，他们自愿为大使安排会议，并在指导过程中提供帮助。

7.7　结　　论

上述案例研究表明，带学生走出教室，为其提供需要与当地社区问题互动的学习活动，有利于其 STEM 学习以及创造力和批判性思维的发展。这主要体现在以下三个方面。

第一，学生能够在真实情境中检验所学知识，并体验学科知识在校外生活中的应用。这有助于学生认识到现实世界是跨学科的、复杂的、多变量融合的，意识到要想熟练掌握知识以理解和解决外部世界的问题，需要在学科和跨学科知识之间取得适当的平衡。

第二，通过与课外问题的交互，学生体验到了"大局观"。这使其认识到，在当地环境中学到的知识，在更广阔的全球背景下同样具有意义。例如，在第一则案例研究中，仅在课堂上学习难降解废物处理，对学生来说意义不大。而在社区环境下探讨这一问题，则赋予其更多的现实意义。学生能够看到难降解废物处理对社会、环境和政治的影响。在第二则案例研究中，学生了解到虎蛇不仅仅是令人惧怕的生物。如果在自家后院发现虎蛇，它可能会被绞杀，但其在湿地生态平衡中有着重要作用。项目研究帮助学生认识到，本地湿地虎蛇知识与更广泛、更全球化的生态平衡概念之间的联系。WBT 大使在特定项目中探索基于实验室的生物技术知识，如何对更广泛的社区的利益和健康产生影响与风险。

第三，在处理当地社区的重要问题时，虽然学生会面临社会和环境价值的冲突和多样性的挑战，但也有机会培养社会和生态正义感。这一点在学校社区项目"难降解废物的处理"和"与虎蛇共存"，以及受伦理影响的生物技术项目中都有明显体现。学生参与的真实、公认的社区问题，为其 STEM 学习提供了机会。除了获得相关的认知知识、创造力和批判性思维技能之外，学生还探讨了与环境保护、可持续发展、伦理行为和责任相关的价值观。

学生课外学习活动的案例研究表明，当学校和社区合作时，学生能够获得丰富的知识。学生不仅从综合情境中丰富了知识，尤其是在科学与技术方面，而且还锻炼了创造力和批判性思维能力，培养了生态和社会正义感。正如伦妮等（Rennie et al.，2019）对科学与技术的成人学习的研究结论所示，这些正是树立信心和培养自主学习者的活动和结果所必需的。

致谢

- 吉娜·皮尔斯（Gina Pearse），她在"难降解废物的处理"项目中为我提供了宝贵的研究协助；
- 罗斯玛丽·埃文斯（Rosemary Evans）和列哈·库尔（Rekha Koul），他们在"与虎蛇共存"项目中给予了我很大的帮助；
- 布伦达·吉布森（Brenda Gibson）、玛努什·米拉尼萨卜泽瓦尔（Mahnoosh Milanisabzevar）和理查德·伦妮（Richard Rennie），他们在 WBT 评估中做出了重要的贡献。我衷心感谢你们的帮助。
- ASTA 的工作人员，特别是简·奥尔索普（Jan Althorp）、德博拉·克罗辛（Deborah Crossing）和海伦·奥沙利文（Helen O' Sullivan），他们在科学宣传项目和科学领域的校园社区产业伙伴关系项目的评估过程中为我提供了有力的支持。我感谢你们的慷慨合作。

- WBT 的赞助商 Biogen 基金会和 ASTC。我感谢 ASTC 的 WBT 经理卡林·薛（Carlin Hsueh）和国际关系主任沃尔特·斯特夫洛兹（Walter Staveloz）。我特别感谢科技探索中心的 WBT 经理塔拉·布罗德赫斯特（Tara Broadhurst）的热情支持，以及 ASTC 允许我在本章中使用评估数据。

参 考 文 献

Australian Curriculum Assessment and Reporting Authority［ACARA］. (n.d.). Critical and creative thinking. Retrieved from https://www.australiancurriculum.edu.au/f-10-curriculum/general-capabilities/critical-and-creative-thinking/.

Australian Science Teachers Association. (2005). SCIps school industry partnerships in science:Final report. Department of Education, Science and Training.

Barlex, D., & Pitt, J. (2000). Interaction:The relationship between science and design and technology in the secondary school curriculum. Engineering Council.

Black, P. , & Harrison, G. (1985). In place of confusion:Technology and science in the school curriculum. Nuffield-Chelsea Curriculum Trust.

Boyette, T., Giannakopoulou, A., & Peterman, K. (2018). World biotech tour:Findings from an international science center and museum program. Association of Science-Technology Centers. Retrieved from http://www.worldbiotechtour.org/final-report.

Bybee, R. W. (1997). Achieving scientific literacy:From purposes to practical action. Heinemann.

Bybee, R. W., & DeBoer, G. (1994). Research on the goals for science education. In D. L. Gabel (Ed.), *Handbook of research on teaching and learning of science* (pp. 357-387). Macmillan.

Collins, A. (1995). National science education standards in the United States:A process and a product. *Studies in Science Education*, 26, 7-37.

EU Skills Panorama. (2015, April). STEM skills:Analytical highlight. Prepared by ICF and Cedefop for the European Commission.

Evans, R. S., Koul, R. B., & Rennie, L. J. (2007). Raising environmental awareness through a school-community partnership. *Teaching Science*, 53(1), 30-34.

Fensham, P. J. (1997). School science and its problems with scientific literacy. In R. Levinson & J. Thomas (Eds.), *Science Today:Problem or Crisis*? (pp. 119-136). Routledge.

Gardner, P. L., Penna, C., & Brass, K. (1990). Technology and science:Meanings and educational implications. *Australian Science Teachers Journal*, 36(3), 22-28.

Goodrum, D., Hackling, M., & Rennie, L. (2001). The status and quality of teaching and learning of science in Australian schools:A research report. Department of Education, Training and Youth affairs.

Jenkins, E. W. (1997). Scientific and technological literacy for citizenship:What can we learn from research and other evidence? In S. Sjøberg & E. Kallerud (Eds.), *Science, technology and citizenship:The public understanding of science and technology in science education and research policy* (pp. 29-50). NIFU - Norsk Institutt for Studier av Forskning og utdanning.

Koul, R. B., & Evans, R. S. (2012). Focus on community:Learning about tiger snakes at Chelsea elementary school. In L. Rennie, G. Venville, & J. Wallace (Eds.), *Integrating science, technology, engineering, and mathematics:Issues, reflections and ways forward* (pp. 100-111). Routledge.

Millar, R., & Osborne, J. (1998). Beyond 2000:Science education for the future (The report of a seminar series funded by the Nuffield Foundation). King's College London, School of Education.

National Assessment Governing Board. (2014). Technology and Engineering Literacy Framework for the 2014 National Assessment of Educational Progress. Retrieved from http://permanent. access.gpo.gov/gpo44685/ed005353p. pdf?ck=51.

National Education Association［NEA］. (n.d.). Preparing 21st Century students for a global society:An educator's guide to the "Four Cs". Retrieved from http://www.nea.org/assets/docs/ A-Guide- to- Four- Cs.pdf.

National Research Council. (1996). National science education standards. National Academy.

OECD Programme for International Student Assessment (OECD/PISA).(1999). Measuring student knowledge and skills:A new framework for assessment. OECD.

Pearson, G., & Young, A. T. (2002). Technically speaking:Why all Americans need to know more about technology. National Academy.

Rennie, L. J. (1990). Gender and science and technology in primary and secondary schooling:A personal summary of frame 1. In I. Granstam & I. Frostfeldt (Eds.), *Report book of the European and third world gender and science and technology conference* (pp. 190-194). Jönköping, Sweden.

Rennie, L. J. (2003, January). Reassessing the role of literacy in technology education. Keynote address to the Third International Conference on Science. Mathematics and Technology Education.

Rennie, L. J. (2006, August). The community's contribution to science learning:Making it count. Plenary address to the ACER Research Conference 2006, "Boosting science learning - What will it take", Canberra. Retrieved from https://research.acer.edu.au/cgi/viewcontent.cgi?article=1006 & context=research_conference_2006.

Rennie, L. J. (2011). Blurring the boundary between the classroom and the community:Challenges for teachers' professional learning. In D. Corrigan, J. Dillon, & R. Gunstone (Eds.), *The professional knowledge base of science teaching* (pp. 13-29). Springer.

Rennie, L., & Australian Science Teachers Association. (2003). The ASTA science awareness raising model:An evaluation report (Prepared for the Department of Education, science and training). ASTA. Retrieved from https://trove.nla.gov.au/version/217747473.

Rennie, L., & Rennie, R. (2017). Evaluation of the world biotech tour at Scitech Discovery Centre, Perth Australia, 2016［Report to the Association of Science-Technology Centers (ASTC)］, Washington D. C. Unpublished report.

Rennie, L., Venville, G., & Wallace, J. (2012). Knowledge that counts in a global community: Exploring the contribution of integrated curriculum. Routledge.

Rennie, L. J., Stocklmayer, S. M., & Gilbert, J. K. (2019). Supporting self-directed learning in science and technology beyond the school years. Routledge.

Siekmann, G., & Korbel, P. (2016). Defining 'STEM' skills:Review and synthesis of the literature-support document 2. Adelaide, South Australia. Retrieved from https://files.eric.ed.gov/fulltext/ED570655.pdf.

Tang, K.-S., & Williams, P. J. (2018). STEM literacy or literacies? Examining the empirical basis of these constructs. *Review of Education*, 7(3), 675-697. https://doi.org/10.1002/rev3.3162.

Tyler, R. W. (1949). Basic principles of curriculum and instruction. The University of Chicago.

第8章 大学通识教育中的跨学科批判性思维：肥胖作为社会性科学议题

莫里斯·M. W. 郑 梁淑贞①

摘要：我们现在生活在一个后稀缺时代（post-scarcity era），人类的生产不再是为了满足基本需要，而是为了追求更多的欲望。在人类历史上，第一次出现了超重人口超过体重过轻人口的情况。传统的学校科学往往将肥胖简单地归因于生物学问题，认为避免肥胖的方法就是养成健康的饮食习惯和生活方式。这种观点暗含了一种责备，即肥胖是个人造成的问题。然而，这种观点忽视了影响个人饮食和生活方式选择的环境因素，包括社会、政治、营销、技术、文化和经济等方面。本章介绍了我们大学的一门通识教育课程，该课程旨在培养学生对肥胖这一复杂的社会性科学议题形成更加全面和批判性的看法，特别是对各种影响因素进行深入分析。本章首先说明了肥胖不仅仅是一个生物学问题，对肥胖的批判性理解需要跨学科的思考；然后阐述了我们的课程设计和教学策略；接着报告了学生的学习成果（$n=114$），即学生对肥胖问题看法的整体变化；最后讨论了 STEM 教育模式对我们课程开发和跨学科学习的启发。

关键词：跨学科思维，基于问题的学习，观念转变，大学教育，健康教育

8.1 简　介

科学教育的目标是培养能够对自己的生活、社会和环境做出明智决策的公

---

① 莫里斯·M. W. 郑
新西兰汉密尔顿，怀卡托大学教育学院
邮箱：maurice.cheng@waikato.ac.nz

梁淑贞
中国香港薄扶林，香港大学教育学院
邮箱：leungscj@hku.hk

民。为了实现这一目标，一种有效的策略是将社会性科学议题（SSI）作为教学内容。相比于将科学描述为对真理中立的追求，基于 SSI 的科学教学具有以下特点（Zeidler，2015，p. 998）：

①针对有争议和结构不良的问题，需要基于科学证据进行推理，从而为这类议题的决策提供依据。

②有意识地使用具有社会影响的科学话题，要求学生进行对话、讨论、辩论和论证。

③倾向于涉及内隐和外显的伦理成分，并需要一定程度的道德推理。

我们认为要让学生参与 SSI，关键在于这些议题要与他们的兴趣相关。基于这一考虑，我们将"肥胖"议题引入一所大学所有本科生都可以选修的通识课程中，并将肥胖视为一个学生应该探究其复杂性的相关议题。年轻人往往非常关注自己的身体形象，这可能会影响他们的自尊感。他们的兴趣可以从《超级减肥王》等竞技类真人秀节目的流行以及世界各地瘦身行业的蓬勃发展中反映出来。在《超级减肥王》节目中，参赛选手需要在给定的时间内尽可能多地减掉体重，"减重最多者（biggest loser）"将成为获胜者。肥胖不仅是年轻人的个人问题，也是全球范围内的一种现象。例如，在 OECD 成员国，60%的成年人超重，其中超过 40%的超重成年人是肥胖者（OECD，2019）。简言之，肥胖是一个与学生个人兴趣相关的 SSI，也是公民需要在不断变化的世界中培养科学素养所面临的问题。

什么导致了肥胖？

科学上定义肥胖为身体脂肪积累过多，对个体健康造成不利影响的情况。这是长期能量失衡的结果，即从食物中摄入的能量超过了机体消耗的能量。多余的能量以身体脂肪的形式储存，导致肥胖。许多人认为，能量失衡是由于缺乏控制饮食和生活方式的意志力。一些学生对肥胖认识的研究也采用了这一科学观点（Allen et al.，2019；Ozbas & Kilinc，2015；Weissová & Prokop，2019）。然而，当被问及是什么原因导致少女怀孕时，很少会有人只用我们对人类生殖系统知识的简单解释来回答。同样，生物学和意志力也不能充分解释肥胖是如何发生的，以及如何解决肥胖的问题。例如，自 1975 年以来，全球的肥胖患病率增加了近两倍（World Health Organization，2018）。仅仅缺乏意志力并不能解释近几十年来肥胖患病率的上升，因为没有证据表明我们的意志力在这一短暂的时间内发生了如此巨大的变化。要理解肥胖症的流行，我们还需要考虑生物学和意志力之外的一些因素。

例如，食物的选择不仅取决于我们的意志力，还取决于食物的可获得性、便利性、社会文化规范、健康信念、个人喜好、社会交往和口味等因素。考虑一种常见的情况：在许多国家的贫困地区，快餐店比商店或超市更容易到达，而商店或超市里才有更多、更便宜的营养优质食品可供选择和购买。尽管购物所涉及的交通成本并不是所有人都关心的问题，但它仍是一些群体面临的问题。同样（或者更广泛地说），人们知道如何选择营养优质食品的假设可能不适用于低社会经济地位者，因为这些人可能没有足够的教育来支持他们形成对健康生活方式的知识和实践。

食品餐饮行业（及其营销）在我们的生活中扮演着重要的角色。食品行业采用了多种策略来提高销量。其中之一是通过使用盐、糖和脂肪这三种物质开发出一个"满足点（bliss point）"，使加工食品具有最吸引人的咸味、甜味和浓郁感，让消费者难以抗拒。此外，食品广告已经渗透到日常生活的方方面面。针对儿童的食品广告（包括快餐、含糖饮料和零食）往往包含某种"健康"信息（Castonguay et al.，2013）。除了像电视和印刷媒体这样更传统的信息传播手段外，数字技术的使用，包括互联网和移动设备，使食品行业能够向消费者分享前所未有的大量定制化的产品信息。即使消费者足够聪明，能够识别出这些信息背后的说服意图，他们也可能没有意识到自己的消费决策已受到潜意识的影响。

食品行业与政府之间的关系也值得关注。由于食品行业的游说，政府发布的饮食建议从来都不是纯粹基于对公众健康的考虑，而是继续推广过时的研究（Nestle，2018）。在市场驱动的经济体中，政府可能会犹豫不决，不敢提出诸如限制某些食品广告等可能有违自由市场价值和消费者自由选择的政策。

总之，我们认为肥胖涉及一系列复杂且相互关联的原因。要解决这一问题，仅仅考虑肥胖的生物学成因是不够的。污名化肥胖者也不太可能对这一问题产生积极影响（Tomiyama et al.，2018），这不仅因为这种做法具有深刻的道德含义，还因为它为肥胖者在寻求适当支持之前创造了另一个障碍。我们需要超越科学的视角去考虑更广泛的社会、文化和政治环境如何影响肥胖。导致肥胖的原因和解决这一问题的措施是有争议的，涉及伦理考虑和一定程度的道德推理。因此，"肥胖"是一个典型的社会性科学议题，它为学生提供了一个机会，使他们能够对自己的想法和与这个问题有关的信息进行批判性审查。

8.2 关于肥胖的批判性思考

批判性思维是学校教育和高等教育不同学科中反复出现的主题（Davies &

Barnett，2015）。我们采纳科里根、帕尼宗和史密斯（第 6 章）的观点，即批判性思维有四个组成部分：①评估证据；②分析和综合证据；③承认替代性解释；④得出结论。在运用批判性思维理解肥胖的证据概念方面，我们提出两点看法。

第一，证据既存在于学科矩阵中，又在学科矩阵中被解释，而不同学科的证据也各不相同。因此，学科知识在分析、综合和评估证据以及得出结论方面发挥着重要作用。对复杂现象（如肥胖）的批判性思考需要灵活运用不同学科的知识，这很重要，因为它提醒我们需要考虑其他形式的证据，从而考虑其他解释。

第二，学科帮助我们关注什么是证据。在科学学科中，能量的输入和输出是导致肥胖的有力证据。在科学学科之外，我们认为食品行业的营销策略和不太富裕的住宅区中高质量食品的低可获得性也是导致肥胖的证据。如果我们只关注科学学科，我们将无法将其他因素作为证据，因此也无法认可除能量平衡观点之外的肥胖原因。这样一来，解决肥胖问题的建议将仅仅着眼于改变个体的饮食习惯和身体活动水平。

正如新西兰糖尿病研究学会前任主席、内分泌学家托马斯（Toomath，2016，p. 3）在评论节食和运动的有效性时所说的那样："医学上没有其他治疗方法效果如此差……不仅是治疗……无效，而且它会（在肥胖者中）（引发）一种负罪感或绝望。"这支持了我们的论点，即我们还需要在社会层面上研究肥胖的诱因，以及对肥胖者治疗的伦理考虑（Zeidler et al.，2016）。因此，对肥胖的批判性思考包括考虑来自科学和其他学科（如社会学和伦理学）的证据和因素（科里根、帕尼宗和史密斯的批判性思维的四个相互关联的组成部分的①和②，见第 6 章），这样就可以构思这个问题的多种解释（组成部分③和④）。按照这样的逻辑，我们建议从技术统治论和思想解放维度思考 SSI，特别是与科学教育相关的 SSI（Femandez-Balboa，2004）。人们很可能会从这两个维度思考肥胖问题。然而，正如我们上面所讨论的，现有的关于学生对肥胖和学校生物学理解的研究往往只关注技术统治论层面。我们认为仅从这样的维度开展研究是有限的。

8.2.1　肥胖的技术统治论维度

对于社会性科学议题，技术统治论维度的批判性思考侧重于从问题的理论基础、所使用的方法以及根据现有科学数据得出的结论的有效性等方面评估科学主张的严谨性。科学现象往往是多因素的。在谈到肥胖时，除了过多的能量输入和低能量输出，还有其他科学因素，如肠道菌群和表观遗传学等生物因素。在这一方面，批判性思维涉及评估正在发挥作用的各种因素或证据来源及其之间的关系和权重。

仅仅从技术统治论维度考察肥胖问题，可以将其比喻为一种绝对主义性质的认识论思维（Kuhn，1999），其中批判性思维涉及"将断言与现实进行比较，并确定其真假"（p. 24）。从个人层面思考肥胖问题，可以将解决方案的重点缩小到准确地制定合理均衡饮食，以及设计适合个人需求的运动计划。在社会层面，技术统治论的考虑仅限于估计医疗系统所产生的成本、由于肥胖相关问题所造成的劳动力数量和工作时间的损失，以及通过减少肥胖人数可以节省的医疗支出。在个人和社会层面，技术统治论维度内的思考都力求获得最有效的解决方案（即个体减肥的程度）或最符合现实的估计（即在支出和节流方面），而忽略了其他可能影响肥胖问题和解决方案的社会、文化、心理和道德因素。

一般来说，技术统治论维度认为，肥胖者虽然受到个人无法控制的生物因素的影响，但也应该为自己的状况负责，通过少吃、多运动、过更健康的生活方式来与肥胖"斗争"。具体而言，技术统治论维度认为，肥胖症给社会带来了医疗和保健服务方面的额外支出，同时也导致了工作天数和生产力的损失。因此，需要把肥胖作为一种流行病来防治，以发展一个更高效和经济可行的社会。为了解决肥胖问题，技术统治论维度认为，肥胖者有道德责任（他们的肥胖对社会是不公平的，因为社会不得不为随之而来的健康问题等付出代价）。总体而言，这一维度在正义道德和关怀道德方面对肥胖群体缺乏道德敏感性（Sadler，2004；Zeidler & Keefer，2003）。

技术统治论维度具有批判性思维的成分——它确实涉及对证据的评估，并形成对肥胖的解释。但它主要是基于能量平衡的观点，并倾向于将肥胖视为个人层面问题的结果，不考虑社会学、伦理学等其他学科，也不考虑它们的证据和替代性解释。

8.2.2　肥胖的思想解放维度

思想解放维度并不否认科学认识。然而，这一维度与对一个现象的技术考察关系不大，更多的是通过对问题的伦理和政治审视来挑战现状。思想解放维度关注更广泛的社会制度，考察权力关系、不平等和社会正义。这些焦点需要考虑教育因素等诸多制度因素，如肥胖者是否充分了解健康的生活方式。如果发现肥胖者没有充分了解情况，那么如何解决这一教育不足的问题就会随之出现。其他制度性因素包括权力关系，如允许直接面向儿童的商业广告将营养不良的食物与快乐建立联系的营销是否公正和公平。最后，人们的社会经济地位也是一个因素，例如生活在社会经济水平低下社区的人们是否容易获得负担得起的营养优质食品，以及这些社区是否有许多快餐店。通过这种方式，思想解放维度将现状转化为问题，并对其进行质疑，而不是仅仅将肥胖个体解释为问题所在。将现状问题化促使我们重新思考创造一个重视正义、平等和道德美德的社会的可能性。表 8.1 提供了肥胖的技术统治论和思想解放维度的总结。

表 8.1　技术统治论和思想解放维度的肥胖

	技术统治论维度	思想解放维度
焦点	科学主张的严谨性	更广泛的社会政治环境的复杂性
肥胖的原因	暴饮暴食、久坐不动的生活方式、肠道菌群、表观遗传、内分泌失调等	制度因素（教育因素、食品行业营销、权力关系、社会经济地位）
肥胖的后果	个人健康风险及其对社会的经济影响	道德上不恰当地对待肥胖者
肥胖的解决方案	保持健康的饮食和生活方式	重塑导致肥胖的环境
对肥胖的态度	以肥胖个体为问题所在	对现状提出问题和质疑；重新考虑创造一个重视正义、平等和伦理道德的社会的可能性

我们认为，技术统治论和思想解放维度对科学教育都至关重要。技术统治论维度通过考察科学证据来分析问题，提供了一种独特的视角，但这种视角也有局限性，因为它只基于科学认识和推理。正如单靠科学并不能解决世界上所有的问题一样，技术统治论也不能涵盖更广泛的社会政治背景下的所有潜在问题，例如平等或社会正义问题。只有通过思想解放维度，结合来自社会学研究和伦理学等其他学科的知识和证据，才能对这些问题进行深入研究。也就是说，为了解决诸如世界范围内的肥胖现象等问题，技术统治论和思想解放维度的思考都是必不可少的。

为了培养学生将肥胖作为一种社会现象进行批判性思考的能力，学生必须意识到肥胖的确切原因和解决方案都不是一目了然的，而且知识主张总是存在一定程度的不确定性（Kuhn，1999）。对肥胖的批判性思考不仅需要对科学证据进行批判性审查，还需要考虑不同类型的证据，接受对问题的其他解释。这种跨学科思维涉及基于技术统治论和思想解放两个维度思考的比较和评估（请参考图 8.1，了解这两个维度内和跨维度的批判性思维）。这要求学生不能只偏重其中一个维度，而是要平衡不同类型的证据和论点以及伦理道德的考量。

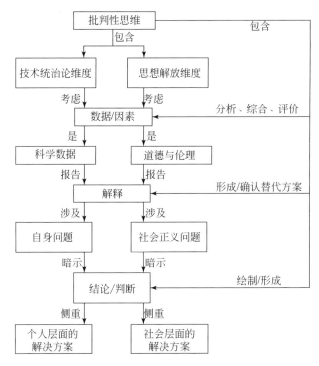

图 8.1　围绕 SSI 技术统治论和思想解放维度的批判性思维需要跨学科的思考

8.3　发展批判性思维的思想解放维度

我们在一所大学的通识教育课程中进行了主题为肥胖的教学。我们假设参加我们课程的学生已经对肥胖及其影响因素和解决方法有了一定的看法，这些看法可能受到媒体形式以及中学时期同龄人的影响。考虑到他们观点的可能来源，我们预测他们在课程之前的思考会倾向于技术统治论维度。由于在学校和媒体中很少有关于肥胖思想解放维度的讨论，我们的核心教学目标是培养学生在这一维度的思考。

虽然我们试图培养学生的解放思想，但并不希望他们完全忽视技术统治论维度。我们认为，这两个思维维度可以且应该并存。下面我们提出支撑我们看法的观点。

第一，关于观念转变与学生学习的研究表明，学习新观念不一定要摒弃原有的观念。有很多研究表明，即使学生在获得新观念方面取得了成功，但原有观念和新观念（即使它们是相互矛盾的）也可以共存。事实上，这种现象不仅发生在学生中，也发生在包括专业科学家在内的成年人中，当科学家被要求展示他们对各种科学和数学概念的认知时就证明了这一点（Shtulman & Harrington，2016）。

第二，共存的观念可以在解释一种现象时相互补充。随着时间的推移，学习者可能会改变他们对原有观念和新观念的看法。这种看法的变化取决于各种因素，包括学习者最近的学习经历、利用这些观念的机会以及触发这些观念的不同情境（Taber，2019）。

第三，因此，观念改变涉及对不同想法的看法的转变，而不是用一种想法替换另一种想法。波特文和西尔（Potvin & Cyr，2017）将这些看法的转变，定义为在特定情境下对不同想法坚持程度的变化。坚持某一想法可定义为该想法在特定情境下相对于个体所拥有的其他想法的可信度。在特定的情境下，当坚持一种想法优于其他可能的竞争想法时，它就具有了普遍性。因此，我们认为观念转变涉及对各种想法坚持程度的转变或在特定时刻特定想法的流行。

基于以上对观念转变的讨论，我们的教学目标是提高学生对思想解放维度的坚持，使他们能够对肥胖相关问题进行批判性思考和评价性判断。换句话说，我们并不期望学生完全放弃技术统治论维度的思考。相反，我们关注的是改变学生对肥胖特定潜在原因的固有思维。从这个意义上说，"观念转变"将涉及从肥胖原因的主要技术统治立场转向对思想解放维度的考虑。这一过程将涉及批判性思维，学生需要考虑不同学科的证据和知识主张。

为了衡量我们教学的有效性，我们寻求回答以下问题：在学习我们的课程后，学生对技术统治论和思想解放维度的固有思维有什么变化？

接下来，我们将概述课程设计，然后讨论如何测量学生的固有思维。

8.3.1　课程设计

通识教育课程"肥胖：不只是一个健康问题"面向所在大学的所有本科生开放。该课程是大学通识教育课程中的选项之一。大学通识教育课程体系包括四个研究领域（areas of inquiry，AoI）的课程：全球问题、科学与技术素养、人文与中国：文化、国家与社会。学生需要在每个 AoI 中选修至少一门课程以满足学分要求。"肥胖：不只是一个健康问题"因其强调肥胖是一个全球问题，又称全球肥胖，而被归为"全球问题"的范畴。大多数学生根据兴趣和时间安排进行选课。作为通识教育课程，我们的肥胖课程没有科学学科的先决条件。这意味着选修该课程的学生可能来自艺术、工商管理、教育、新闻、法律或社会科学等专业，也可能来自科学、医学、药学或工程等专业。尽管如此，由于我们的课程注重培养学生的解放性批判性思维，我们认为事先具有或缺乏科学的理解不应该影响他们在本课程中的学习。

课程开展周期为 12 周，授课形式为每周有两小时的讲座和每两周有两小时的辅导。讲座由本章第二作者和理学院的一名营养科学教授主持，辅导由理学院讲师进行，课程设计参考萨德勒等（Sadler et al.，2017）的社会性科学议题课程教学（socioscientific issues teaching and learning，SSI-TL）模型。该模型旨在让学生参与到以下适用于评价技术统治论和思想解放维度的推理中：

①考虑 SSI 的内在复杂性。

②从多个角度分析问题。

③确定需要持续调查的问题的各个方面。

④在分析潜在偏见信息时持怀疑的态度。

⑤探索科学能对问题做出的贡献和科学的局限性。（Sadler et al.，2017，p. 80）

课程结构和内容概述见表 8.2。

表 8.2　"肥胖：不只是一个健康问题"的课程结构

单元重点/活动
1. 肥胖：问题概述
2. 肥胖的原因：揭示肥胖的科学（科学视角）
3. 肥胖的原因：跨国食品工业的阴谋？（市场营销和政治观点） 辅导辩论：学校应该禁止喝软饮料吗？
4. 肥胖的原因：肥胖的社会建构（社会、文化和经济视角） 辅导辩论：媒体应该为肥胖压迫负责吗？
5. 挑战对抗肥胖合法化的科学依据
6. 肥胖的后果：肥胖给我们的生活和世界带来了什么？ 辅导辩论：大块头乘客应该买两张机票吗？
7. 前进的道路：对肥胖的行动和态度 辅导辩论：接纳肥胖运动是否鼓励不健康的生活方式？

在课程的第 1 个单元中，我们旨在帮助学生建立科学与社会层面的认识之间的联系，以理解肥胖问题。我们讨论了科学因素，如节俭基因假说、睡眠不足引起的内分泌紊乱、表现遗传学、食物成瘾和母体营养。在第 2—6 单元中，我们从社会、经济、文化、政治、伦理和道德等方面综合思考问题，旨在培养学生思想解放维度的批判性思维。我们计划通过这种方式促进学生对问题复杂性的理解，其中这些问题的解决取决于人们如何将肥胖定义为一个"问题"。我们还挑战了诸如"肥胖个体通常因脂肪堆积而不健康"和"长期大幅减重是一个可行的目标，

并将改善健康"等常见的观念，其间在分析潜在偏见的信息时持怀疑的态度，并确定需要持续调查的问题的各个方面。我们认识到，在不同情境中同伴互动是促进观念变化和思维维度转变的关键（Chi & Wylie，2014）。因此，我们让学生参与各种问题的辩论，鼓励他们在互联网上搜索、解读和分析信息，并根据来自不同学科的证据构建论点、反论点和反驳意见。这些活动旨在支持学生进行实践，以便对未来可能遇到的其他 SSI 做出明智的决策。

课程的最后一个单元旨在通过让学生参与案例研究来促进培养学生综合各种想法的能力。学生对肥胖相关问题进行合作探究，他们可以根据自己的兴趣自由选择问题，例如"脂肪税"和"直接面向儿童的营销"。我们希望在得出结论的过程中，学生能够意识到科学在解决这些问题上的作用和局限性。

8.3.2　测量批判性思维维度的转变

我们通过以下数据来源测量了学生对肥胖的技术统治论和思想解放维度固有思维的转变：

（1）肥胖影响因素的评分。

在课程开始和结束时，我们要求学生在利克特量表上对他们认为不同因素对肥胖贡献的重要性进行评分（5 分代表极其重要；4 分代表非常重要；3 分代表中等重要；2 分代表有点重要；1 分代表一点也不重要）。纳入的因素被认为是肥胖的关键贡献因素（Foster et al.，2003；Puhl et al.，2015）：①高脂饮食；②暴饮暴食；③缺乏意志力；④反复节食（体重循环）；⑤内分泌失调；⑥心理问题；⑦代谢缺陷；⑧遗传因素；⑨不健康食品的营销/广告；⑩营养知识贫乏；⑪食品定价；⑫身体活动不足；⑬食物成瘾；⑭餐馆就餐。

因素①—⑧是技术统治论维度的表现。更具体地说，因素①—④将肥胖归因于通常认为个体能够控制的生物因素。因素⑤—⑧本质上是生物学因素，但被认为超出了个体的控制范围。因素⑨—⑪在更广泛的社会层面上解释肥胖问题，这些因素往往使社会经济地位低下的人更可能发胖。能够认识到这些因素的重要性，意味着学生认识到了在更广义肥胖议题中存在社会不平等的问题。因此，我们将这些因素关联为思想解放维度的表现。因素⑫—⑭可能与其中的任何一个维度都有潜在关系（例如，"身体活动不足"可能是"懒惰"或长时间坐在办公室/座位上工作的结果；"食物成瘾"可能是指个人选择沉迷于食物或是被食品行业操纵的结果；"餐馆就餐"可能是指个人无节制地点餐，也可能是指餐厅在菜肴中过度使用脂肪以及提供大分量菜肴的策略）。因此，我们没有将因素⑫—⑭归为两个维度中的任何一个。

为了确定在技术统治论和思想解放维度之间坚持性的转变，我们使用 t 检验比较了每个因素的班级平均评分。为了揭示那些被认为是肥胖贡献因素的普遍性的任何转变，我们选定了在数据收集的第 1 周和第 12 周获得班级最高平均评分的因素，以及大多数学生认为"极其重要"的因素，并对第 1 周和第 12 周的这些因素进行比较。

（2）指导论文写作。

该任务在课程开始时（第 2 周）和课程结束时（第 12 周）进行。我们要求学生写出肥胖的原因，并提供支持性论据、反对论据和反驳意见（Wu & Tsai，2007）。我们根据评分任务的 14 个因素对他们的写作进行编码，进而比较学生讨论这些因素的场合，并使用 t 检验来确定他们所考虑因素的变化。通过这种方式，我们有两个数据来源来确定学生对肥胖原因的固有思维的转变。

8.3.3 学生学习：固有思维的转变

在参与该课程的 120 名学生中，116 名学生同意使用他们的数据，其中 114 人完成了论文写作任务，97 人完成了课前和课后评分任务。

（1）按分数对任务进行评分。

在课程开始前，所有属于技术统治论维度的原因的得分[分数在"反复节食"（体重循环）（3.44）和"高脂饮食"（4.24）之间]均高于属于思想解放维度的原因的得分［分数在"食品定价"（2.73）和"不健康食品的营销/广告"（3.36）之间］（表 8.3）。这表明对技术统治论维度的坚持性要强于对思想解放维度的坚持性。在所有原因中，"高脂饮食"（4.24）和"暴饮暴食"（4.19）这两个被认为受个体控制的因素是参与者最坚持的肥胖原因。也就是说，这两个技术统治论因素在课程开始时就在学生思维中具有普遍性。

表 8.3　评分任务的分数

肥胖的原因	课程前		课程后			
	平均值	标准差	平均值	标准差	t	p
技术统治论						
高脂饮食	4.24	0.08	3.81	0.08	−3.61	0.00**
暴饮暴食	4.19	0.07	3.70	0.08	−4.38	0.00**
缺乏意志力	3.48	0.09	2.99	0.10	−3.52	0.00**
反复节食（体重循环）	3.44	0.09	3.38	0.08	−0.49	0.63

续表

肥胖的原因	课程前		课程后			
	平均值	标准差	平均值	标准差	t	p
内分泌失调	3.81	0.09	3.44	0.09	-2.88	0.00**
心理问题	3.75	0.08	3.47	0.08	-2.38	0.02*
代谢缺陷	3.72	0.09	3.49	0.08	-1.78	0.08
遗传因素	3.65	0.09	3.45	0.08	-1.57	0.12
思想解放						
不健康食品的营销/广告	3.36	0.12	3.82	0.09	3.00	0.00**
营养知识贫乏	3.26	0.10	3.45	0.10	1.29	0.20
食品定价	2.73	0.13	3.40	0.09	4.05	0.00**
技术统治论和思想解放						
身体活动不足	3.90	0.08	3.57	0.08	-2.72	0.01*
食物成瘾	3.72	0.08	3.62	0.08	-0.79	0.43
餐馆就餐	3.11	0.11	3.42	0.09	2.07	0.04*

*表示 $p<0.05$，**表示 $p<0.01$。

　　课程结束后，"不健康食品的营销/广告"成为最普遍的原因（3.82，课前为3.36），接下来是"高脂饮食"（3.81，课前为 4.24）和"暴饮暴食"（3.70，课前为 4.19）。所有属于技术统治论维度的原因的坚持性都有所下降；其中"高脂饮食"、"暴饮暴食"、"缺乏意志力"、"内分泌失调"和"心理问题"的下降具有统计学意义（$p<0.05$）。同时，所有属于思想解放维度的原因的坚持性都有所提高，其中"不健康食品的营销/广告"和"食品定价"的提高具有统计学意义（$p<0.01$）。这些数据表明学生的思维在课程结束时朝着思想解放维度转变。图 8.2凸显了学生思维从注重个体责任的技术统治论维度向思想解放维度的转变。

　　（2）指导论文写作。

　　在属于技术统治论维度的原因中，课前参与者最坚持的是"遗传因素"（87.7%），其次是"身体活动不足"（64.0%）和"暴饮暴食"（62.3%）（表 8.4）。在属于思想解放维度的原因中，课前参与者最坚持的原因是"社会经济地位"（30.7%）、"教育"（18.4%）和"不健康食品的营销/广告"（15.8%）。这些都证实了评分任务的结果，表明参与者在课前强烈坚持技术统治论的观点。

　　在课程结束后参与者考虑的所有原因中，"遗传因素"仍然被视为肥胖的主要原因（69.3%，课前 87.7%），其次是"社会经济地位"（61.4%，课前 30.7%）

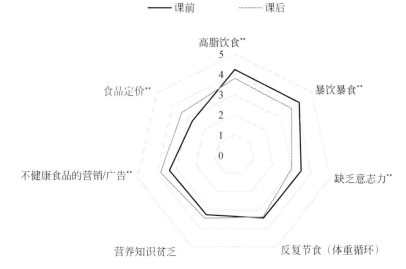

图 8.2　评分任务来源

表 8.4　参与者在论文写作中考虑的肥胖原因（n=114）

肥胖的原因	课前写作		课后写作		
	参与者数量/人	参与者比例/%	参与者数量/人	参与者比例/%	改变率/%
技术统治论					
遗传因素	100	87.7	79	69.3	−21.0
身体活动不足	73	64.0	53	46.5	−27.4
暴饮暴食	71	62.3	39	34.2	−45.1
内分泌失调	59	51.8	49	43.0	−17.0
表观遗传学	23	20.2	21	18.4	−8.7
心理问题	19	16.7	12	10.5	−36.8
思想解放					
社会经济地位	35	30.7	70	61.4	100.0
教育	21	18.4	49	43.0	133.3
不健康食品的营销/广告	18	15.8	62	54.4	244.4
活动环境	9	7.9	16	14.0	77.8
文化	8	7.0	33	29.0	312.5
体重偏见	3	2.6	30	26.3	900.0
食品游说	0	0.0	16	14.0	n/a

续表

肥胖的原因	课前写作		课后写作		
	参与者 数量/人	参与者 比例/%	参与者 数量/人	参与者 比例/%	改变率/%
技术统治论与思想解放					
食物成瘾	24	21.1	10	8.8	−58.3
餐馆就餐	16	14.0	22	19.3	37.5

和"不健康食品的营销/广告"（54.4%，课前 15.8%）。"社会经济地位"和"不健康食品的营销/广告"的坚持性的增加以及"遗传因素"的普遍性，表明了与技术统治论观点并存的思想解放观点的出现。此外，所有技术统治论维度的原因都表现出坚持性的减少，而所有思想解放维度的原因都表现出坚持性的增加。这进一步说明了参与者在坚持性方面从技术统治论维度向思想解放维度转变。

8.4　结　　论

本章考察了本科生在参加关于"肥胖"的通识教育课程期间，对肥胖的技术统治论和思想解放维度的固有思维的转变。总体而言，学生表现出向思想解放维度的显著转变。这种转变需要培养批判性思维，学生必须考虑不同类型的证据和不同学科的替代性解释。课程结束时，学生们展示了他们对科学以外的证据和知识主张的考虑，即他们现在也将肥胖归因于社会层面的因素。

我们意识到我们的教学侧重于讨论肥胖的成因，这可能限制了学生考虑如何将肥胖作为一个更广泛的社会现象来解决的空间。正如解决问题的手段与问题起因有着密切的联系，问题的起因也暗示着不同解决方案的可能性。我们想在下一轮的课程教学中让学生思考和讨论解决肥胖问题的措施。我们希望更多的学生运用思想解放对更广泛的社会、文化和政治环境以及对社会公正和平等问题进行道德推理。

在本章的最后，我们想引用一位学生对这门课程价值的评论，它激励我们进一步开展工作并邀请更多的学生参与 SSI 的批判性探究：

总的来说，这门课程为我提供了一个有益的学习经验，让我更多地了解个人、社会和全球层面如何在影响肥胖问题方面发挥作用。这门课程也增强了我的批判性思维技能以及（扩大了）我关于肥胖的知识，它让我能够以更广阔的视角看待肥胖的流行，并鼓励我提出更多……有关这一全球现象的问题。

参 考 文 献

Allen, M., Harper, L., & Clark, Z. (2019). Preschoolers' concepts of digestive physiology and their links with body mass index. *Research in Science Education.* https://doi.org/10.1007/s11165-11019-19859- 11163.

Castonguay, J., McKinley, C., & Kunkel, D. (2013). Health-related messages in food advertisements targeting children. *Health Education, 113*(5), 420-432.

Chi, M. T. H., & Wylie, R. (2014). The ICAP framework:Linking cognitive engagement to active learning outcomes. *Educational Psychologist, 49*(4), 219-243.

Davies, M., & Barnett, R. (Eds.). (2015). *The Palgrave handbook of critical thinking in higher education.* Palgrave Macmillan.

Femandez-Balboa, J.-M. (2004). Emancipatory critical thinking. In J. L. Kincheloe & D. K. Weil (Eds.), *Critical thinking and learning:An encyclopedia for parents and teachers* (pp. 454-458). Greenwood.

Foster, G. D., Wadden, T. A., Makris, A. P. , Davidson, D., Sanderson, R. S., Allison, D. B., & Kessler, A. (2003). Primary care physicians' attitudes about obesity and its treatment. *Obesity Research, 11*(10), 1168-1177.

Kuhn, D. (1999). A developmental model of critical thinking. *Educational Researcher, 28*(2), 16-25.

Nestle, M. (2018). *Unsavory truth:How food companies skew the science of what we eat.* Basic Books.

Organisation for Economic Co-operation and Development (OECD). (2019). *The heavy burden of obesity.* OECD Publishing.

Ozbas, S., & Kilinc, A. (2015). School students' conceptual patterns about weight gain:A preliminary study for biology teaching focusing on obesity. *Journal of Biological Education, 49*(4), 339-353.

Potvin, P. , & Cyr, G. (2017). Toward a durable prevalence of scientific conceptions:Tracking the effects of two interfering misconceptions about buoyancy from preschoolers to science teachers. *Journal of Research in Science Teaching, 54*(9), 1121-1142.

Puhl, R. M., Latner, J. D., O'Brien, K., Luedicke, J., Danielsdottir, S., & Forhan, M. (2015). A multinational examination of weight bias:Predictors of anti-fat attitudes across four countries. *International Journal of Obesity, 39*(7), 1166-1173.

Sadler, T. D. (2004). Moral sensitivity and its contribution to the resolution of socio-scientific issues. *Journal of Moral Education, 33*(3), 339-358.

Sadler, T. D., Foulk, J. A., & Friedrichsen, P. J. (2017). Evolution of a model for socio-scientific issue teaching and learning. *International Journal of Education in Mathematics, Science and Technology, 5*(2), 75-87.

Shtulman, A., & Harrington, K. (2016). Tensions between science and intuition across the lifespan. *Topics in Cognitive Science, 8*(1), 118-137.

Taber, K. S. (2019). *The nature of the chemical concept:Re-constructing chemical knowledge in teaching and learning*. Royal Society of Chemistry.

Tomiyama, A. J., Carr, D., Granberg, E. M., Major, B., Robinson, E., Sutin, A. R., & Brewis, A. (2018). How and why weight stigma drives the obesity 'epidemic' and harms health. *BMC Medicine, 16*(123), 1-6.

Toomath, R. (2016). *Fat science:Why diets and exercise don't work-and what does*. Auckland University.

Weissová, M., & Prokop, P. (2019). Alternative conceptions of obesity and perceptions of obese people amongst children. *Journal of Biological Education*. https://doi.org/10.1080/0021926 6.00212019.01609549.

World Health Organization. (2018, February 16). Obesity and overweight. *Fact sheet*. Retrieved from http://www.who.int/mediacentre/factsheets/fs311/en/.

Wu, Y. T., & Tsai, C. C. (2007). High school students' informal reasoning on a socio-scientific issue:Qualitative and quantitative analyses. *International Journal of Science Education, 29*(9), 1163-1187.

Zeidler, D. (2015). Socioscientific issues. In R. F. Gunstone (Ed.), *Encyclopedia of science education* (pp. 998-1003). Springer.

Zeidler, D. L., Herman, B. C., Clough, M. P., Olson, J. K., Kahn, S., & Newton, M. (2016). Humanitas emptor:Reconsidering recent trends and policy in science teacher education. *Journal of Science Teacher Education, 27*(5), 465-476.

Zeidler, D. L., & Keefer, M. (2003). The role of moral reasoning and the status of socioscientific issues in science education:Philosophical, psychological and pedagogical considerations. In D. L. Zeidler (Ed.), *The role of moral reasoning on socioscientific issues and discourse in science education* (pp. 7-38). Kluwer Academic.

第 9 章　当失败意味着成功：失败在 STEM 学科新知识发展中的作用

珍妮弗·曼斯菲尔德　理查德·冈斯通[①]

摘要： 无论是在科学、技术、工程和数学（STEM）学科的发展中，还是在这些学科的教学实践中，失败与成功往往并不矛盾。本章专门探讨了失败在 STEM 各学科中的表现方式，并以此推断失败在各学科新知识发展中的作用和性质。我们首先讨论了失败的概念和种类，以及为什么常常被认为是消极的失败却是学习过程中的一个重要因素。然后依次探讨 STEM 各学科中失败的性质。在科学中，失败是司空见惯的，因为科学本质上是由理解我们周围世界的愿望所驱动的。科学可以是独立于环境的，而不是以设计为中心的。因此，交流的最终成果包括生成的知识和导致其生成的"成功"过程。虽然失败是这个过程的重要组成部分，但它很少被认为是可取的或值得发表的。我们对比了失败在工程和技术中的作用，在这里人们认为失败是设计过程中不可或缺的一部分，它证明了测试和过程的严谨性。数学中的失败可以体现在寻求解决方案中成功的部分，也可以体现在失败的部分。可以说，数学的基本前提包括寻找问题的解决方案或培养技能，而不是为了生产知识本身而过分关注知识生产。最后简要讨论了失败在 STEM 学科学习中的作用。

关键词： 失败，成功，STEM，科学，设计过程

9.1　简　　介

人们普遍认为，失败是没有价值的，也不会带来任何有益的东西。然而，在 STEM 学科的发展以及这些学科在教育背景下的教学中，失败与成功往往是相辅

① 珍妮弗·曼斯菲尔德，理查德·冈斯通

澳大利亚维多利亚州克莱顿，莫纳什大学教育学院

邮箱：jennifer.mansfield@monash.edu；richard.gunstone@monash.edu

相成的。本章专门探讨了失败在 STEM 各学科中的表现方式，并以此推断失败在各学科新知识发展中的作用和性质。

失败的运用和评估方式影响了学科之外的人对学科的表达和感知方式（例如，见 Manalo & Kapur，2018）。因此，这些表现影响了人们在涉及这些学科的教育背景下对失败的感知和理解。本章探讨了失败在科学、技术/工程和数学学科中各自的作用。由于技术和工程在各自的基本认识论方面足够相似，因此它们在各自的成功中对"失败"的性质和认识也被放在一起考虑。本章最后简要讨论了失败在 STEM 学科学习中的作用。

本章的目的是讨论在科学、技术/工程和数学学科中，失败是否是新知识发展的组成部分以及它是如何表现的，然后探讨了人们对失败的看法与失败本身的价值不一致的问题。这一目的对明确这些学科中的失败在教育背景下的价值和表现方式有着重要的影响。本章不会探讨学校层面对 STEM 学科中失败的解释和描述。相反，我们会简要探讨教师如何开始培养对失败在不同学科中的价值和作用的认识，使 STEM 教育学科中表现失败的方式保持一致，并与本书的核心创造力和批判性思维主题建立联系（Ellerton & Kelly，第 2 章）。

在我们探讨失败在各个独立学科中的表现方式之前，首先必须仔细思考如何更普遍地理解、感知和使用"失败"的概念。

9.2　何为失败？

J. K. 罗琳（J. K. Rowling）认为："生活中不可能没有失败……除非你活得过于谨慎，以至于你可能根本就没有生活——在这种情况下，你被默认是失败的。"

失败，或缺乏成功，往往被认为是不可取的事情，特别是在一个不断根据我们的成功与失败来衡量和排名的时代。在学校里，学生们根据他们成功回答考试问题的程度被衡量和排名。这些成功被进一步转化为排名分数（例如，澳大利亚高等教育入学排名 ATARs，或平均绩点 GPAs），被用来代表学术质量，从而成为进一步学习或就业的筹码。在学校里，如果不能正确拼写一个单词，就会被淘汰出拼写比赛。在体育领域，如果在体育测试中表现不佳，意味着你被选入运动队的可能性较小。在驾驶执照考试中答错太多题意味着你无法驾驶汽车。在学术界，学者是根据指标（发表论文数量、学生满意度排名、获得资助数量等）进行衡量和排名的，数量越多代表水平越高。事实上，各大学在全球排名上的竞争是基于其学术人员的成就的。在我们的生活中，失败和成功被用作衡量哪些人更有能力和做得更好的手段。难怪我们习惯性认为失败是不可取的。然而，我们的失败之旅往往能给我们带来成长和改进，从而带来更大的成功。

本章旨在考虑失败在科学、技术/工程和数学学科中的表现及其对这些学科成长、发展和进步的价值和重要性。我们认为，在学科之外谈论失败不一定能代表失败在该学科中发挥的作用。

我们首先考虑与"成功"和"失败"相关的含义，然后详细阐述了"失败"在科学、技术/工程和数学中的一般表现形式，并简单地将失败视为一种学习的途径。在本章的后半部分，我们将具体探究在正式和非正式文献中关于 STEM 各学科知识性质和发展的失败是如何表现和被感知的，以及这些表现对中小学教育的影响。我们认为，失败是知识发展不可或缺的一部分，尤其是在许多 STEM 学科中，但在其中一些学科中却很少有这样的表现。这对一些 STEM 学科性质的重要方面在学校中表现方式的有效性产生了影响，可能导致人们缺乏对失败是成长和发展必要因素的认识。

9.3 定义成功与失败

威廉·胡威立（William Whewell）认为："每一次失败都是成功的源泉。"

成功或在某件事情上取得成功是指实现"有利的或期望的结果"的能力（Success，年份不详）。理想化或期望的状态通常被用作衡量成功或成就水平的标准。失败与成功相反，描述了未能达到成功的情况，即"没有表现出来"或"功败垂成"（Failure，年份不详）。因此，很容易理解为什么人们通常避免失败，认为它是消极的。谁会满足于被认为"表现不佳"或"未能达到"某些理想化的标准呢？

法尔斯坦（Firestein，2015，p. 7）强调，"就像许多重要的词汇一样，失败对于它所代表的类别来说太过简单。失败有很多种形式，有不同的程度、背景、价值以及无数的其他变量"，可以通过诸如错误、失误、失策、失态、搞砸、灾难、失望等词语来表达，这样的词语数不胜数。这些词的存在是为了区分努力取得成功的过程中的不同方面。为了说明这种多样性的广度，法尔斯坦（Firestein，2015）提出了一系列的失败，从简单的教训（例如"下次要多加小心"）到更大的"性格塑造"失败，从微小而容易忽略的失败到巨大的、灾难性的和有害的失败。法尔斯坦所列出的失败并不是详尽无遗的，而是简单地提供了一系列失败类型的示例（表 9.1）。

表 9.1　失败多样性示例

失败的类型

浪费时间的错误，例如，可能源于愚蠢、冷漠、天真

从错误中我们可以学到的简单教训，例如，下次要加小心，更仔细地检查答案

痛苦的、塑造性格的错误会给人生带来教训，例如，失败的婚姻、失败的商业冒险

导致意外发现的失败，例如，意外的失败

有启示性的失败，例如，一种方法不行，必须另辟蹊径

失败的层次：失败是一层层累积的，学习是与什么不起作用相比较，而不是与什么起作用相比较

在一段时间内是成功的，但后来就不成功了，例如，炼金术

斯坦失败，例如，失败后留下了一系列有趣的东西

失败本身就是目的

灾难性的失败

法尔斯坦（Firestein，2015）指出，失败有不同的类型，有些是不良的、无法避免的，但在大多数情况下，失败是有益的、值得学习的。一些轻微的或可预防的失败可以称为错误或失误，它们可能是由于能力不足或判断失误而造成的。例如，在数学题中小数点放错了位置，在不合适的场合说了不恰当的话，或者咖啡杯掉在地上弄得一团糟。这些"失败"看似简单或微不足道，但有时却反映了对社会规范、肌肉协调或概念理解的不充分。

上述例子说明，我们可以用不同的方式来定义失败的性质和程度（比如从微小到灾难性的），以及失败造成的后果（比如从无关紧要到危及生命的）。

无论怎么说，失败都是学习过程中不可或缺的一部分。各种形式的失败让我们发现了新奇、意外和有益的东西。只有我们意识到这一点，失败才能指导我们未来要做什么（或不做什么）。从这个角度来看，失败是有益的，也是知识发展（无论是个人的还是整个领域的）的必要条件，正如约翰·杜威（John Dewey）经常引用的一句话中所指出的那样："失败是有启发性的，真正思考的人从失败中学到的东西和从成功中学到的一样多。"（Dewey et al.，2008，p. 206）尽管有这些有说服力的论点，失败仍往往被贬低和否定；失败往往被认为是不可取的、需要避免的。我们认为这种对失败的看法是不正确的。

9.3.1　什么不是失败

在探讨什么是失败时，科尔（Cole，2011）认为，从广义的角度来看待什么不是失败也是有益的。根据马克斯韦尔（Maxwell，2000）的工作，科尔总结失败

的四个特征：

①失败不是总能避免的：人人都会遇到失败，有时甚至比成功更常见。

②失败不是什么"奇怪的事情"：通常失败是由一些可识别的原因造成的，比如没有复习考试、粗心大意、书写不清楚或者没有充分理解某些概念或方法。

③失败不一定是消极的，尽管它通常被视为如此：有些失败只是无心之失；这些失败并不可耻。虽然我们习惯于把错误看作是不好的（例如，在成长过程中大多数人会听到"你怎么了？"或者"振作起来"这样的反问句或陈述句），但并非所有的错误都是消极的。我们经常失败是因为我们对某些事情还不够了解，或者因为我们没有从过去的错误中学习，或者因为我们故意去做。很少有人会听到"失败也没关系"的鼓励。

④失败很少是灾难性的：除非失败真的会致命，"每一次失败都蕴含着成功的机会——也就是学习和进步的机会"（Cole，2011，p. 21）。逆境往往能催生成功，这从许多关于科学发现、技术创新或其他类似事物进展的报道中可以看出。虽然有些失败仅仅是失败，我们最好避免它们，但如果我们选择从中学习，那么失败就是宝贵的学习机会。

9.3.2　为何失败会带来伤害

人们通常对失败感到厌恶，因为失败暴露了我们的无法胜任、不严谨、无能或"错误"（Firestein，2015）。失败会引发各种负面情绪，如后悔、内疚和羞愧（Cole，2011），降低自我评价（Conroy，2003），避免和减少冒险行为（Cetin et al.，2014）。这些负面情绪反过来会影响我们尝试新事物、追求学习或做出职业选择的能力（Simpson & Maltese，2017）。当失败让我们感到后悔时，我们会沉溺于过去而不是展望未来。遗憾的感觉会干扰我们的选择和行动，包括降低冒险的意愿，因为我们被过去所困扰。如果遗憾持续不消就会演变成内疚感，本质上是我们的行为方式与我们认为应该遵循的行为方式之间存在差距（Cole，2011）。内疚感接着会转化为羞耻感，例如"我是个坏人"或"我是个失败者"。这些感觉是有害的，很容易损害我们的自我认同，造成自卑和负面的自我形象，进而会影响我们的行为，导致空虚、退缩、孤独和无力感（Cole，2011）。为了应对这些负面情绪，科尔（Cole，2011）建议我们承认错误并为其承担责任，采取补救措施（包括原谅自己和他人、向他人道歉），然后从错误中学习，继续前进。

我们都会经历各种各样的失败，无论是个人造成的还是在学校和工作场所遭遇的。失败往往让我们感到沮丧和厌恶，不愿意去面对、分享或从中学习。我们可能认为失败会损害我们的身份和形象（Lottero-Perdue & Parry，2017）。克拉克和汤普森（Clark & Thompson，2013）指出，使得失败如此令人讨厌的一个原因是我们缺乏对失败在生理、书面和口头交流方面的重要性的认识。例如，在许多研究领域，失败很少出现在研究文章、营销网站和演讲中。另外，布特龙等（Boutron et al.，2010）发现，在研究报告中，高达 40% 的"负面"研究结果被忽略或美化了。这些都反映了我们对失败有一种逃避或否定的态度。

然而，当我们听到别人如何应对并克服失败时，我们却会感到好奇和感动，因为这与我们自己的经历有所共鸣。洪和林（Hong & Lin-Siegler，2012）发现，向学生展示科学家的挫折和困难，而不仅仅是他们的成就和荣誉，可以增强学生对科学家的认同感，让他们明白科学家也是不断努力和犯错的普通人。这样，学生就能更积极地思考、培养兴趣和提高解决问题的能力。

尽管失败有时会让我们感到消极（Simpson & Maltese，2017），但它也是我们在不同环境中学习的重要途径（Kapur & Rummel，2012）。下面，我们将简要介绍一些失败促进学习的案例，并探讨失败在 STEM 各学科创新知识中的作用。

9.4　失败是学习之旅

玛雅·安吉罗（Maya Angelou）曾说过："勇敢的女性能够面对并从失败中吸取教训，所以她们从没有真正地失败过。"

然而，在现实中，我们常常对失败抱有负面和回避的态度，忽视了通过失败和错误可以获得的宝贵经验（当然这也要求我们能够认真地分析和反思失败的原因）。我们把成功看作是终极目标，而忽略了通往成功的路上必然经历的挫折和困难。其实，失败是我们学习过程中不可或缺的一部分，它能够帮助我们最终达到成功。

克拉克和汤普森（Clark & Thompson，2013）提出了失败的四个未被人们充分重视的方面：

①失败体现了优秀的学术实践；只有在创新和进步的前沿才会遇到失败。

②失败是良师，能够让我们获取知识和技能，促进我们的个人成长和职业发展。

③失败促进了进步，例如研究的发展带来了新的探索方向和改善工作的机会（Thomson & Kamler，2012）。

④失败揭示了社会上存在的不公正和不平等，引起人们对"伪装成能力、功绩或运气"的不公平的关注（Tessman，2009）。失败可以作为一种衡量歧视的标准。

失败的价值和作用已经得到了广泛的认可，在"自我救赎文学"的作品中也越来越流行。例如佩奇（Page，2011）提到了"失败风尚"，很多畅销书籍都专门探讨了如何从失败中获益［例如《如何成为一个成功的失败者》（Cole，2011）和《向前失败：将错误变成成功的垫脚石》（Maxwell，2000）］。在学术文献中，也有关于失败本质的思考，例如 2011 年 4 月《哈佛商业评论》出版了一个"失败问题"专刊（https：//hbr.org/archive- toc/BR1104）。

9.5 失败在科学知识发展中的作用

"科学有一个不为人知的秘密：我们一直都在失败。"——玛丽亚姆·扎林哈拉姆（Maryam Zaringhalam，2016）

当我们思考失败对科学的意义和影响时，我们会发现一个与上述描述相似的现象，那就是成功优先于失败，这一点可以从对成功和失败的报道中看出（目前还没有专门报道科学家失败经历的杂志）。扎林哈拉姆在上面这句话中用了"秘密"这个词，很好地反映了普遍存在于科学文化中对"失败"的回避。在探索新知识的过程中，科学上的失败是难以避免的，而且通常比成功更为常见（例如，Dreyfuss，2019；Firestein，2015；Parkes，2019；Zaringhalam，2016，2017）。创新必然伴随着风险，而风险就意味着可能会失败。通过对同行评审科学期刊进行大量搜索，我们发现几乎没有关于科学研究失败的文章，但是在博客和其他研究人员之间的非正式交流中（没有经过同行评审，也不受传统规范的约束），我们却能发现很多关于失败在科学工作中所起到的作用和重要性的评论。

科学工作中充满了失败，但这些失败却很少被人们看到和理解。研究科学家表示，这是因为科学在正式出版物、会议论文以及研究经费申请中都倾向于展示已完成和成功的成果，而不是真实和完整的科学过程（有关科学中对失败缺乏描述的讨论，见 Dreyfuss，2019；Maestre，2019；Zaringhalam，2019）。帕克斯（Parkes，2019）指出，"轻而易举实现的科学"其实是一个悖论。"要想有新发现，就必须冒险跳入未知领域，如果害怕失败，就无法突破。"扎林哈拉姆（Zaringhalam，2017，p.5）也写道，"科学本身就是高风险的"：

失败是风险的自然产物，追求无知是最大的冒险，提出那些探索未知领域的大胆问题就会带来失败的风险。从日常工作中遇到的琐碎失败到《失败》一书中记录的那些英雄般、颠覆性质的失败，许多科学家都对这种观点不以为然。他们只愿意发表自己的创新故事，那些关于他们如何从无知中走向成功的故事。在"发表或灭亡"的压力下，这些故事

对他们的名声和利益至关重要。因此，他们几乎没有动力去重复别人的工作或报告自己的失败。事实上，现在几乎没有什么媒体愿意发表那些被束之高阁的努力。(para. 9)

科学家面临着"发表或灭亡"的压力和资金竞争的挑战，很少有机会和动力去分享自己的失败经验。这可能导致一些科学家几年后放弃研究事业，或者一些人对 STEM 领域失去兴趣。

科学家如何看待失败，不仅影响他们的工作质量和效率，也影响他们向公众传达失败在科学进步中所起的作用的意愿和方式，以及他们的职业发展和满意度。梅斯特里（Maestre，2019，p. 5）指出，科学家常常承受着焦虑和挫败感，"研究生和博士后面临着成功与否决定一切的局面，在文章或申请被拒绝时，他们会感到更大的压力"。要让科学家敢于面对并讨论失败的价值，就必须消除他们对失败的羞耻感，并给予其他形式的激励和认可。

科学家往往不愿意公开自己研究中的失败，导致科学工作的很大一部分被掩盖在幕后，使得我们无法对科学有一个完整的了解。这种现象不仅影响了科学家的工作质量，也造成了非科学研究者对科学家工作的误解和偏见。其中，最受影响的是大多数学校的科学教师和其他群体，如科学消费者和有志于从事科学的人。如果我们不能准确和真实地描述科学工作的过程和特点，就无法让他们全面地认识科学是如何实际开展的。而对于学生来说，如果缺乏对失败在科学中的重要性和普遍性的认识，就可能影响他们选择科学作为职业的意愿和信心。因此，我们需要通过一些励志故事来提高学生对科学失败的认识和接受度，让他们明白科学和科学家并不是遥不可及的，而是与他们的生活息息相关。

缺乏对失败在科学中作用的了解，可能产生远远超出科学和科学教育特定领域的后果（在极端情况下，即使在 50 年前，21 世纪产生的后果也是难以想象的）。扎林哈拉姆（Zaringhalam，2017）曾经说过"失败是风险的自然产物"，而科学始终涉及"风险"也涉及"失败"，例如预测下周天气、预测个人医疗状况的未来情况、预测未来全球排放将会使全球温度上升多大幅度等。这些预测都是"概率性"的，并非绝对确定的。缺乏对科学预测的包容和理解，加上民主社会越来越多的诉讼，现已导致了被许多人认为是极端的后果。例如，在 2009 年意大利中部发生一场地震造成重大损失和人员伤亡之前，六位地震学家曾经预测该地区及其居民的地震风险水平为"正常"，表明该地区人员没有必要撤离。事后，六位地震学家以及负责派遣地震专家到该地区的一名政府官员被判定多项杀人罪，并被判处六年监禁，罪名是在地震发生前向公众提供虚假信息（Davies，2012，para. 2）。尽管无可争议的是，目前科学对沿特定断层的地球运动所导致的地震的预测能力不过是概率性的，且无法提供任何确切的时间（上诉结果是，2014 年推翻了对地震学家的定罪，2016 年推翻了对政府官员的定罪）。

科学中的失败并不总是负面的，有时也能带来意想不到的收获。例如，弗莱明（Fleming）在未清洗的培养皿中发现了青霉素，这是一个经典的偶然性故事（Livio，2013）。当然，这类故事往往被简化为偶然性而非失败的结果，忽略了科学家在失败中所付出的努力和创造力。对科学的描述始终未能传达出"命运是如何眷顾有准备的人"（路易斯·巴斯德，重点补充）。

科学家不愿意公开失败的另一个后果是阻碍了科学的进步（Madisch，2017）。如果科学家不分享他们的失败或者对失败抱有负面的态度，如认为"失败是可耻的事情"，那么许多科学探究就会重复以往的错误。帕克斯（Parkes，2019）认为对失败的理解将有助于促进科学进步。开放式出版和对失败更包容等举措有助于改变对失败的看法。科学家们通过访问免费网站 F1000 research（https://f1000research.com/）等方式来实现这一目标，科学家们在该网站上公布了负面和无效的数据结果或者自己的失败经历，正如普林斯顿大学心理学和公共事务教授约翰尼斯·豪斯霍费尔（Johannes Haushofer）所做的那样，他写了一份"失败的简历"，本来是给他的学生看的，却意外地引起了广泛关注（Swanson，2016）。失败的重要作用也促使由哥伦比亚大学教育学院林晓东（Xiaodong Lin-Siegler）教授所主持的跨学科耐挫创新教育研究中心（Education for Persistence and Innovation Centre，EPIC）的发展，该中心主要研究失败在创新、学习、领导力以及职业发展中的重要作用（http://epic.tc.columbia.edu/）。

9.6 失败在技术和工程知识发展中的作用

"阅读成功故事，你只会得到只言片语。阅读失败故事，你会获得一些如何成功的灵感。"——阿卜杜勒·卡拉姆（Abdul Kalam）

这段话出自一位著名的航天工程师（后来成为印度总统）卡拉姆，他的观点与科学研究中对失败的态度形成了鲜明的对比。在技术工程（TE）领域，失败被广泛认可和赞赏，因为它是新知识发展的重要驱动力。技术工程专家托马斯·爱迪生（Thomas Edison）曾这样说道："我没有失败，我只是找到了一万种不会成功的方法。"这句话进一步反映了在技术工程领域中对于"失败"的理解。技术工程以创新为目标，并制造许多用以提高我们的生活水平的人造物和工程，但技术的原理和过程往往不为人所知。通常情况下，技术工程用以解决问题的设计方案，但是正如彼得罗斯基（Petroski，2006）所指出的，新技术的创新发展也可能源于现有技术的失败，因为它们未能达到预期或承诺的效果。失败在新技术创新的发展中起着重要作用，因为测试新东西以确保其符合目的和安全使用必然需要严格、系统和可控的试错，但这是一种有组织的"试错"形式。创新必然涉及失败（Engel，2018），而包容失败的环境可以激发创新（Townsend，2010）。在技术工程中，失败也是一种识别创新产品和结构设计中需要改进的地方的方式。

在科学中，失败往往被忽略或隐瞒；与此形成鲜明对比的是，失败是技术和工程的核心和灵魂。常见的专业短语如"测试或设计失败（tested or engineered to failure）"，将错误和从失败中学习视为设计过程的重要组成部分，并在相关文献中对此进行了详细的设计案例分析（如 Gomoll et al.，2018）。技术工程利用类似的设计过程来开发新的设计和创新。工程和设计的多个模型有着相似之处，测试、失败和重新测试是模型不可或缺的部分。文献检索确定了 8 个详细的模型（表9.2），每个模型的细节水平可能受到创建每个模型的动机的影响：指导与设计相关的课程或学习发展（前八种情况适用于学校/本科生，第九种情况适用于研究生/专业学习）。

表 9.2 中的许多模型都有一些明显的共同特征，除了一个模型外，所有的模型都是从识别和描述现实世界中的问题、需求或挑战开始的，这些都是设计任务的出发点；较为特殊的斯坦福设计思维模型将"共情"（在设计任务的背景下理解人们）作为第一步。在每个模型中，第一步的结果都是不确定的。下一步是通过构思、想象、研究问题等方式使得对于问题、需求、挑战有更深入的理解。一些模型表明这一步可以是一个非线性的过程，思维可以贯穿各个阶段，比如在共情、识别需求或问题和产生关于问题的知识之间，这些过程可以同时或交替进行。

下一步是生成原型或模型，或提出其他可能解决问题的可行方案等。接下来是测试和改进阶段，在该阶段成功和失败用来评估设计的合理性。在改进阶段根据在模型测试期间收集的数据进行修改和重新设计。每个模型都以某种交流阶段结束，在这个阶段可以与他人分享设计过程。系统工程模型（表 9.2）进一步考虑了与设计过程的最终产品在其功能寿命结束后的最终处理相关的问题，推测是为了适应不同的、教育程度更高的目标群体而创建的。

在每个模型中，都需要运用创造性思维（Ellerton & Kelly，第 2 章），例如思维的流畅性和灵活性（特别是在构思阶段）、提出新颖的想法、重新定义和替代现有的想法，以及接受不确定性的意愿。这个过程还需要批判性思维来评估备选原型和可能的解决方案。

表 9.2 工程和设计过程模型示例

马萨诸塞州科技/工程课程框架（循环和阶段式）	工程是基础（EiE）（循环）	新"BEST"模型（阶段式、循环的、步骤之间的相互作用）	国家工程与技术教育中心（NCETE）（在过程中逐步循环）	UTeach工程项目（线性，中间循环）	下一代科学标准（NGSS）（三个互动阶段）	斯坦福设计思维模型（阶段式）	图片STEM（带反馈步骤的两个阶段）	系统工程模型（Engel）（逐步反馈）
						同理心		
确定需求或问题	询问	询问	确定需求或问题	确定需求	定义	定义	问题：定义	发展：定义
调研需求或问题	想象	想象	调研需求或问题	描述：描述需求，并对系统进行特征分析		构思	问题：学习	设计
制定可能的解决方案	计划	循环：计划	制定可能的解决方案	生成：生成多个概念	制定解决方案		解决方案：计划	实施
选择最佳解决方案			选择最佳解决方案	生成：选择概念				
构建原型	创造	循环：迭代	构建原型	体现：体现概念		原型	解决方案：尝试	整合
测试和评估解决方案		循环：测试	测试和评估解决方案	体现：测试和评估概念		测试	解决方案：测试	资格认证
		循环：改进						
交流解决方案		分享	交流解决方案				沟通/团队合作	
重新设计	改进		重新设计	体现：完善概念	优化			
			完成设计	完成和分享设计并改进设计			解决方案：确定	
								后期开发：生产、使用和处置

9.6.1 失败在设计过程中的作用

"失败是成功的关键。"——米歇尔·奥巴马（Michelle Obama）

与科学领域不同的是，工程师和技术专家的工作将受到严格审查并接受公开测试。对物体或结构的测试确保了设计符合目的并将按预期工作。人们可以看到工程师的劳动成果，也可以看到设计失败时所造成的后果，例如桥梁坍塌或汽车无法启动。工程技术行业中出错带来的后果往往比其他职业如科学家、数学家、律师或会计师要严重得多（Engel，2018）。设计和开发的对象也存在着差异，这些对象打算用于大规模生产。与那些在整个设计过程中被认为是独一无二的物品相比，在设计和开发上也有区别。规模生产的对象在向公众发布后，往往要经过进一步的调试和改进（Petroski，1982）。另外，较大的土木工程结构实际上是独特的，比如一座桥或一栋楼。单一的桥梁或建筑，需要从建设的最初阶段就为目标而设计。从失败中学习，在以往失败的基础上取得改进，在任何设计过程中都起着关键的作用，特别是在大型工程项目例子中，这些项目无法在建造过程中进行测试。

9.6.2 失败分析方法

　　"失败助长了成功，而长期的成功则助长了失败。"——亨利·彼得罗斯基（Henry Petroski）

　　在工程技术领域中，可以通过工程失败调查报告发现失败作为学习工具的作用。有许多不同的调查类型，如商业保险索赔和合同纠纷、责任划分、事故原因与责任方、促进认知研究（Matthews，1998）。故障分析案例研究的目的是批判性地分析技术工程故障的性质，为工程师或其他设计师提供一种方法来检查、讨论和分享详细的分析，以避免类似的事件再次发生并改进未来的相关设计。例如机械基础的工程设备，通常故障可能以部件磨损的形式出现（Matthews，1998）。了解各种材料的失效性质，可以为未来的材料选择提供指导，更好地达到特定目的。

　　关于失败案例的阐述是多种多样的，在书籍（Jones，1998）和专门的期刊中，如《工程故障分析》关于"工程故障分析和相关研究"的论文以及《工程故障分析案例研究》，该期刊标题清楚地说明了所寻求的论文的性质。技术工程失败的传播也经常通过会议进行，如工程故障分析国际会议，这种传播方式在工程领域比许多其他领域更加突出和重要。医学界有以死亡与并发症病例讨论会（Morbidity and Mortality Conferences，MMC）为形式的失败调查过程，以分析患者护理和治疗中的不良事件、错误和缺陷（Bal et al.，2014）。有时对失败的分析也是公开的，如 1983 年的挑战者号航天空难（如罗杰斯委员会报告，见 https://history.nasa.gov/rogersrep/genindex.htm）。

　　除了利用故障来确保对象正常工作外，技术工程还以可预测的方式对物体进行故障设计以确保其安全性和持续可用性。彼得罗斯基（Petroski，1997，p.412）

解释道：

> 实际上我们希望有些东西失败和故障，而不是我们在使用它们时感
> 到不便，甚至可能因为它们的存在而受到危害。在这种情况下，工程师
> 面临的挑战是设计出具有良好防御、可预测的故障的系统和设备，以便
> 使坍塌或断裂等物理现象在合适时间以合适的方式发生。

目的性或内置的故障机制包括诸如保险丝、压力阀、桥梁和路面的裂缝和故
意间隙，将故障设计到物体中作为"故障安全"，以确保产品和结构的设计具有最
大的实用性和安全性。在这种情况下，失败与科学相比有不同的作用，在科学中
失败是促使成功的一部分而不是有目的地在设计中使用的东西。

工程领域的失败与科学领域的失败有着不同的价值，彼得罗斯基（Petroski，
1997，p. 413）通过采用刀削苹果的比喻来论证这一点，削果皮是"使苹果皮不再
附着在苹果的果肉部分"。

在这个比喻中，"失败"用以说明系统是如何改变的，在这种情况下，是那些
喜欢吃去皮苹果的人想要的改变。彼得罗斯基在这个比喻中指出，在设计或问题
解决过程中发生的失败，往往被认为是最终解决问题或设计解决方案的关键一步。

9.7 失败在数学知识发展中的作用

本章开头引用了威廉·胡威立关于失败和成功的简要论述"每一次失败都是
成功的源泉"。胡威立作为一位19世纪杰出的博学家，对于数学、哲学的新知识
以及科学新思想发展做出了重大的贡献——用胡威立的术语来说即"科学方法"。
尽管他的工作不限于这些问题，还包括当时对归纳的性质和发现的逻辑的明确说
明。为了阐明被视为逻辑系统的知识，如数学的不同本质，我们再次转向胡威立，
与以经验为基础的学科（科学、技术、工程）相比，胡威立写"每一次失败都是
成功的源泉"时所关注的学科不同。胡威立（转载于 Butts，1968）在1837年的
著作中认为数学的确定性是建立在公理之上的并通过每一个步骤进行，如果需要
每个步骤都可以分为三段论。公理和三段论的确定性与结论又依赖于最初的定义，
这种关于数学知识本质的观点与被称为"符号逻辑"的哲学学派是一致的（Shapiro
& Kouri Kissel，2018）。这一时期的其他哲学家和数学家也得出了数学建立在定
义基础上的结论。

这种认为数学作为知识是通过逻辑从一组初始定义中推导出来的观点，时至
今日仍被接受但不再普遍。关于数学知识产生方式的其他观点以及一些人对其他
观点的质疑，在以下德夫林（Devlin，2008，p. 359）的文章中有简要描述：

　　近年来，数学界越来越多地认识到数学是认知或社会建构的，这对任何学习数学的人来说似乎是完全客观的。

　　近年来，从知识的社会建构中衍生出来的思想，导致了对数学本质的这种不太确定的看法，变得越来越普遍。[①]21 世纪出现了一些极为罕见的关于数学知识本质更多样化的新思想，包括对数学认识论的讨论，如分析哲学杂志 *Erkenntnis* 2008 年 5 月的主题是"走向新的数学认识论"。将归纳过程用于发展数学知识的例子，最为著名的是费马大定理（Fermat's last theorem）[②]，多年来该定理仅基于对许多特定情况下定理正确性的归纳而被认为是真理。

　　无论人们认为数学的性质是纯粹的逻辑性（较为传统的和更广泛的观点），还是社会建构的形式，又或是不同的东西，这些都不是核心问题。重要的是在文献搜索中没有发现任何关于"失败"作为数学知识发展中的一个要素的说法。将数学证明的发展描述为"经验性"或"实验性"（如 Baker，2008；Buldt et al.，2008）可以暗示着承认失败的作用，但这个术语并没有被用到。此外，在关注数学本质的标志性文献中，如（Courant & Robbins，1961）中根本没有提及"失败"；在纽曼（Newman，1956）创建的千年数学文献综合选集（近 2500 页）中也没有出现"失败"。伯顿（Burton，2001，p. 589）描述道，"令人惊讶的是几乎找不到对数学认识论进行批判性评估的文章"。伯顿在报告早期提出了这一发现，该报告详细而深入地研究了 35 位研究型数学家以及他们学习和发展数学新知识的方法，但 35 名参与者中没有人提到"失败"。

　　显然，"失败"在以数学的方式理解新知识发展的过程中甚至没有起到微小的作用。我们断言"数学"和"科学/技术/工程"之间在发展的叙述中对"失败"的表述方式存在显著差异。

　　我们还注意到，当一个人打算学习数学时，这是一件完全不同的事情。一般来说，在专注于数学概念学习的熟练教师手中，"失败"具有强大的潜力来促进这种学习。更具体地说，在对数学学习的研究中，探讨了两个相关的概念："对失败的恐惧"（有时被描述为"数学焦虑"，Foley et al.，2017），以及不太明显的"对成功的恐惧"（即对数学学习中成功的恐惧，也是导致参与数学课程的学生存在性别差异的原因之一；例如，Leder，1982）。

---

　　① 例如参照激进建构主义者 Ernst von Glasersfeld 的著作（如 von Glasersfeld，1995），以及 Paul Ernest（1997）关于数学哲学和数学教育的著作。

　　② 费马大定理（即对于任何 n 大于 2 的整数值，没有三个正整数 a、b 和 c 满足方程 $a^n + b^n = c^n$）由 Pierre de Fermat 于 1637 年提出，1994 年被学界接受。

9.8 失败在 STEM 学科学校教育中的作用

"从未犯错的人，也从未尝试过新事物。"——阿尔伯特·爱因斯坦（Albert Einstein）

失败在新知识发展中的作用在每个 STEM 学科中的体现方式是不一致的。在本章的简介中介绍到，每个学科表现失败的方式本身就会影响到外行人对该学科的看法。这种情况在学科教育中及综合 STEM 中最为明显。换言之，在中小学教育背景下，各个 STEM 学科对失败及其作用的描述也存在着明显的差异，这种差异对学生学习具有较大影响。例如，当学校科学学科经常强调知识的确定性时，课程是一种"结论说法"，很难赞扬失败在科学学科发展中的重要作用。当完成具有预定步骤和结果的"配方式"实验室任务时，当评估将科学视为需要学习和背诵的刻板事实时，这种知识的确定性更加凸显。一些国家试图将技术教育与现实世界以及真实环境联系起来，如食品和纤维生产，但教师和学校是否能让学生体验到"设计过程"的本质，包括从"失败"中获取的有益后果，将取决于如课程、学校、教师等一系列的背景因素。

更真实的 STEM 学科经验可以帮助学生在现实世界的 STEM 环境中以及在 STEM 学习中认识到失败的价值和作用，这些 STEM 学科经验可以让学生更好地意识到失败在这些学科的发展和过程中的价值和普遍性。以下列出一些可能实现的方法：

①分享科学家的真实故事，包括科学家在智力和个人方面的奋斗，以及他们如何在一段时间内通过一系列经历，通常包括努力、失败和/或偶然发现、有可控的科学调查（Lin-Siegler et al.，2016）。这样的"奋斗故事"有助于学生与科学家建立更紧密的联系，让学生认为自己与科学家没有太大的不同，进而影响学生是否选择 STEM 学科作为未来的职业。

②讨论成功和失败的本质——承认糟糕的过程并不总是会带来成功，正确的过程仍然可能带来失败的结果（Dahlin et al.，2018）。

③界定成功和失败（McGrath，2011），思考成功和失败在 STEM 各学科中的异同。

④确保失败是有效的、有前瞻性的和有成本效益的（这一观点在技术和工程中已经很常见，但在科学和数学中较为少见）。

⑤关注过程而不是结果；讨论失败的本质，思考什么是有效和无效以及为什

么（McGrath，2011）。

⑥专注于培养应对失败的能力，如抗压性、适应性、批判性和创造性思维以及协作能力。

尽管本章不涉及学科的认识论或学科的概念和关系（如 Searle et al.，2018；Zieglar & Kapur，2018），以及创造性或批判性思维能力的培养（Ellerton & Kelly，第 2 章），但我们承认失败在学习过程中的重要作用。在关于失败的简短章节的末尾提及了这方面的内容，以及失败在数学学科知识发展中的作用。事实上，许多对"传统的"、刻板的学校数学课堂的批评可以重新定义，因为没有尝试过引导学生以解决特定问题时的"失败"作为发展学生理解力的思路，这一点在数学学习中"失败恐惧症"这一概念中有所强调。课堂环境若不能认识、讨论和分享学习失败的价值和必要性，可能会扼杀学习（Dahlin et al.，2018），忽视失败或假装没有失败过，对 STEM 学科发展具有负面影响。虽然在本章中已论证了失败是 STEM 学科成功的关键组成部分，但在其中一些学科过程的正式描述中很少提及这一点。总之，上述要点对 STEM 课堂有重要启示，提供了将失败的概念引入 STEM 教育的方法，认识到失败在每个学科和学习中的重要性。此外，在上述要点中补充以下几点：

①培养重视、公开承认和包容失败，并将失败视为学习过程的文化（McGrath，2011）。

②培养成长的心态，专注于需要改进而不是失败的地方。

③反思和学习——无论是个人还是集体（Townsend，2010）。

参 考 文 献

Baker, A.(2008). Experimental mathematics. *Erkenntnis, 68*, 331-334.

Bal, D. G., Sellier, D. E., Tchouda, D. S., & François, D. P.(2014). Improving quality of care and patient safety through morbidity and mortality conferences. *Journal for Healthcare Quality, 36*(1), 29-36. https://doi.org/10.1111/j.1945- 1474.2011.00203.x.

Boutron, I., Dutton, S., Ravaud, P., & Altman, D. G. (2010). Reporting and interpretation of randomized controlled trials with statistically nonsignificant results for primary outcomes. *The Journal of the American Medical Association, 303*(20), 2058-2064. https://doi.org/10.1001/jama.2010.651.

Buldt, B., Löwe, B., & Müller, T. (2008). Towards a new epistemology of mathematics. *Erkenntnis, 68*, 309-329.

Burton, L. (2001). Research mathematicians as learners:And what mathematics education can learn from them. *British Educational Research Journal, 27*, 589-599.

Butts, R. E.(Ed.). (1968). *William Whewell's theory of scientific method*. University of Pittsburgh.

Cetin, B., Ilhan, M., & Yilmaz, F. (2014). An investigation of the relationship between the fear of receiving negative criticism and of taking academic risk through canonical correlation analysis. *Educational Sciences:Theory & Practice, 14*(1), 146-158.

Clark, A. M., & Thompson, D. R. (2013). Successful failure:Good for the self and science. *Journal of Advanced Nursing, 69*(10), 2145-2147. https://doi.org/10.1111/jan.12125.

Cole, K.(2011). *How to be a successful failure:A practical guide to messing up big time, the right way*. Xlibris.

Conroy, D. E.(2003). Representational models associated with fear of failure in adolescents and young adults. *Journal of Personality, 71*(5), 757-784. https://doi. org/10.1111/1467-6494.7105003.

Courant, R., & Robbins, H. (1961). *What is mathematics?* Oxford University.

Dahlin, K., Chuang, Y., & Roulet, T. (2018). Opportunity, motivation, and ability to learn from failures and errors:Review, synthesis, and ways to move forward. *Academy of Management Annals, 12*(1), 252-277. https://doi.org/10.5465/annals.2016.0049.

Davies, L.(2012, October 2). *Jailing of Italian seismologists leaves scientific community in shock*. The Guardian:Australia Edition. Retrieved from https://www.theguardian.com/world/2012/oct/23/jailing-italian-seismologists-scientific-community.

Devlin, K.(2008). A mathematician reflects on the useful and reliable illusion of reality in mathematics. *Erkenntnis, 68*, 359-379.

Dewey, J., Boydston, J.-A., & Rorty, R. (2008). *The later works of John Dewey, 1925-1953*. Southern Illinois University.

Dreyfuss, E.(2019). Scientists need to talk more about failure. *Wired*. Retrieved from https://www.wired.com/story/scientists- need- more- failure- talk/.

Engel, A.(2018). *Practical creativity and innovation in systems engineering*. Wiley.

Ernest, P.(1997). *Social constructivism as a philosophy of mathematics*. SUNY.

Failure. (n.d.). *The Merriam-Webster.com Dictionary*. Retrieved from https://www.merriam-webster.com/dictionary/failure.

Firestein, S.(2015). *Failure:Why science is so successful*. Oxford University.

Foley, A. E., Herts, J. B., Borgonovi, F., Guerriero, S., Levine, S. C., & Beilock, S. L. (2017). The math anxiety-performance link:A global phenomenon. *Current Directions in Psychological Science, 26*, 52-58.

Gomoll, A., Tolar, E., Hmelo-Silver, E., & Šabanović, S. (2018). Designing human-centered robots:The role of constructive failure. *Thinking Skills and Creativity, 30*, 90-102.

Hong, H.-Y., & Lin-Siegler, X. (2012). How learning about scientists' struggles influences students' interest and learning in physics. *Journal of Educational Psychology, 104*(2), 469-484. https://doi.org/10.1037/a0026224.

Jones, D. R. H.(1998). *Failure analysis case studies:A sourcebook of case studies selected from the pages of engineering failure analysis 1994-1996.* Elsevier.

Kapur, M., & Rummel, N. (2012). Productive failure in learning from generation and invention activities. *Instructional Science, 40*(4), 645-650. https://doi.org/10.1007/s11251-012-9235-4.

Leder, G. C. (1982). Mathematics achievement and fear of success. *Journal for Research in Mathematics Education, 13*, 124-135.

Lin-Siegler, X., Ahn, J. N., Chen, J., Fang, F.-F. A., & Luna-Lucero, M. (2016). Even Einstein struggled:Effects of learning about great scientists' struggles on high school students' motivation to learn science. *Journal of Educational Psychology, 108*(3), 314-328. https://doi.org/10.1037/edu0000092.

Livio, M. (2013). *Brilliant blunders.* Simon & Schuster.

Lottero-Perdue, P. S., & Parry, E. A. (2017). Perspectives on failure in the classroom by elementary teachers new to teaching engineering. *Journal of Pre-College Engineering Education Research (J-PEER), 7*(1), 1-24.

Madisch, I. (2017). Why scientists must share their failures. *Scientific American.* Retrieved from https://blogs.scientificamerican.com/guest- blog/why- scientists- must- share- their- failures/.

Maestre, F. T. (2019). Ten simple rules towards healthier research labs. *PLoS Computational Biology, 15*(4), e1006914. https://doi.org/10.1371/journal.pcbi.1006914.

Manalo, E., & Kapur, M. (2018). The role of failure in promoting thinking skills and creativity:New findings and insights about how failure can be beneficial for learning. *Thinking Skills and Creativity, 30*, 1-6.

Matthews, C.(1998). *A practical guide to engineering failure investigation.* Professional Engineering.

Maxwell, J. C. (2000). *Failing forward:How to make the most of your mistakes.* Thomas Nelson.

McGrath, R. G. (2011). Failing by design. *Harvard Business Review, 89*(4), 76-83.

Newman, J. R. (Ed.). (1956). *The world of mathematics (volumes 1-4).* Simon & Schuster.

Page, C. (2011, June 26). Failure is now praised as leading to success. *Philadelphia Tribune,* p. 1. Retrieved from https://search- proquest- com.ezproxy.lib.monash.edu.au/docview/877333579?accountid=12528&rfr_id=info%3Axri%2Fsid%3Aprimo.

Parkes, E.(2019, January 10). Scientific progress is built on failure. *Nature.* Retrieved from https://

www.nature.com/articles/d41586- 019- 00107-y.

Petroski, H.(1982). *To engineer is human:The role of failure in successful design*. Macmillan London Limited.

Petroski, H.(1997). Designed to fail. *American Scientist, 85*(5), 412-416.

Petroski, H.(2006). *Success through failure:The paradox of design*. Princeton University.

Searle, K., Litts, B., & Kafai, Y. (2018). Debugging open-ended designs:High school students' perceptions of failure and success in an electronic textiles design activity. *Thinking Skills and Creativity, 30*, 125-134.

Shapiro, S., & Kouri Kissel, T. (2018). Classical logic. In E. N. Zalta (Ed.), *The Stanford encyclopedia of philosophy* (Spring 2018 Edition). Retrieved from https://plato. stanford. edu/ archives/spr2018/entries/logic- classical/.

Simpson, A., & Maltese, A. (2017). "Failure is a major component of learning anything": The role of failure in the development of STEM professionals. *Journal of Science Education and Technology, 26*(2), 223-237. https://doi.org/10.1007/s10956- 016- 9674- 9.

Success. (n.d.). *The Merriam- Webster.com Dictionary*. Retrieved from https://www.merriam-webster.com/dictionary/success.

Swanson, A. (2016, April 28). Why it feels so good to read about this Princeton professor's failures. *The Washington Post*. Retrieved from https://www.washingtonpost.com/news/wonk/wp/2016/04/28/it-feels-really-good-to-read-about-this-princeton-professors-failures/.

Tessman, L.(2009). Expecting bad luck. *Hypatia, 24*(1), 9-28.

Thomson, P. , & Kamler, B. (2012). *Writing for peer reviewed journals:Strategies for getting published*. Routledge.

Townsend, W. R. (2010). Innovation and the value of failure. *International Journal of Management and Marketing Research, 3*(1), 75-84.

von Glasersfeld, E. (1995). *Radical constructivism:A way of knowing and learning*. Falmer.

Whitlock, S. (2017). *One reason young people don't go into science? We don't fail well*. Retrieved from https://www.statnews.com/2017/03/21/science- research- fail/.

Zaringhalam, M. (2016). *Failure in science is frequent and inevitable - And we should talk more about it*. Retrieved from https://blogs.scientificamerican.com/guest- blog/.failure- in- science- is-frequent- and- inevitable- and- we- should- talk- more- about- it/.

Zaringhalam, M. (2017). *An experiment that didn't work:My PhD thesis research was a dead end, but that's why it was important*. Retrieved from https://blogs.scientificamerican.com/ observations/ an-experiment- that- didnt- work/?print=true.

Zaringhalam, M. (2019). *To groom better scientists, harness the power of narrative*. Retrieved from https://undark.org/2019/01/24/to- groom- better- scientists- harness- the- power- of- narrative/.

Zieglar, E., & Kapur, M. (2018). The interplay of creativity, failure and learning in generating algebra problems. *Thinking Skills and Creativity, 30*, 64-75.

第10章 科学教育的人文目标：以STEM为契机重新思考教育目标

迈克尔·塔恩[1]

摘要： 针对STEM教育的经济逻辑，我认为科学教育者应该拓展视野，赋予STEM教育更深刻的教育意义。经济逻辑虽然重要，但它忽略了科学与技术可能对社会造成的负面影响。本章主要探讨了三个方面：还原论作为自然科学的核心方法论、技术功能的不透明性和技术系统中潜藏的政治问题。我认为，当前的STEM教育工作者应该关注这些跨学科的问题，并提出了一个替代的教学取向。我们不能再沿袭传统的思维模式，而需要寻找新的思想、新的叙事和新的行动路径。本章旨在从这样的角度启发思考。

关键词： STEM课程，伯纳德·施蒂格勒，汉娜·阿伦特，人文主义，STEM教育的目标

10.1 简　　介

STEM教育是一项在全球范围内引起广泛关注的教育创新。许多人认为STEM可以通过有趣的设备和课程来激发学生的学习兴趣，但我认为这是一个重新思考教育目的的契机。我们不能只是换汤不换药，而要正视当前STEM教学方式可能存在的一些弊端。我建议STEM教育工作者应该关注大众教育的人文价值，并接受试图改变他人生活的固有风险。本质上，STEM在控制事物方面的能力可能会不知不觉地影响我们对待人的态度（即使是出于善意）。我也认为这些能力并非无代价，对于教育来说，这些代价甚至可能超出我们所能承受的范围。面对"一如既往"的做法可能导致的各种危机，我们急需寻找新的生存模式。STEM教育可

① 迈克尔·塔恩
新加坡南洋理工大学，国家教育学院
邮箱：michael. tan@nie. edu. sg

以提供这样的机会，但前提是我们要重新审视教育目标并接受可能产生的不可预知的风险。

10.2　什么是 STEM 教育？

STEM 教育是一项全球性的教育创新，得到了国家和地方政府的大力支持，并引起了教育研究者的广泛关注。然而，STEM 教育的定义仍然模糊不清；例如，一篇综述文章（Martín-Páez et al.，2019）指出，STEM 的含义并不明确。20 世纪 90 年代初，美国国家科学基金会首先使用"SMET"这个缩写来表示中小学和本科教育中的科学、数学、工程、技术以及这些学科对学生未来职业发展的潜在作用。21 世纪初，美国国家科学基金会将这个缩写改为 STEM，随着各个机构对 STEM 学科教育在经济竞争中的重要性的认识，这个术语迅速流行并受到重视。不久之后，STEM 教育应运而生，以满足日益增长的人才需求。

尽管 STEM 课程的初衷是积极的，但要将其融入学校教育的体制和学科传统并非易事。STEM 课程强调现象与本质的统一性，但学校更倾向于遵循传统的学科划分：现象往往不会按照我们在大学和中小学中划分的学科传统来呈现，这导致了学校科目出现"孤立和不连贯"的情况（Martín-Páez et al.，2019，p. 802）。在探讨教学方法时，马丁-派斯等（Martín-Páez et al.，2019）发现工程学是 STEM 中一个有用的"核心"学科，因为它涉及机器人、工程设计和基于工程的问题。事实上，高度的情境整合、实际问题解决以及提出解决方案是 STEM 的典型特征。在讨论这些特征时，作者经常提到社会经济条件的变化、频繁引用"21 世纪"的能力或需要更多涉及抽象表征能力的工作场景。以后者为例，我们想要提醒读者，世界已经发生了变化，开放式、结构模糊和基于跨学科项目的问题解决是未来所需的新技能（例如，Capraro et al.，2013）。

泰特勒等（Tytler et al.，2019）提出了一个基于实践的有力论点：STEM 是一种让学校科学更贴近实践科学的尝试。然而，正如预料中的那样，要整合那些存在很大差异的主题并非易事，也难以让各方都满意。泰特勒等引用了克拉克（Clarke，2014）和莱勒（Lehrer，2016）的观点，前者质疑了 STEM 支持数学或科学领域重要学科学习的能力，后者则将 STEM 比作"认知杂烩菜（epistemic stew）"。值得注意的是，一个常见的批评是 STEM 过于强调吸引学生，尤其是使用"有趣"活动。然而，这样的课程经过深入调查后，往往发现效果不佳，甚至引发了一些研究人员的质疑："这看起来很有趣，但他们到底学到了什么？"（Bevan et al.，2015）。

在本章中，我将探讨"学生应该学什么，为什么要学？"这一基本课程问题，特别是在 STEM 背景下。毫无疑问，课程预期和实施之间总会存在差距，而造成这种差距的原因也很复杂，但本章的目的不是要把预期课程视为理所当然，然后去分析差距的本质或提出缩小差距的策略。通常情况下，国家和州政府决定公立学校的课程，而在其他少数情况下教科书才是课程的实际决定因素，这可能让那些想要改变教育议程的教育工作者感到无能为力，特别是在 STEM 教育领域。然而，我想在此建议，"话语差距"（Moore & Muller，2002）的机制给了我们一定的自主权来决定应该实施什么样的课程，即这种差距指的是现象与人们对它的描述之间总会存在差异的事实。用于描述正在发生的现象的理论术语只能涵盖其有限方面，因此总是有解释课程目标的余地。本章并不打算阐述"话语差距"概念的运用，尽管确实有进行这类研究的必要。相反，本章旨在呼吁研究人员和教育工作者更广泛地思考 STEM 教学中合适、符合道德标准的课程目标应该是什么样子的。

许多人认为 STEM 教学是未来经济发展必不可少的部分，这种观点在 STEM 缩写词出现之前就已经存在于科学与技术领域（例如，NCEE，1983；Williams，2011；Zhao，2019），也是对许多主张的回应。当然，作为学校教育提供的公共产品的最低标准，经济因素必须在公共学校教育中占有一席之地。然而，我希望采取一种渐进的立场，思考如何让学校教育更具教育价值，即学校教育的愿景不仅要让学生为经济参与做好准备，还要让他们能够参与决定未来社会应该培养什么样的公民和民主进程（另见 Cowie & Mildenhall，本书）。我们需要重现许多代表我们在理解自然界行为方式方面取得的文化成就，但我担心在关注重现的同时，我们忽视了新知识生产的重要性。STEM 学科将继续成为强大的认知方式（Maton & Moore，2010；Young，2008）；掌握这些知识将使学生能够有意义地参与关于未来的讨论。然而，这里有一个问题，即这些知识和认知方式具有特定的价值取向，可能会约束我们所能想象的未来。如果我们对目前的某种情况感到不满，如果我们根据当前的行动方向预见到灾难，甚至如果我们怀疑目前学校的教育方式可能加剧了这种情况，我们是否应该停下来思考我们可以期望学校实现什么样的目标以及如何实现这些目标？为了制定一个类似 STEM 行动计划的方案，我首先要指出当前科学与技术领域的一些过度应用现象。

10.3　科学技术存在哪些问题？

为了避免混淆，我将使用 STEM 来指代本书讨论的教育活动，而将科技（或

S & T）作为简称来指代涉及科学、技术、工程和数学知识的产生和利用的各种实践。我认为简化论（reductionism）、外源化（exosomatisation）和自动化（automation）是科技的三个基本价值观，并将阐述它们与我们对未来悲观的原因之间的关系。在讨论之前，我先说明三个基本价值观标签的含义。

简化论是指科技寻求简单解释的认知倾向。外源化是指承认人类是唯一一个极度依赖人造设备和系统来保证其生存的物种。自动化是指为了实现只有少数人受益的经济目标而采用的技术趋势，这削弱了有意义工作的价值，也限制了我们对可能性的集体想象。我将在下面的小节中详细讨论这三种价值观，并首先解释探索这些价值观的重要性。

尽管这三个价值观并不全面且不一定具有普遍性，但却反映了推动科技及其在许多当代社会中应用的价值观。由于我对数学领域不太熟悉，以下讨论中将不涉及关于数学本质的任何考虑。我在这里的目标类似于早期通过考虑科学的本质（nature of science，NOS）来重新思考科学教学的尝试。例如，随着学术界越来越意识到科学中认识策略的转变，科学教育的某些目标就变得更加重要或不那么重要（Collins & Evans，2017；DeBoer，2013）。由于 STEM 教学试图考虑现象的整体统一性以及这些现象在社会中的应用，我认为我们必须考虑技术和工程的本质，以便可以恰当地教授 STEM。

科学和数学与技术和工程之间的一个明显区别在于，技术和工程与社会期望和价值观的联系更紧密。当然，我们知道公众对科学的追求与理解有关；而在大多数情况下，科学家往往相对独立地开展工作。然而，技术专家和工程师的核心任务是设计和创造符合人类利益的人造制品和系统，并为人类问题提供解决方案。作为学校的一门学科，STEM 不应该仅仅作为传授现有科学和数学课程的"吸引人的活动和设备"的有趣工具。相反，应该让学生以一种批判性的方式了解他们周围的技术世界，使他们有能力为他们将迎接的未来做出改变。

就这方面而言，需要对社会解决问题的本质进行一些探讨。科学和数学（S/M）对自然界的问题感兴趣，而技术与工程（T/E）可以说是人工科学（Simon，1968，1996）。与自然界不同，人工世界有不同的方式来定义其感兴趣的主题。虽然我们对构成 S/M 问题的理解会随着时间而改变，但其肯定比 T/E 中的问题更持久。此外，S/M 中被公认的解决方案往往能在相当长的时间内解决问题，并且往往具有超越环境的特性。例如，正如太空探测器"旅行者"号所证明的那样，在地球上发现的电磁定律似乎也适用于太阳系的边缘甚至更远的地方。T/E 中的问题则具有更强的情境性，通常被称为设计问题，其特点是它们具有"棘手"性质（Buchanan，1992；Coyne，2005；Rittel，1972）。但之所以被称为棘手问题，并不是因为它们本身是棘手的，而是因为它们难以解决；棘手问题的特征有：①没有终极解决方案；②没有明确的定义；③没有正确或错误的解决方案，只有更好或更差；④可以被视为其他问题的症状。例如，棘手问题的特征最早是在社会规划中被注意到的，思考分配教育等社会福利的理想方式，必然会让我们陷入解决棘手问题的不满意状态。事物的设计也具有这种"棘手"的本质，正如我们最近在技术产品的多次迭代中看到的那样。

如果 T/E 问题的本质是棘手的，而我们的价值取向又决定了我们如何解释和解决问题，那么我们就可以意识到，认清这些价值观是拓展 STEM 教育愿景可能性的关键。比如，如果我们重视资本主义取向，我们可能会倾向于不惜代价地追求经济增长，从而忽视了气候变化等问题的多重维度。为了实现人文目标而教授STEM，我们首先需要反思我们当前的方向可能会对人类的长期福祉造成怎样的损害，然后才能思考如何定位我们希望技术实现的目标。我认为，STEM 教育既是一种价值观的教育，也是一种技术方面的教育，即使只是试图传达现状。换句话说，STEM 的现状不是中立的，而是在传达价值观，其中一些价值观可能对个人和社会不利。现在考虑上述三种价值观所导致的过度取向。

10.3.1 简化论：是的，但其局限性在哪里？

简化论是一种非常强大的解释取向。文艺复兴后，科学思想的一项伟大成就，就是将简化论确立为分析现象的手段，让我们能够掌握现象的核心及其功能、后果等，而不是假设存在多个负责各种自然行为的反复无常的神灵。然而，这种思维形式也带来了不可预见的后果：更复杂的系统超出了简化论分析的范围。例如，教育是多层次现象的相互作用，涉及从先天的物种特定能力、个人的遗传禀赋、心理偏好、课堂文化行为模式，到人口水平变化的宏观社会学描述等诸多方面（例如，Berliner，2002；Luke，2011；Phillips，2014）；我们能否确定为世界上某一地区儿童设计的、基于修改一个心理变量的教育干预结果，可能对其他地区的儿童有帮助？当然，我们必须找到应对的方法，并且无论如何都要努力在这种情况下做到最好。然而，简化论的挑战在于当我们不恰当地使用它时会发生什么。

科技确实是理解、控制和预测自然界的有用手段，但如果我们试图将它们构建和解决问题的方法扩展到不适用的地方，可能会误解和过度简化现象。即使是一个人应该吃什么这样相对简单的问题也带来了挑战：简化论思想让我们认为只要摄入特定的"营养物质"，其他一切都不重要（Pollan，2008）。因此，我们可能会听从善意的健康建议，这些建议提倡增加（或减少）特定种类食物的消费，而忽视生物利用率、与饮食中其他元素的相互作用、"非活性成分"的调节作用、个人遗传和其他因素等问题。更令人不安的是，饮食建议中的简化论也让我们容易受到操纵性营销者的影响，他们以含有已被"证明"健康的特定营养物质为幌子销售不健康食品。

科学教育工作者自然无法避免简化论，因为它是一种非常实用的思维工具。然而，教育者至少应该在适当时候讨论其局限性，而不是隐晦地把它当作一种不容置疑的知识美德来传播，把其有效性延伸到所有其他形式的探究方式中。学生应该了解各种认知习惯：我们以不同方式认识我们所知道的东西，以及这种习惯和其他习惯如何限制我们获得真理。强调现实世界问题解决能力的 STEM 给了我们明确的机会。科学理论原理的论证需要一套非常具体的条件。即使在机械结构中，教师也经常不得不援引"摩擦"或"不一致性"（或其他借口）来解释与"标准行为"的偏差，实际上这些原理仅在几乎从未发生过的理想状态下发挥作用。教师与其指责"实验错误"，不如承认近似的理想状态与现实场景的复杂性。这并不是说教师认为科学家的成就仅仅是理论上的抽象而不予理会；而是在适当时候，教师可以说明从混乱的现实到完美的抽象所需要的挑战，从而赞扬而非贬低科学家的成就。这样的说明实际上有助于提高学生对科学的兴趣；无论如何，这是对科学和科学家工作的更准确的描述：自然规律不是"躺在那里"等待被发现，而是必须由人们梳理、仔细研究和构建。

10.3.2　外源化：你不知道的事情可能会伤害你

现在我们将讨论从科学转向技术，外源化一词是法国哲学家伯纳德·施蒂格勒（Bernard Stiegler）用来指代器官外部化的术语，具体含义是我们的存在越来越依赖于那些不属于我们身体的物体和系统（Stiegler, 2018）。例如，我们现在有从个人的保暖衣物到集体发电和供暖系统等一系列技术，使最初不适合人类居住的地区实现高人口密度。毫不夸张地说，我们都被这些维持我们生存的复杂系统和流程网络所支配。想想制造保暖衣物所需的复杂物流网络，甚至是将原材料转化为最终产品所需的特定方法链：很少有人真正知道如何制造我们需要的东西，更不用说自己去制造了。在我们高度技术化的社会中，这种依赖性特别严重。我们依赖于机动交通工具，但很少有人知道当发生故障时该怎么办。同样，向我们发送信息、确保我们下周有食物、确保农民得到回报的网络基础设施也在默默地运作着。

这种情况非常类似于科幻小说界标志性作家亚瑟·C. 克拉克（Arthur C. Clarke）所观察到的现象："任何足够发达的技术都与魔法无异。"（Clarke, 1977）如果我们了解到操作这些系统背后的"魔术师"可以获得巨额奖励，以完成实际上相当容易完成的任务，而相关知识通常被掩盖来维持经济差距，那么这种情况尤其令人无法忍受。想想技术产品维修权之争：从巨大的农业机械到我们依赖的最小电子产品，制造商和消费者权益保护者一直在为个人维修和改装这些产品所需的能力和权利进行越来越艰难的斗争。虽然未经授权的改装可能会带来安全问题（尤其是医疗设备），但很难为制造商反对增加消费者权利这样的论点进行辩护：许多制造商之所以反对，仅仅是因为受过教育的消费者可以削减有计划淘汰策略所带来的制造商利润。

从这个角度来看，STEM 教育作为一种隐喻性地"解除魔术师之职务（defrock the magician）"而起到了解放人类的作用。事实上，这种方法已经推动了通常所说的"创客运动"（Blikstein，2013；Dougherty，2012；Martin，2015）或与《制造》（*Make*）、《全球目录》（*Whole Earth Catalog*）（Kirk，2001）等出版物有关而更早出现的"DIY 运动"。为了实现教育的解放目标，STEM 课堂致力于"认识论淡化（epistemological dilution）"（Papert & Harel，1991）。西摩·佩珀特（Seymour Papert）是早期使用计算机作为学习工具的先驱。当他发现许多使用他软件的教师仅仅教授学生使用软件的最基本方面时感到很沮丧，尽管编程环境很丰富。今天，我们看到了同样问题的例子：学校通过打印个性化钥匙扣的活动向学生介绍 3D 打印，但没有进一步深入（Blikstein & Worsley，2016）。对于 STEM 来说，我们所拥有的众多可能的技术形式使我们很容易只以这种肤浅的方式使用它们。与其如此肤浅，我们不妨考虑一种生物科学的方法，将这些设备视为"解剖"的"实验室标本"和不同"物种"的典范，以揭示和研究其共性和差异，但这与生物科学的方法有很大的不同，我将在下文解释。

这种描述听起来可能有点吓人，但技术教师可以采用一种"黑客"式的方法。斯蒂芬·利维（Stephen Levy）在 1984 年的书中定义了"黑客"一词（Levy，2001）：早期的黑客并不是指非法侵入计算机系统和窃取数据的人，而是指 20 世纪 60 年代和 70 年代的技术专家，他们遵循着开放访问和信息自由的道德准则，这些准则在今天的软件项目中仍然存在，例如许多现代信息系统中运行的开源软件项目。①除了开放访问和信息自由的道德准则外，这些黑客还有一些特殊的思维习惯和做法来促进探索。例如，正如西蒙（Simon）在 20 世纪 60 年代所指出的那样，设计对象存在于外部期望行为的边界和创造这些行为的内部机制之间（Simon，1968，1996）。以时钟为例，我们大多数人只是利用它的外部行为来判

---

① 一个重要的例子是安卓智能手机操作系统。macOS 的内核也是开源的。Linux 在世界各地运行许多服务器。如今，许多"智能"电视都运行某种版本的开源操作系统。Arduino 是一个开源的硬件设计，任何人都可以接受这个设计，并根据自己的喜好复制它，等等。

断时间，并不关心是弹簧、压电晶体还是网络同步时间驱动了显示器，但对黑客（根据利维的定义）来说，这种状态是不可接受的，因为他们想要了解其工作原理，并且不希望这样的系统阻止他们将时钟用于其他目的（如定时报警）。因此，黑客们经常通过"逆向工程"来学习，并通过隐喻或字面意思来拆解系统，以揭示其内部工作原理。当然，在安全系统上使用这些相同的思维习惯和做法是非法侵入和邪恶行为的第一步，但我们可以教导学生如何道德地使用这些技能。更糟糕的是，有些人故意阻止我们探索维持我们生命和生计的系统。

10.3.3　自动化：人工制品具有政治性

我们通常会把自动化想象成由机器人焊工组成的为车辆组装零件的生产线。但在这里，我扩展了自动化的概念，使其包括更多现代的形式，比如飞机自动驾驶系统、智能决策辅助系统（比如协助医生的系统）以及工作调度系统（比如运行"零工经济"的系统）。这些系统确实改变了工作和制造的方式，让许多工人免于繁重的劳动，并为更多人提供了以前只有少数人才能获得的高质量、低价格的商品和服务。然而，我们也有理由质疑这些变化是否真的对整个社会有益，以及可能存在哪些弊端。

尼古拉斯·卡尔（Nicholas Carr）在他关于自动化的有深刻理解的著作中（Carr，2014）指出，这些自动化系统实际上削弱了人类的技能。飞行员现在处于一个尴尬的境地，他们必须在大部分时间里监视一台可预测的机器，并在机器出故障时接管控制。人类的注意力在这样的任务中难以保持集中，因此当自动驾驶系统失效时，人类飞行员可能无法做出正确的反应，从而导致灾难。使用电子病历和决策支持系统的医生可能已经降低了药物处方和相互作用的错误率，但他们也变成了连接病人和计算机系统的人机界面。由于医生没有时间与病人进行真正的沟通，诊断错误可能会增加。零工经济让我们离反乌托邦的未来更近了一步，在那里只有两种工作：一种是指挥机器做事，另一种是被机器指挥做事的更大群体。

这不仅仅是卢德主义（Luddism）的观点，也不是单纯地赞美手工艺品的价值，虽然这些因素也存在。更深层次的问题在于技术和社会之间的关系，我们为了追求效率和利润的理想目标，设计和实施了一些系统，导致我们与工作、与他人和事物的联系变得机械化和异化。过去的工作是一个完整的过程，需要技能、直觉和判断力，而现在我们已经把工作分解成一系列规范化的步骤。这其实是简化论和外源化的逻辑推进，我们不仅把身体活动（比如制造东西）外包给设备和系统，也削弱了认知活动并依赖计算机来思考。

这种状况有两个方面是令人担忧的。一方面是机器（以及其他事物）的使用掩盖了其背后的政治意图。当一个"公正"的系统做出判断时，我们倾向于相信它比不稳定的/有偏见的/可能有偏见的人类更加公平。①然而，正如温纳（Winner，1980）和许多科学-技术-社会研究所指出的（Wyatt，2008），"人造物具有政治性"，比如当核电站引发抗议时，或者当故意把桥梁建得低一些以阻止弱势群体进入某些社区时。在后者的例子中，买不起汽车只能乘坐公交车的边缘化群体被排除在长滩（Long Beach）之外②，因为桥梁设计得太低，不允许公交车通过主要通道。最近，研究人员还发现了搜索引擎和其他基于"大数据"的辅助决策方法可能存在偏见和歧视（Noble，2018；O'Neil，2017）。从这个角度看，我们不必担心人类被机器所编程的反乌托邦式未来，而应担心我们没有质疑这些机器背后的基本假设和偏见。如果这些物件具有政治性，那么它们就反映了系统架构师和设计者的政治意图。我们应该学会审视这些物件背后的政治目的，并拒绝接受一种技术决定论来解释为什么事情必须是这样。

认知自动化的另一个不良后果是有意义的工作正在消失。当人的主动性被削弱或消除时，工作对工人而言就失去了意义，人力只是一些尚未自动化的过程中的一个环节。在缺乏有意义工作的情况下，我们不得不重新思考人类存在的意义：我们能否继续为自己的目标和价值而生活？还是为了迎合其他更强势的人类而放弃这些目标和价值？

正如前文所述，STEM 教育提供了一个机会，让我们能够批判性地审视我们可能利用技术达到的目的。这需要一种解构的方式，不仅要了解我们周围设备和系统的技术功能，还要揭示它们背后隐藏的目的。同样，一旦我们认识到这些目的只是使用特定技术的一种选择，我们就可以开始探索应用该技术的其他可能性。通过这种方式，我在这里倡导的方法与其他学科领域的批判性读写方法有一些共通之处，即教导学生分析文本中的偏见，然后以不同的方式重构文本。

10.4　什么是教育的人文目标？

在前文中，我分析了科技对我们当代生活体验的非人性化影响，它使生活的复杂性和整体性被同时简化和模糊化，人们被困在权力网中，他们的自主性被削

---

① 如果机器产生数字输出，情况更是如此。

② 纽约的长滩不仅是一个州立公园，也是一个热门的休闲胜地。然而，琼斯海滩这个著名的公共公园却对乘坐公交车的人设置了障碍。因为有 200 多座桥梁设计得过低，导致公交车无法通过。这些人往往是低收入和少数族裔，他们被剥夺了享受这个公园的机会。

弱甚至消失。虽然责任问题不是本章的重点，但教育工作者应该意识到如果我们选择推行 STEM，我们的学生可能会面临一系列后果。我们可以继续沿着现有的轨道走下去，也许会进一步加剧当前的问题，或者我们可以改变 STEM 教学的方式来应对这些问题，但我们也知道这样做可能会冒着带来更多新问题的风险。这种风险是由于教育问题的复杂性和不确定性，但我认为这种风险是值得冒的，因为我（和其他人）主观地认为维持现状的风险更大（Roth & Désautels，2002；Sadler，2011；Zhao，2019）。

我在这里提出一个关于人文主义教育理念的论述，即教育应该致力于为学生提供未来行动的最大自由度。虽然人文主义理念有许多传统，很难给出一个明确的定义，但一个有助于澄清这一理念的起点是指出它不是什么。

首先，我认为仅仅基于传递事实的表面上"中立"的教育（特别是 STEM）是不可能的也是不合理的。在传统课程中教授 STEM 时，我们已经受到了"相关性崇拜"（Conroy，2020）的影响，预先决定了哪些事实是重要的。通常，这种选择是基于课程需要与学生未来相关联的考量。这种对相关性的关注是有局限性的，最终取决于规划者的经验，而且很可能是片面的。此外，如上所述，将经济发展目标作为一种特殊形式的相关性是不充分的，尽管有大量的论据支持这种特定形式的相关性观念。人们普遍认为，为了整个社会的利益，需要某种形式的学校教育来为学生提供获得更高收入工作的机会，并使最贫困的阶层摆脱贫困。另外，STEM 被认为对个人及其未来的职业生涯很重要。虽然后者可能是事实，但重要的是也要考虑从事这些工作的个人尊严以及所从事工作的意义。在人类成为生物技术系统人机界面的情况下，我们如何支持与科技相关的工作？我们能在多大程度上支持那些以开采自己土地上矿产资源为目的的富裕跨国组织？在更现代化的时代，他们对人类劳动力的剥削（Patel & Moore，2017）、通过收集大量个人数据以利用和操纵"消费者"（Zuboff，2019）或者帮助逃避税收等也是一种掠夺行为。当然，任何小型地方企业都有可能为其当地社区创造有意义的价值，但为了实现这一点，我们需要有一个不同于当前围绕科技理想应用立场的主流话语的思考空间。

教育工作者应该超越相关性和对具体、狭义目标的关注。学校教育已经习惯于遵循特定目标的逻辑，尤其是那些可以被标准化、测试和比较（包括在国际上）基准的工业逻辑，以至于它的其他功能被忽视了（Luke，2011）。这是一个教育受到简化论观点主导影响的明显迹象：它被简化为学校教育/培训，然后最近又被简化为（"自主"）"学习"的愿景。这种观点主要侧重于认知维度，可以主要通过与机器的交互来实现（例如，Strauss，2018）。在这种简化的教育愿景中，学校变成了一个传输知识的地方，而教师只是这些机器的人机界面（Williamson，2016）。

哲学家格特·别斯塔（Gert Biesta）在一个非常广泛的框架中提出了三个可能的、多元的教育目标（Biesta，2016）。如前文所述，教育可以让人们有能力从事他们以前无法从事的工作。教育具有社会化的功能，因为人们可以获得成为现有秩序一部分的技能：我们可以想到一些公开的国家建设仪式，如升旗和宣誓仪式。更为隐晦的是，人们可以通过在学校中与各种民族、性别、社会、政治或经济精英进行非正式互动，协商加入这些群体。然而，对别斯塔来说，最重要的是学校在个人主体化方面可以发挥的作用，他认为主体化是个人摆脱现有秩序、想象并创造当前不存在的现实状态的能力。

我认为学校可以而且应该在这后一种主体化的素质上做得更好。我在一定程度上偏离了科学教育中反复出现的论点，即许多即将到来和正在发生的灾难（例如气候变化、全球流行病、对科学普遍缺乏信心）要求我们在课堂上做出特别的回应（例如，Morin et al.，2017；Pedretti & Nazir，2011；Sadler，2011）。虽然我同意我们需要让学生理解这些问题，尤其是有争议的科学概念，但在教授这些概念和招募学生为我们的事业而奋斗之间只有一步之遥。学校必须同时传达保守和进步的立场，因为我们不需要急于"重新发明轮子（reinvent the wheel）"，但仍然对不同的未来抱有希望。如康罗伊（Conroy，2020，p. 34）所言，这种要求产生了"相互冲突和矛盾的期待，导致（儿童）没有能力应对他们眼中的世界"。相反，学校应该是一个将儿童与成年人之间的政治冲突隔离开的地方，同时帮助他们为参与这种冲突做好准备。虽然康罗伊认识到反对这种隔离形式的人将断言没有私人空间，但他反驳说，这种关于暴露的论点是基于暴露能建立适应力的错误概念。

相反，适应力的建立很可能需要某些保护措施。这一点在那些非常脆弱的儿童的生活中最为明显，他们很快就被总理们视为社会政治和经济问题……如果这些儿童因为接触到包括暴力、性虐待、毒品和酒精滥用在内的一系列行为而变得脆弱，那么常规的论点是不是表明如果要培养儿童的适应力，就应该避免接触这些行为。毕竟，我们一般不倾向于建议将自己暴露在性传播感染中，以便我们能够建立起免疫力。我们也不可能建议儿童在课堂上做一些可卡因的实验。暴露不是通向持久适应力的途径，即使是自由主义教育家所推崇的那种适当的、理想化的讨论和反思式的暴露（Conroy，2020，p. 38）。

康罗伊还借用了汉娜·阿伦特（Hannah Arendt）的自然概念（Arendt，1961）：

每一代人都是新生的，他们的意图和行动的全部可能性不仅超出了个人自身的预期，也超出了与他人协作的预期。从这个角度来看，学校的目的应该像植物的苗圃一样：一个温暖和支持性的环境，保护幼苗免受外界恶劣条件的侵害。我的人文主义教育观与阿伦特、别斯塔和康罗伊的观点相一致。我们的愿景是学校应该成为孩子可以发现并创造自己未来愿景以及学习如何应对冒险的政治问题的场所，同时保护他们免受旧世界的纷争和争论，直到他们认为自己已经准备好参与政治的时候。重申一下，我并不否认经济参与的重要性；获得特定职业的能力和社会化十分重要。然而，如果这就是学校为学生准备的全部内容，那么我们真的会对其结果感到遗憾。

10.5　STEM 教育中的人文机会是什么？

STEM 打破学校教育常规运作，为我们提供了重新思考预期课程及其教学实施的机会。我认为先前提出的用于考虑社会学理论及其现象学参照物之间差异的理论工具，在这里对我们特别有用。具体来说，"创新能力（innovativeness）"一词可以起到指导作用。STEM 作为学校的课程目标，经常与创新能力和经济发展联系在一起。按照惯例，这种创新能力的说法被简单化的概念所围绕，例如，有人断言纯粹的创新能力解释了硅谷的科技公司如何获得全球主导地位。这种"加州意识形态（Californian ideology）"（Barbrook & Cameron，1996）远非仅仅通过自力更生来提升自己，而是忽略了许多其他使加州以外的这种成功水平受到质疑的偶然事件和矛盾。例如，表面上精英主义的风险资本投资理念的乌托邦式愿景"对西海岸生活的其他消极特征：种族主义、贫困和环境恶化视而不见"（p.45）。

尽管如此，那些希望实现人文目标的教育工作者仍然可以重新定义和振兴创新能力。在对新事物的渴望方面，经济创新与人文主义的抱负相同，即为世界带来未曾存在的事物。教师可以通过解决学生在 STEM 活动中提出的创造的道德含义方面所发挥的微小且重要的作用来证明自己。考虑到学校教师在一学年中必须传达的众多学习目标，如果不是对他们已超负荷的日程安排造成额外压力的话，STEM 仅被视为学生参与的工具也就不足为奇了。以我提出的这种人文主义视角进行 STEM 教育只需要教师放慢脚步，如阿伦特（Arendt，1958/1998）所言"思考我们在做什么"。我想在此建议共同抵制"操作化"这种教学法的诱惑，相信作为专业人员的教师对课堂上应该做什么有适当的判断。如果我们承认教育是一项复杂的活动，那么任何试图发展教育"科学"的尝试都将不可避免地削弱其丰富性。因此，尽管初衷是好的，但这种科学的技术应用仍将面临课堂"自动化"的风险。

首先，我们应该考虑我们在教育方面做了什么。我们不是像科学技术的比喻那样，就像在计算机上安装软件一样传递知识。相反，我们是在故意干预（永远）未完成的个人创造，以及这个过程中所涉及的所有风险。我在明确理解其负面含义的情况下使用这个术语，只是为了提醒人们，学校教育不一定是教育性的。

正如别斯塔（Biesta，2016）所言，风险不在于教师或学生不够优秀，也不在于他们不够努力，而在于如果真的要实现真正的教育，我们就应该准备好让人类行使拒绝的权利（Labaree，2004）。人与人之间的互动就是这样，不能保证最好的意图会带来好的结果。

在对教育（包括 STEM 教育）的解释中，教师的角色不是作为"学习成果"的生产线工人，也不是一个为有限成果而优化技术理性系统的操作者。相反，教师需要成为一名工匠，能够熟练掌握所使用的各种"材料"调色板与它们可能产生的过程交互的方式。

"Phronesis"是一个古希腊术语，指的是实际行动中的智慧，被认为是教师在面对复杂的教育时能够采取适当行动的素质。教师需要利用智慧（Biesta，2016；Flyvbjerg et al.，2012）对学生的主观行动选择做出适当的即时教学反应，以便他们保持和创造广泛的可能结果。换句话说，就像我们现在要求 STEM 学生变得有创造力和创新力一样，我们也必须对教师提出同样的要求，并完全接受其可能带来的风险。

教师创造未来，但这不是通过执行一系列旨在保证特定结果的工业过程步骤来实现的。相反，它更像是一名工匠，从一个作品的总体概念（而不是一个详细的计划）开始，根据材料所暗示的结果寻找材料并以不可预见的方式与之互动。如果我们要拥抱创新，就需要为意想不到的结果做好准备：这就是 STEM 学校的希望和机会。作为教育工作者和研究人员，当政策制定者声称他们希望创新能力成为教育成果时，我们需要与他们合作。当然，当我们被要求产生相当于标准化的创造性成果时，我们也要看到这种情况的讽刺性。作为 STEM 教育者，挑战和机遇在于正确理解 STEM 的认知实践和价值观，并准确传达其局限性，这些已经被科学教育界所熟知。然而，现在以创新为目标，我们还需要了解科技的社会政治方面并对其应用进行合理的伦理思考。我认为这些方面并没有得到很好的发展，（尤其是）科学和数学教育者可能并不熟悉对其学科的这些方面的思考。换句话说，随着 STEM 概念化为课程和教学干扰，为在教师和学生中培养对科技目的和目标的不同理解提供了机会。以创新为目标，我们现在获得了超越社会政治再生产的许可，并更接近开放式的人文教育目标。

这种方法可能会因其结果的潜在不均衡性以及由此对社会正义的影响引发争议。事实上，工业革命及其科学技术方法为更多的人带来了以前只有精英阶层才能享受到的奢侈水平。如前所述，这些成果并非没有代价。正如我们意识到地球可能无法承受现在数十亿人共同不断地消耗其资源一样，我们也应该考虑，我们是否真的应该希望每个人都以同样的方式看待科技。要求教师和学生以不同的方式思考学校的性质和目标可能很困难，特别是考虑到历史条件和我们纠结于现状的情况。然而，我们迫切需要的不是一如既往的现状。我真心希望我们不会太迟。

参 考 文 献

Arendt, H.(1961). Between past and future:Six exercises in political thought. Viking.

Arendt, H.(1998). The human condition. University of Chicago. (Original work published 1958).

Barbrook, R., & Cameron, A.(1996). The Californian ideology. *Science as Culture, 6*(1), 44-72. https://doi.org/10.1080/09505439609526455.

Berliner, D. C. (2002). Comment:Educational research:The hardest science of all. *Educational Researcher, 31*(8), 18-20. https://doi.org/10.3102/0013189X031008018.

Bevan, B., Gutwill, J. P., Petrich, M., & Wilkinson, K. (2015). Learning through STEM-rich tinkering:Findings from a jointly negotiated research project taken up in practice. *Science Education, 99*(1), 98-120. https://doi.org/10.1002/sce.21151.

Biesta, G. (2016). The beautiful risk of education. Routledge.

Blikstein, P. (2013). Digital fabrication and 'making' in education:The democratization of invention. In J. Walter-Herrmann & C. Büching (Eds.), *FabLabs:Of machines, makers, and inventors* (pp. 203-221). Transcript.

Blikstein, P. , & Worsley, M. (2016). Children are not hackers:Building a culture of powerful ideas, deep learning, and equity in the maker movement. In K. Peppler, E. Halverson, & Y. Kafai (Eds.), *Makeology:Makerspaces as learning environments* (pp. 64-80). Routledge.

Buchanan, R. (1992). Wicked problems in design thinking. *Design Issues*, 8(2), 5-21.

Capraro, R. M., Capraro, M. M., & Morgan, J. R. (Eds.). (2013). STEM project-based learning: An integrated Science, Technology, Engineering, and Mathematics (STEM) approach. Sense.

Carr, N. (2014). The glass cage:How our computers are changing us. W. W. Norton & Company.

Clarke, A. C. (1977). Profiles of the future:An inquiry into the limits of the possible. Harper & Row.

Clarke, D. (2014, July). Disciplinary inclusivity in educational research design:Permeability and affordances in STEM education. Keynote address to the international conference STEM education and our planet:Making connections across contexts. University of British Columbia. Retrieved from https://stem2014.sites.olt.ubc.ca/files/2014/07/Permeability- and- Affordances- in- STEM.pdf.

Collins, H., & Evans, R. (2017). Why democracies need science. Wiley.

Conroy, J. (2020). Caught in the middle:Arendt, childhood and responsibility. *Journal of Philosophy of Education, 54*(1), 23-42. https://doi.org/10.1111/1467- 9752.12367.

Coyne, R. (2005). Wicked problems revisited. *Design Studies, 26*(1), 5-17. https://doi. org/10.1016/j. destud.2004.06.005.

DeBoer, G. E. (2013). Science for all:Historical perspectives on policy for science education reform. In J. A. Bianchini, V. L. Akerson, A. C. Barton, O. Lee, & A. J. Rodriguez (Eds.), *Moving the equity agenda forward:Equity research, practice, policy in science education* (pp. 5-20). Springer.

Dougherty, D. (2012). The maker movement. *Innovations, 7*(3), 11-14.

Flyvbjerg, B., Landman, T., & Schram, S. (Eds.). (2012). Real social science:Applied phronesis. Cambridge University.

Kirk, A. (2001). Appropriating technology:The whole earth catalog and counterculture environmental politics. *Environmental History, 6*(3), 374-394. https://doi.org/10.2307/3985660.

Labaree, D. F. (2004). The trouble with ed schools. Yale University.

Lehrer, R. (2016). Perspectives on integrating elementary STEM education. In Putting STEM education under the microscope. Deakin University. Retrieved from https://blogs.deakin.edu.au/ steme/wp-content/uploads/sites/39/2017/04/Lehrer-Deakin_STEM_2_reduced.pdf.

Levy, S. (2001). Hackers:Heroes of the computer revolution (Vol. 4). Penguin.

Luke, A. (2011). Generalizing across borders:Policy and the limits of educational science. *Educational Researcher, 40*(8), 367-377. https://doi.org/10.3102/0013189X11424314.

Martin, L.(2015). The promise of the maker movement for education. *Journal of Pre-College Engineering Education, 5*(1), 30-39. https://doi.org/10.7771/2157- 9288.1099.

Martín-Páez, T., Aguilera, D., Perales-Palacios, F. J., & Vílchez-González, J. M. (2019). What are we talking about when we talk about STEM education? A review of literature. *Science Education, 103*(4), 799-822. https://doi.org/10.1002/sce.21522.

Maton, K., & Moore, R. (Eds.). (2010). Social realism, knowledge and the sociology of education:Coalitions of the mind. Continuum.

Moore, R., & Muller, J. (2002). The growth of knowledge and the discursive gap. *British Journal of Sociology of Education, 23*(4), 627-637. https://doi.org/10.1080/0142569022000038477.

Morin, O., Simonneaux, L., & Tytler, R. (2017). Engaging with socially acute questions:Development and validation of an interactional reasoning framework. *Journal of Research in Science Teaching,*

54(7), 825-851. https://doi.org/10.1002/tea.21386.

National Commission on Excellence in Education (NCEE). (1983). A nation at risk:The imperative for educational advance. U.S. Department of Education.

Noble, S. (2018). Algorithms of oppression:How search engines reinforce racism (1st ed.). NYU.

O'Neil, C. (2017). Weapons of math destruction:How big data increases inequality and threatens democracy. Penguin.

Papert, S., & Harel, I. (1991). Situating constructionism. In I. Harel & S. Papert (Eds.), *Constructionism* (pp. 1-11). Ablex.

Patel, R., & Moore, J. W. (2017). A history of the world in seven cheap things:A guide to capitalism, nature, and the future of the planet. University of California.

Pedretti, E., & Nazir, J. (2011). Currents in STSE education:Mapping a complex field, 40 years on. *Science Education, 95*(4), 601-626. https://doi.org/10.1002/sce.20435.

Phillips, D. C. (2014). Research in the hard sciences, and in very hard 'softer' domains. *Educational Researcher, 43*(1), 9-11. https://doi.org/10.3102/0013189X13520293.

Pollan, M. (2008). In defense of food:An eater's manifesto. Penguin.

Rittel, H. (1972). On the planning crisis:Systems analysis of the 'first and second generations'. *Bedriftsøkonomen, 8*(Norway), 390-396.

Roth, W. M., & Désautels, J. (2002). Science education as/for sociopolitical action. Peter Lang.

Sadler, T. D. (Ed.). (2011). Socio-scientific issues in the classroom:Teaching, learning and research. Springer.

Simon, H. A. (1996). The sciences of the artificial. MIT. (Original work published 1968.)

Stiegler, B. (2018). The Neganthropocene (Translated and edited, D. Ross). Open Humanities.

Strauss, V. (2018, November 17). Students protest Zuckerberg-backed digital learning program and ask him:'What gives you this right?' The Washington Post. Retrieved from https://www. washingtonpost.com/education/2018/11/17/students-protest-zuckerberg-backed-digital-learning-pro gram-ask-him-what-gives-you-this-right/.

Tytler, R., Williams, G., Hobbs, L., & Anderson, J. (2019). Challenges and opportunities for a STEM interdisciplinary agenda. In B. Doig, J. Williams, D. Swanson, R. Borromeo Ferri, & P. Drake (Eds.), *Interdisciplinary mathematics education:The state of the art and beyond* (pp. 51-81) Springer. https://doi.org/10.1007/978- 3- 030- 11066- 6_5.

Williams, P. J. (2011). STEM Education:Proceed with caution. *International Journal of Technology and Design Education, 16*(1).

Williamson, B. (2016). Silicon startup schools:Technocracy, algorithmic imaginaries and venture philanthropy in corporate education reform. *Critical Studies in Education, 59*(2), 218-236. https://doi.org/10.1080/17508487.2016.1186710.

Winner, L. (1980). Do artifacts have politics? *Daedalus, 109*(1), 121-136.

Wyatt, S. (2008). Technological determinism is dead；long live technological determinism. In E. J. Hackett, O. Amsterdamska, M. Lynch, & J. Wajcman (Eds.), *The handbook of science and technology studies* (pp. 165-180). MIT.

Young, M. (2008). From constructivism to realism in the sociology of the curriculum. *Review of Research in Education, 32*(1), 1-28. https://doi.org/10.3102/0091732X07308969.

Zhao, Y. (2019). The rise of the useless:The case for talent diversity. *Journal of Science Education and Technology, 28*(1), 62-68. https://doi.org/10.1007/s10956- 018-9743-3.

Zuboff, S. (2019). The age of surveillance capitalism:The fight for a human future at the new frontier of power. Public Affairs.

第 11 章　本书的最后评述："21 世纪教育：STEM、创造力与批判性思维"

阿曼达·贝里

摘要：本章对本书的内容进行了反思，采纳了作者们的观点，即 STEM 教育不只是为了培养未来全球劳动力，更是一项重要的教育改革。基于作者们的工作，本章提出并探讨了几个关键主题，它们对于促进 STEM 教育在国内外的发展具有重要意义，这些主题包括：倡导现代教育观点、发展技能和能力（如批判性思维和创造力）、关注社会正义和公平的社会问题（包括同理心）以及深入理解教师专业知识及其发展的内涵。

关键词：STEM 教育，教师专业知识，政策，协作，GERM 理论

11.1　简　　介

本章是本书的总结，我在这里反思了本书的主要贡献，并赞同了作者们的观点，即 STEM 教育不只是为了培养未来全球劳动力，更是一项更广泛、更包容的教育改革。在策划本书和举办研讨会时，我们鼓励各章作者从一个更宏观、更开放的视角来看待 STEM 教育，提出了一个超越经济和就业目标的学校和教育愿景。这个愿景强调了 STEM 教育对于培养能够应对各种经济、社会和环境挑战（如新冠疫情和气候变化）的学生，以及促进更美好的全球社会及其公民福祉的重要性（Corrigan，2020）。因此，我们把 STEM 教育与仅作为劳动力发展手段的 STEM 概念区别开来。

本书围绕几个关键主题展开讨论，旨在促进 STEM 教育在国内外的发展。这些主题包括：倡导现代教育观点、发展技能和能力（如批判性思维和创造力）、关注社会正义和公平的社会问题（包括同理心）以及深入理解教师专业知识及其发展的内涵。这些主题不是孤立无关的，而是相互联系、相互影响的。探究这些主题如何相互作用、在什么情境下发挥作用以及它们如何构成 STEM 教育的核心内

容，是本书各章节共同关注的重点。

11.2 STEM：全球关注的现象

第1章介绍了 STEM 概念是如何在短时间内引起国际社会的广泛关注，并成为一种教育现象的。全球对 STEM 教育的重视主要源于外部驱动力，即经济和职业目标，政府和行业界通常是推动者和资助者（Blackley & Howell，2015）。不同的利益相关者对 STEM 有不同的期待和诉求，导致了 STEM 有多种不同的定义，有时它指代科学、数学、工程和技术等单独学科，有时又指代一种跨学科的综合课程（通常称为综合 STEM）。这些不同的定义也反映在不同的 STEM 实践中，影响着学校和其他教育机构的战略和计划。

例如，在澳大利亚（我所在的国家），人们担心未来会缺乏 STEM 工作者，因此把 STEM 视为一个与就业相关的问题。同时，由于学生对高级科学和数学课程的兴趣和参与度降低，以及学生在国际标准测试中表现不佳，人们开始讨论"STEM 危机"（Marginson et al.，2013，p. 55）。为了应对这一危机，人们提出在学校课程中增加科学和数学的比重，强化学生对学科知识的掌握，并聘用更多具有专业科学和数学背景的教师。然而，最近有人认为 STEM 危机是一个"神话"（Ritchie，2019），它只是为了推动政策改革，目的是满足未来劳动力市场的需求，并提高高风险国际测试（如 TIMSS 和 PISA）中的跨国排名，从而显示教育质量。

接下来我们将深入分析 STEM 作为一种全球教育政策所面临的问题。

11.3 STEM：一种"GERM"？

第1章中我们提到了 COVID-19 给人类带来了巨大的灾难。COVID-19 是一种具有高度传染性且难以遏制的疾病，在很短时间内就改变了我们原有的生活方式。全球化是促进 COVID-19 快速传播的一个重要因素：人员和货物在全球范围内流动更加频繁。同样，全球化也是推动大规模教育改革（如 STEM）传播的一个重要因素。教育改革通常是为了提高教育质量和竞争力而进行的。萨尔贝里（Sahlberg，2011）用"GERM（global education reform movement，全球教育改革运动）"这一缩写来形象地描述教育政策如何通过广泛实施的改革"感染"全球教育系统。STEM 教育就是 GERM 的一个典型例子。STEM 教育被视为能够提升国家竞争力、促进经济发展和改造社会的教育当务之急，受到教育外部力量（如政府、行业）的强烈关注，也对学校和教师产生了深远影响。

　　萨尔贝里指出了六个 GERM 特征，它们的本意是改善教育，但实际上却有负面影响：

　　①教育标准化：这将教学的本质从一个开放式、探究式的非线性过程简化为一个因果式的线性过程，但标准化也可能抑制了教与学过程中的创造力和创新性。

　　②聚焦识字和算术：这使得这些领域成为孤立的岛屿，忽视了其他学科的重要性。

　　③结果导向的教学：这降低了教与学过程中的风险，但也减少了创造性的机会。

　　④市场导向的改革理念：这些理念使教师背离了其职业的道德目标。

　　⑤基于测试的问责制：这导致了应试教学的增加。

　　⑥控制：这削弱了教师的自主权和学校的自由度，可能导致教学旨在展示良好实践，而不是真正帮助学生学习。

　　这些 GERM 特征在推动 STEM 教育的实践探索中表现得十分明显。例如，它们将成功的衡量标准局限于学生在单个 STEM 学科的成绩上，将批判性和创造性思维等 STEM 特征作为具体的可量化实体来评估，关注 STEM 的作品成果而忽视其过程（如学生为市场生产产品方面），以及将 STEM 学科合并为一个实体从而淡化了对其独特性的认识（如认为失败的概念在每个 STEM 学科中是一致的，参见 Mansfield & Gunstone，第 9 章）。如果我们要避免与 GERM 议程相关的负面影响，那么构建 STEM 在教育中的形态就需要涉及有关现代教育目标、高质量教育是什么、教师在教育改革中的作用等基本问题。"STEM 教育"需要考虑到更广泛的社会愿景，而不是将 STEM 简化为一种高效能的竞赛或行业培训：

> 从就业准备、经济增长和国家安全的角度来阐述学校教育和 STEM 课程的主要目的是有问题的……（这些）仅仅是与学校教育的总体状况非常松散地联系在一起，对技术劳动力的需求并不能为大多数孩子重视 STEM 学习提供令人信服的动力……聚焦就业准备的 K-12 系统无法跟上不断变化的就业市场，并且当这些变化不可避免地发生时，这些人就会准备不足……与单纯培训相比，STEM 教育将从人文学科中汲取养分，共同努力为个人参与公民生活做好准备，其中包括明智地评估 STEM 在改善个人和社会福利方面的利弊（Zeidler et al.，2016，p. 466）。

　　科学领域一直试图通过课程改革来培养更多的校外科学工作者，但都未能成功。事实上，当代最适合培养潜在科学家的学校科学教育，也是最适合那些不打算从事科学职业的人的（Smith & Gunstone，2009），因为它既广泛又社会化。

　　本书的作者们提出了一个与众不同的 STEM 教育目标和过程的愿景。这一愿景不仅超越了 GERM 式的解读，还可能避免教师和学校把 STEM 当作 GERM 来看待。全书贯穿了一个核心主题：无论是在正式还是非正式的环境中，STEM 教育都能够激发学生对 STEM 的兴趣和承诺，让年轻人能够积极、理性、有效地参与社会各个层面。把 STEM 作为培养年轻人在科学、技术、工程和数学方面具有知情公民意识的方式，对于教师、学生和学校教育都具有重要意义。

11.4　各章节展示的 STEM 教育内容

本书从多个角度探讨了 STEM 教育的内涵和价值。STEM 教育不是简单地将科学、技术、工程和数学四门学科结合起来，而是要根据不同的情境和目标，灵活地调整教学内容和方法。STEM 教育还要培养学生多元化的思维能力和认知方式，鼓励他们与来自不同领域和背景的人合作、创新和冒险。接下来，我们将具体介绍 STEM 教育的几个主要特征，并举例说明本书各章节是如何体现这些特征的。

11.4.1　STEM 教育应因地制宜

STEM 教育没有一个明确的定义。"STEM"这个术语涵盖了科学、技术、工程和数学四门学科或相关职业领域。在不同的学校环境中，STEM 教育可以有不同的表现形式，比如单独或综合地教授一个或多个学科；或者着重培养批判性思维、创造力等特定技能和能力，以及自我管理等元认知技能。STEM 教育在教育领域中具有多样性和灵活性，这既是优势也是挑战。优势在于利益相关者可以根据自己所处的背景和需求来界定和实施 STEM 教育；挑战在于 STEM 教育可能变得模糊不清，缺乏共识和标准。例如，有些人认为 STEM 教育就是要做很多"动手活动（hands-on activities）"，但研究表明，如果过分强调这些活动而忽略了其他方面，反而会降低学生的学习效果（例如，Berry et al., 2001）。

本书的作者们都在探索如何通过课程设计来体现 STEM 教育的内涵和价值。他们认为 STEM 教育课程应该是一种指导性的框架，而不是一种刻板的规范。比如，邦廷和琼斯（第 5 章）以新西兰为例，介绍了新西兰的国家课程所提倡的学习目标和学生属性，包括创新、探究、好奇心等，以及创造性思维、批判性思维、与他人交互等关键能力。他们认为学校和教师应该有自主权制定适合本地情况的 STEM 课程，并在学习领域、价值观和关键能力之间建立有机联系。

伦妮在第 7 章中探讨了课程的重要性，回顾了泰勒（Tyler, 1949）的观点。泰勒认为，要实现课程教育目标，就应该提出以下问题：学习的目标是什么？如何组织和评估学习经验以实现这些目标？伦妮区分了课程的两个维度：一是学科知识和综合知识之间的平衡（这里的"知识"包括相关的技能和能力），二是本地知识和全球知识之间的平衡（Rennie et al.，2012）。她认为，任何课程都应该在这两个方面保持平衡和联系。此外，伦妮（Rennie，1990，p. 191）强调，学生需要"体验他们有机会学习的内容的意义和背景"，否则"他们不太可能学会它"。第5 章和第 7 章都强调了一个更为开放的课程概念，即课程应作为一个在具体环境中发展的框架，而不是一个在教学大纲中严格规定的路径。

要实现有意义且相关的 STEM 课程，关键在于为建立对其目的的共同理解提供机会。这一点贯穿了凯利和埃勒顿（第 2 章）以及樊尚-朗克兰（第 3 章）的内容。凯利和埃勒顿认为，创造力和批判性思维概念的结合为综合 STEM 教育实践提供了一个有效的途径，他们在整个章节中阐述了这些概念及其相互关系的共同理解：创造性实践渗透着批判性思维，而批判性思维又促进了创造性实践的发展和复杂化。

樊尚-朗克兰在第 3 章中介绍了一个 OECD 项目，该项目通过确定一些能够达成对创造力和批判性思维共同理解的要素，以及如何将与这两种能力发展相关的教学和学习策略应用于科学领域和通用领域，来支持 STEM 教育。他描述了两个通用概念评价标准，用于评估创造力和批判性思维，分别是"综合"评价标准和"课堂友好"评价标准。这些评价标准的一个重要目的是帮助教师将他们对创造力和批判性思维的理解应用到教学实践中。为了进一步支持教师，樊尚-朗克兰还介绍了一套"设计标准"，包括动机、认知激活、自我调节以及形成性评估的机会。这些标准可以指导教师设计科学学习情境，以支持学生发展创造力和批判性思维能力。除了设计标准之外，创造力和批判性思维的成功教学还取决于教师的态度和能力，教师需要创造一个适宜的学习环境，让风险、失败和错误成为学习过程中可以接受的一部分（参见第 5 章；第 9 章也详细讨论了科学和数学学习中的风险和失败问题）。

科里根、帕尼宗和史密斯在第 6 章中深入探讨了情境如何影响教师对创造力和批判性思维的理解和实践。他们分别研究了幼儿、小学和中学阶段培养这些能力的方法，发现教师的教学策略受到情境的塑造。具体来说，孩子们的年龄差异是一个重要的因素。例如，在幼儿阶段，教师在被要求有意识地培养创造力和批判性思维时，倾向于采用既有计划又有偶然性的开放式方法。在小学阶段，问题导向的学习和思维模式运用得较多，而在中学阶段，教师努力建立对创造力和批判性思维的共识，并考虑如何将它们融入各个学科。科里根、帕尼宗和史密斯的研究结果强调，教师需要把创造力、批判性思维和 STEM 的综合性质等概念落实到具体情境中。他们还发现，当教师反思与改进他们现有的观念和做法，并寻求更多培养学生思维能力的机会时，他们会更加倾向于合作，以明确自己和团队对这些观念的理解并讨论如何付诸实践。

作者们对 STEM 教育的多元解读强调了教师在个性化教学情境中积极参与决策的必要性，这涉及如何将不同技能和能力的培养融入 STEM 教育课程中。教师在制定和实施课程改革过程中得到支持和指导是有益的，但不能简单地套用规定性的、刻板的模板。也就是说，需要相信教师和学校能够做出符合学生利益的决定。

作者们提供的不同案例还强调了 STEM 是"不断发展的思想的集合，而不是特定的方法或实践"（Siegel & Giamellaro，2019，p. 757）这一重要概念。STEM 教育不能依赖于任何特定的方法或实践，因为每个实施情境都是独一无二的。

11.4.2 STEM 教育超越单学科教学成为"思考和工作的方式"

作者们提出了一种 STEM 教育的观点，其超越单一学科的界限，采用一种更具本土化、情境驱动、跨学科的方法，借鉴并连接特定的思维和工作方式。然而，正如塔恩（第 10 章）所言，传统的课程和学校教育可能难以实现这一目标。例如，在科学和数学领域，关于每个 STEM 学科的构成，包括学生应该学习什么内容以及按什么顺序学习的长期固化的观点，对课程和学校结构有很大的影响，并阻碍了 STEM 教育变革。

要超越传统的单一 STEM 学科结构和工作方式，还需要知道如何有意义地将创造力和批判性思维的培养融入 STEM 学习中。正如凯利和埃勒顿（第 2 章）所指出的，"一致地看待创造力和批判性思维很重要，有助于充分理解两者在 STEM 教育中的相互关系及其在教育生态系统中最大化实现教育潜力的方式"。他们还认识到 STEM 教育与现有传统学科之间关系紧张，并提出了"在传统教育理念的背景下，如何在教育实践中培养创造力"的问题。

为了实施综合的 STEM 教育方法，邦廷和琼斯（第 5 章）强调教师需要理解和运用 STEM 学科的不同话语体系。他们通过研究詹姆斯的案例，探讨了教师如何为学生的 STEM 学习提供支架，以及如何与学生进行集中学习对话，以促进其创造和批判性思维的发展。他们也指出了这项任务对教师的挑战性，因为教师需要能够识别和运用科学、数学、技术和日常话语等不同话语体系，并在合适的时机和地点选择合适的话语体系，来支持学生在整个 STEM 学习过程中的概念和技能发展。这可能是教师专业学习和发展中需要关注的一个关键问题。

科里根、帕尼宗和史密斯（第 6 章）也认为教师和学生需要了解 STEM 学科本身和跨学科之间的不同专业形式。他们的研究让教师有机会调查 STEM 学科领域的差异，并增进对跨 STEM 学科如何为学生学习创造新的可能性的认识。科里根等还发现，尽管人们越来越重视培养学生的思维方式，但教师往往将其视为课程的"附加内容"，只是以象征性的方式呈现而不是将其整合到课程中。樊尚-朗克兰（第 3 章）讨论的创造性和批判性思维的评价标准有助于教师更有目标地将这些思维方式融入课程中。

观察 STEM 学科整合的实际表现形式以及如何将其应用于实践中是伦妮的研究重点（第 7 章）。她在此章节中探讨了有效的综合课程和校外部分是如何激励学生发展他们的 STEM 理解和技能的，并从三个重要方面强调了该方法：

①利用现实世界的真实情境，可以让学生有意义地结合学科和跨学科知识；

②在常规课堂之外学习，向学生展示"大局观"；

③解决对当地社区重要的问题，或者与社会价值观、多样性相关的问题，为学生提供发展社会和生态正义感的机会。

通过这样的综合学习机会可以培养相关的思维技能和能力。参考 OECD 关于创造力和批判性思维的维度——探究、想象、实践和反思，有助于说明如何引导学生与当地的、基于地方或社区事务的问题进行互动，从而提高他们的创造力、批判性思维、沟通和协作能力。

考伊和米尔登霍尔的章节（第 4 章）也反映了伦妮强调的三个方面，他们还展示了通过综合方法实施 STEM 学科在培养学生社会正义感方面的作用。他们通过三个课堂实践的案例，说明了将知识、同理心和行动的发展结合起来的方法是如何促进学生的批判性和创造性思维能力发展，以及为更广泛的社会"利益"采取积极行动的倾向的。

郑和梁淑贞（第 8 章）通过一个跨学科课程的例子，将 STEM 教育在社会科学方面的理念延伸到高等教育中，目的是通过聚焦肥胖这一具体问题，让学生"对自己的想法和与这个问题有关的信息进行批判性审查"。他们强调了跨 STEM 学科的学习是如何帮助学生培养对不同思维方式的审查的，例如，技术统治论思维方式（基于科学严密性）与思想解放思维方式（基于对问题的伦理和政治审查）。他们提供了一个有趣的例子来说明以更加跨学科的方式引导学生学习意味着什么，在这种方式下，不同学科和思维方式之间的界限受到挑战，并变得模糊起来。

总而言之，上述例子提供了一系列打破 STEM 作为"孤岛"的可能性。但同样重要的是，不能忽视各个学科本身的价值以及它们独特的工作和思维方式。事实上，作者们并不是建议将各个学科混合成如莱勒（Lehrer，2016）所说的"认知大杂烩"，而是要认识到每个学科的贡献，以及如何在学生学习发展中有意义地利用和连接各个学科。

11.4.3　STEM 教育需要协作

本书各章都强调了协作在 STEM 教育中的重要性，并展示了不同学习目标和情境下的多样化协作形式。例如，协作可以发生在一个系或学校内部的教师之间，跨越不同学校或系（如中小学和大学）的教师之间，来自相同或不同年级、不同学校的学生之间，以及学校与当地或更广泛背景下的社区/行业之间。然而，人们往往过于简单地将协作定义为"仅仅"在小组中工作。实际上，协作需要有明确的目标和计划，依赖于不同类型的社会和文化活动（如与他人合作学习），涉及讨论、共享决策以及解决问题。OECD（2005）将协作视为 21 世纪必备的一项综合能力。它包括：

①与他人建立良好关系的能力，包括表达同理心和有效管理自己的情绪；

②在表达观点和倾听他人意见方面的合作能力，了解辩论的过程，能够遵循议程、建立战略或可持续的联盟、进行谈判并做出兼顾不同意见的决策；

③处理和解决冲突的能力，在冲突中分析不同利益相关者的问题，如权力、公平、对功劳的认可和分工、冲突的根源、不同推理立场和可能解决方案的识别，能够找出一致和分歧的领域，重新定义问题，并优先考虑需求和目标（包括决定你愿意放弃什么和在什么情况下放弃）。

本书各章作者从不同角度探讨了协作的多样性、重要性以及协作对学习效果的促进作用。凯利和埃勒顿（第 2 章）从基础层面阐述了 STEM 教育如何借助社会协作的方式培养学生的协作和沟通能力。其他章节也举例说明了协作关系与特定学习目标之间的紧密联系。例如，伦妮（第 7 章）描述了学校和当地产业之间的合作是如何帮助学生了解当地的环境问题的，这种合作涉及学生、教师、专家、家长和公众等多方参与者，不同形式的协作促使学生共同商讨最佳解决方案并产出多种项目成果。考伊和米尔登霍尔（第 4 章）强调了学生与当地社区团体之间的合作关系，这种合作使学生增强了社区意识，感受到了自己的想法被重视和倾听，同时也让社区组织的成员在服务他人的过程中获得了新的使命感。邦廷和琼斯（第 5 章）指出了教师与研究人员之间合作的益处，以及如何更有效地开展教师/学生和学生/学生之间的合作。科里根、帕尼宗和史密斯（第 6 章）强调了幼儿、小学、中学和高等教育之间的横向合作是如何支持教师和研究人员掌握有效的教学方法的。具体来说，在教师个人和网站之外分享专业知识有助于构建集体能力与共同理念，这不仅对教师有益，也为学生提供了一个可借鉴的合作模式。类似地，郑和梁淑贞（第 8 章）展示了高等教育中不同院系之间的合作是如何支持学生在基于社会性科学议题的通识课程中进行深入学习的。

　　总体而言，协作的作用突出了 STEM 教育是一种社会文化活动，同时具有"积极性、情境性、共同构建性和可持续发展性"（Siegel & Giamellaro，2019，p. 768）。然而，这种思维方式给 STEM 教育的实践带来了不小的挑战，因为传统的教育结构和过程往往在时间安排、课程一致性以及明确和标准化预期学习成果等方面存在障碍，没能让学习成果随着项目而自然形成。如果要把 STEM 教育看作是一种涉及共同建构的并根据需求、兴趣和资源而随时间演变的社会文化活动，就要求教育系统具有灵活性。各章作者通过案例说明了这种灵活性是可能实现的，但这需要教师和教育领导者积极参与。

11.4.4　STEM 教育存在风险

　　别斯塔（Biesta，2013，p. 1）指出：
　　　　……真正的教育总是涉及风险……正如 W.B.叶芝所言，教育不是为了装满一桶水，而是为了点燃一把火……风险的存在是因为学生不应被视为需要塑造和管教的对象，而应作为行动和责任的主体。
　　教育系统通常以规避风险为目标，这与"真正的教育"涉及风险的本质相悖。这一点体现在学校教育系统中的诸多控制机制中，如通过严格规范的课程设置、标准化的评估和报告程序使教师和学校对其表现高度负责。别斯塔认为，在这样的条件下，实现"真正的教育"几乎是不可能的。从 STEM 的角度来看，这种条件与 STEM 教育所强调的风险和失败（如通过设计和原型制作）之间存在明显的矛盾。本书中多位作者都指出了这种矛盾，并讨论了失败和风险在 STEM 教育中的作用。

　　除了学校教育的一般性质外，STEM 学科内部的论述也使得应对风险和失败变得困难。凯利和埃勒顿（第 2 章）指出，STEM 学科往往强调知识的可转移性，并以此为依据对学习者进行评估。这种对知识获取和复制的传统观点不利于创造力在 STEM 教育中的发挥，因为创造力需要"一种具有低风险的高交互、体验式文化"，能够支持"在任何学科背景下……长期开展协作构思和原型设计"。

　　曼斯菲尔德和冈斯通（第 9 章）探讨了 STEM 各学科中知识呈现和演变的方式，以及失败在其中扮演的角色。他们发现，每个 STEM 学科对失败的看法与其教学方法之间存在严重的"不一致（misalignment）"，而且这种不一致往往被学科外的人所误解或忽视。例如，人们常常认为科学是建立在事实和绝对真理之上的，这种认知也反映在传统的学校科学教育中，即以固定结果为目标的"配方式"实验室为主，并强调记忆事实的评估任务。然而，这种对科学的理解与科学领域的实际发展（"包括努力、失败和/或偶然发现"）及本书作者所推崇的 STEM 教育方法（即倡导不确定性、怀疑和风险的 STEM 教育）有着明显的差异。有趣的是，曼斯菲尔德和冈斯通还指出，失败的概念很少出现在数学知识的发展中，而且学校数学教育常常与"对失败的恐惧"（也称为"数学焦虑"）相关联。因此，他们建议给在校学生更多"在现实世界的 STEM 环境中以及在 STEM 学习中认识到失败的价值和作用"的机会，帮助他们理解失败在这些领域中是普遍、有意义、有价值的。同时，他们主张将失败视为成功过程中不可或缺的一部分，从而给予教师和学习者鼓励和动力。

本书其他章节也讨论了教师如何帮助学生应对失败、不确定性和风险方面的挑战。除了管理系统风险之外，教师还需要有信心和能力向学生传授风险和失败的意义。凯利和埃勒顿（第 2 章）和樊尚-朗克兰（第 3 章）把风险作为教学中不可或缺的一部分：

> 创造力和批判性思维成功教学的关键还取决于教师的态度以及其创造学习环境的能力，让学生在思考和表达中敢于挑战。这反过来也要求教师对错误持积极态度，并赋予学生更多的权利（第 3 章）。

教师所承担的风险是真实而严峻的，但正如塔恩（第 10 章）所指出的，如果我们期望 STEM 学生具备创造力和创新能力，我们就应该支持教师也成为有创造力和创新能力的人，并愿意承担相应的风险。只有把失败视为一种可能性和一种机遇，才有动力去尝试新颖而有效的想法和方法。然而，在很多教育场景中，对教师专业水平的信任往往被削弱，因为监管和风险管理机制限制了实验和风险的机会——这正是 GERMs 的显著特征。

科学总是充满了风险和不确定性，然而教育系统却总是回避这些挑战（Rennie，2020）。芬舍姆（Fensham，2011）主张把知识的本质作为学校科学教育中不确定性的一个方面，并介绍了 Cynefin[①]框架是如何帮助教师教授复杂性问题的。这只是一个例子，STEM 教育还可以让学生通过更多真实的经历，体会到失败的意义和影响。如果学生能够积极地面对失败，并从中学习，他们就能对 STEM 学科有更深刻的认识。

11.5　构建 STEM 教育的另一种解读

鉴于当前有关 STEM 的"危机"言论似乎限制了学习者和学习的多样性，我希望最后一章能够整合本书的相关内容，探讨 STEM 教育的不同诠释方式如何拓

---

① Cynefin 源于威尔士语，用来表示多个地点。

展其潜能并惠及更广泛的学习者群体。在接下来的小节中，我将重点分析 STEM 教育对学校、教师和学习者的影响。

11.5.1 STEM 教育为学校师生开启新机遇

学校组织需要进行改革，因为"一刀切"的模式并不能满足所有人的需求，所以学校需要创新实践方式以适应当地社区的需求和机会。这种创新的工作方式还应该包括赋予教师作为课程开发者和决策者的权力和信任。

11.5.2 教师赋能

我们需要将 STEM 教育议程作为一种方式，让教师能够成为教学变革和转型的推动者，并赋予教师权力、丰富教师的专业实践知识。本书的观点可能有助于推进这一议程，具体方法如下：

①在 STEM 活动中鼓励与激发学生提出各种创新的想法，这些想法虽然微小，却对发明过程至关重要（见塔恩，第 10 章）；

②教师利用当地和全球 STEM 环境为学生创造共同学习的机会，培养他们的创造性和批判性思维（见伦妮，第 7 章）；

③发展教师的专业知识，以促进有针对性的学习对话，支持学生的概念性和程序性学习（见邦廷和琼斯，第 5 章）；

④发展 STEM 新知识，而不是受限于科学、技术、工程和数学之间的认识论差异（见曼斯菲尔德和冈斯通，第 9 章）。

STEM 教育旨在实现学校和教师的重大变革，更新对教学内容、教师角色、学习和学习者以及教师专业知识的理念。为了实现这一愿景，需要改进课程设计、教学方法和评价方法。

通过以下几个方面可以实现对 STEM 教育的广义解释：

①建立一种共通的话语体系，明确 STEM 教育的目标和实践；

②制定一个共同的框架，反映学习者和学校的不同兴趣和需求，指导 STEM 教育的目标和实践；

③肯定教师作为专业人员的重要作用，鼓励教师创新、开发、尝试新的课程与实践；

④支持教师在 STEM 领域的跨学科和跨专业（即校外）学习的能力和兴趣；

⑤明确学校领导的任务，为教师实验、学习和 STEM 教育的可持续变革创造条件。

为了促进和推动变革，需要为教师学习创造适切的、可持续的机会和条件。

面向 STEM 教育的教师学习需要探索 STEM 教育的有效方法、潜在结果和未来可能的方向。

11.6　结　　语

　　STEM 作为一项全球性的教育改革运动,需要关注 STEM 教育的本质和目的,这些目的与学校教育的目的相一致。正如塔恩（第 10 章）指出的,这要求我们接受"人文主义教育理念的论述,即教育应该致力于为学生提供未来行动的最大自由度"。本书明确提出我们必须重新审视学校教育,特别是 STEM 教育的整体目标,STEM 教育不应该只关注各个学科的知识和技能。在本书中,我们强调了将跨学科能力作为核心基础目标的必要性,不能将其视为附加目标,只有这样,STEM 才能超越对科学、技术、工程和数学学科的简单定义。具体而言,跨学科能力需要作为正式教育的核心基础目标。通过精心设计和有效实施综合的 STEM 教育方法,可以促进学生的多样化学习成果。

参 考 文 献

Berry, A., Gunstone, R., Loughran, J., & Mulhall, P. (2001). Using laboratory work for purposeful learning about the practice of science. In H. Behrendt, H. Dahncke, R. Duit, W. Gräber, M. Komorek, A. Kross, & P. Reiska (Eds.), Research in science education - Past, present, and future (pp. 313-318). Springer. https://doi.org/10.1007/0- 306- 47639- 8_44.

Biesta, G. J. J. (2013). *The beautiful risk of education*. Taylor & Francis.

Blackley, S., & Howell, J. (2015). A STEM narrative:15 years in the making. *Australian Journal of Teacher Education, 3*, 102-111. https://doi.org/10.14221/ajte.2015v40n7.8.

Corrigan, D.(2020). *Spotlight report 2:Implementing and integrated STEM education in schools-Five key questions answered*. Monash University. Retrieved from https://www. monash. edu/_data/assets/pdf_file/0007/2479444/sr2-stem-education-education- corrigan.pdf.

Fensham, P. (2011). Knowledge to deal with the challenges to science education from without and within. In D. Corrigan, J. Dillon, & R. Gunstone (Eds.), *The professional knowledge base of science teaching* (pp. 295-318). Springer.

Lehrer, R.(2016, October). Perspectives on integrating elementary STEM education. Paper delivered at the forum:*Putting STEM education under the microscope*. Deakin University, Melbourne. Retrieved from https://blogs.deakin.edu.au/steme/wp-content/uploads/sites/39/2017/04/Lehrer-Deakin_STEM_2_reduced.pdf.

Marginson, S., Tytler, R., Freeman, B., & Roberts, K. (2013). *STEM:Country comparisons. International comparisons of science, technology, engineering and mathematics (STEM) education* (Final report). Australian Council of Learned Academies.

Organisation for Economic Development (OECD). (2005). *The definition and selection of key competencies:Executive summary*. OECD. Retrieved from http://www.oecd.org/dataoecd/47/61/35070367.pdf.

Rennie, L. J. (1990). Gender and science and technology in primary and secondary schooling:A personal summary of frame 1. In I. Granstam & I. Frostfeldt (Eds.), *Report book of the European and third world gender and science and technology conference* (pp. 190-194). Jönköping.

Rennie, L. (2020). Communicating certainty and uncertainty in science in out-of-school contexts. In D. Corrigan, C. Buntting, A. Fitzgerald, & A. Jones (Eds.), *Values in science education:The shifting sands* (pp. 7-30). Springer.

Rennie, L., Venville, G., & Wallace, J. (2012). Reflecting on curriculum integration:Seeking balance and connection through a worldly perspective. In L. Rennie, G. Venville, & J. Wallace (Eds.), *Integrating science, technology, engineering, and mathematics:Issues, reflections, and ways forward* (pp. 123-142). Routledge.

Ritchie, S. M. (2019). STEM education. In *Oxford research encyclopedia of education*. https://doi.org/10.1093/acrefore/9780190264093.013.237.

Sahlberg, P.(2011). The fourth way of Finland. *Journal of Educational Change, 12*, 173-185. https://doi.org/10.1007/s10833- 011- 9157-y.

Siegel, D., & Giamellaro, M. (2019). Defining STEM within a school district:A co-constructed and evolving process. *Cultural Studies of Science Education, 15*(1), 739-773. https://doi. org/10.1007/s11422- 019- 09959-2.

Smith, D. V., & Gunstone, R. F. (2009). Science curriculum and the market liberal society of the 21st century:'Re-visioning' the idea of science for all. *Research in Science Education, 39*, 1-16.

Tyler, R. W. (1949). *Basic principles of curriculum and instruction.* ［Twenty-ninth impression, 1969］. The University of Chicago Press.

Zeidler, D. L., Herman, B. C., Clough, M. P. , Olson, J. K., Kahn, S., & Newton, M. (2016). Humanitas emptor:Reconsidering recent trends and policy in science teacher education. *Journal of Science Teacher Education, 27*, 465-476. https://doi.org/10.1007/s10972- 016- 9481-4.